本书受到"北京大学国家发展研究院腾讯基金"资助

北京大学国家发展研究院智库丛书
主编 黄益平

中国风电和光伏发电补贴政策研究

Transforming Renewable Subsidy Policies for Wind and Solar Power in China

王敏 徐晋涛 黄滢 谢伦裕 等著

中国社会科学出版社

图书在版编目(CIP)数据

中国风电和光伏发电补贴政策研究/王敏等著．—北京：中国社会科学出版社，2018.10
（北京大学国家发展研究院智库丛书）
ISBN 978 - 7 - 5203 - 2697 - 1

Ⅰ.①中… Ⅱ.①王… Ⅲ.①风力发电—政府补贴—财政政策—研究—中国②太阳能发电—政府补贴—财政政策—研究—中国 Ⅳ.①F812.0

中国版本图书馆 CIP 数据核字（2018）第 132185 号

出 版 人	赵剑英
责任编辑	王　茵
特约编辑	黄　晗
责任校对	杨　林
责任印制	王　超

出　　版	中国社会科学出版社
社　　址	北京鼓楼西大街甲 158 号
邮　　编	100720
网　　址	http://www.csspw.cn
发 行 部	010 - 84083685
门 市 部	010 - 84029450
经　　销	新华书店及其他书店
印　　刷	北京明恒达印务有限公司
装　　订	廊坊市广阳区广增装订厂
版　　次	2018 年 10 月第 1 版
印　　次	2018 年 10 月第 1 次印刷
开　　本	710×1000　1/16
印　　张	21.25
插　　页	2
字　　数	239 千字
定　　价	89.00 元

凡购买中国社会科学出版社图书，如有质量问题请与本社营销中心联系调换
电话：010 - 84083683
版权所有　侵权必究

课题组成员（按姓氏排序）[①]：

陈　醒　郭　巍　黄　滢　黄　卓　胡大源

Don Roberts　宋　枫　夏　凡　谢伦裕　徐晋涛

王　敏（课题组负责人）　俞秀梅

[①] 受国家相关部委委托并在中国可再生能源规模化发展项目的支持下，北京大学国家发展研究院能源安全与国家发展研究中心在2016年6月联合中国人民大学经济学院能源经济系组成课题组对如何完善我国可再生能源补贴政策进行研究。该项目完成于2017年5月，本书内容出自该项目的政策研究报告。

摘 要

自2006年1月颁布《可再生能源法》以来，中国风电和光伏发电以世所罕见的速度迅猛发展，在取得亮眼成绩的同时，也面临诸多挑战。其中尤为突出的是：可再生能源发电的补贴资金缺口急剧膨胀；"弃风弃光"比例不断攀升。

回顾历史，审视当下，本书在实地调研基础上提出分析和建议。我们发现，分别始于2009年和2011年出台的风电和光伏发电固定上网电价制度，虽然在较短的时间内迅速推动风电和光伏发电装机的大规模发展，对中国能源绿色转型起到关键性作用，但在风电和光伏发电成本大幅度下降的背景下，却因电价调整的严重缓慢和滞后，导致补贴额度过高，高度激发市场投资意愿，催生5万千瓦光伏项目指标"黑市"价可达2000万元的寻租乱象。除引发市场主体的投资冲动，补贴成本由全国电价共同分担的政策设计，也在制度层面上形成"地方请客、中央埋单"的资源配置逻辑，触发地方政府的投资饥渴和行政干预，为中国风电和光伏发电的发展埋下了"重建设、轻消纳"的隐患。

高额补贴所引爆的风电和光伏发电投资，不但给财政补贴资金造成巨大压力，也与中国原有僵化的电力体制产生种种摩擦和矛盾，促发罕见的弃风弃光问题。在现有电力体制下，电力传输和交易以省为界、"画地为牢"，跨省交易困难重重，严重阻碍风电和光伏发电的外送消纳。在经济下行、省内工业用电需求大幅度下滑的背景下，三北地区的弃风弃光问题因此而首当其冲。更深层次的问题是，固定上网电价结合全额保障性收购的政策设计虽欲以"既保价、又保量"的初衷推动可再生能源的大规模发展，但经济规律表明"量""价"难两全：给定固定上网电价，只要新建装机就能获得超额回报率，即便弃风弃光率不断攀升，企业也会不断增加投资，直到项目收益趋向行业平均回报率。在封闭且需求有限的市场中，高额补贴成为高弃风弃光率的最直接推手，而弃风弃光率则替代价格成为调节市场供给的重要工具，且随补贴强度水涨船高。

近年来，中国经济和环境污染形势再次发生重大变化。为此，有必要重新审视、冷静分析当前新形势，选择切实可行的政策思路。我们的分析表明，在当前的新形势下，曾经催生风电和光伏发电高额补贴政策的历史因素已经发生变化。而可再生能源发展的国际经验表明，上网电价竞标制度以其独有的市场化配置资源的方式以及真实发现和还原发电成本的优势受到越来越多的国家的欢迎和采用。我们认为，解决当前风电和光伏发电所面临的问题，并促进其长久可持续发展，第一要还原风电和光伏发电的商品和环境属性，第二要让市场和环境成为配置稀缺清洁能源的决定性力量。我们要摆脱以往补贴思维的惯性，让补贴政策回归它的环境宗旨：从减少大气污染和二氧化碳减排的环境角度，而不是为完成某种发展目标、某种占比的角度，制定合理的补贴政策。尤其要抑制为完成任务不顾实际、不惜代价、操之过急的政策倾向。

在讨论可选政策的基础上，本书提出以下建议：

1. 在中长期，以开征环境税为契机取消对新增装机的发电补贴。我们建议，充分利用环境税的"双重红利"，在降低其他税赋、维持税收总量大体不变的前提下，开征燃煤发电大气污染物排放和碳排放的环境税（或碳税），并在对已建成的存量风电和光伏发电项目按原有合同继续补贴直至补贴期满的同时，适时取消新增装机的发电补贴。

2. 在短期，迎难而上、及时果断调整现有高额补贴政策。我们建议在未来环境税和碳交易市场都全面推行的情形下，设置一个补贴过渡期：在此过渡期内，对新增装机沿用既有补贴政策框架，但需对补贴政策做大幅度调整；过渡期满，取消对新增装机的发电补贴，对已建成的存量风电和光伏发电项目则按原有合同继续补贴直至补贴期满。但在补贴政策退出之前，需对补贴做法做如下大幅度调整：（1）努力扩大上网电价竞标项目范围。建议在每年的全国装机容量指标中，划出部分比例供在全国范围内实施上网电价竞标，且面向全国各省进行统一竞标。（2）对于不纳入竞标的风电和光伏发电项目，我们建议：（a）先挂钩各资源区上一年度平均弃风弃光率水平，依据资源区内平均弃风弃光率越高、下调幅度亦越高的原则，一次性大幅度下调现有新建项目上网价格，以约束高弃风弃光率省份政府和企业的投资冲动；（b）增加新建风电和光伏发电标杆上网电价的调整频率，可考虑根据新增装机规模或弃风弃光率进行每年一次的调整；（c）充分利用价格工具调整全国风电和光伏发项目新增建设规模，并适时取消年度装机容量计划指标管制。

3. 基于"谁受益、谁付费"的原则以及减少电价交叉补贴的考虑，建议对居民用电全额征收每千瓦时1.9分的可再生能源电价附加，以应对不断增加的补贴缺口。

4. 制定合理、切实可行的最低保障利用小时数，促进风电和光伏发电参与电力市场交易。我们建议，先由国家能源局制定各省风电和光伏发电占全省可调发电量15%的最低比例。对于风电和光伏发电占比尚未达到该最低比例的省份，由电网公司对省内风电和光伏发电进行全额保障性收购；对于风电和光伏发电占比超过该最低比例的省份，则可进一步考虑：（1）比例内的发电总量，按现有办法根据风电和光伏发电装机容量进行等比例分配，并以此作为制定各省风电和光伏发电最低保障利用小时数的依据；（2）比例外的风电和光伏发电则参与市场交易。

5. 加快电力市场改革，释放风电和光伏发电的竞争优势。电力市场的有效运行是发展风电和光伏发电、消纳间歇不稳定电力的重要保障。我们建议：（1）先由中央政府协调推动，破除电力市场交易的省际壁垒，在更大范围内建立统一的电力交易市场，扩大电力平衡范围和跨省跨区交易规模；（2）加快建立电力现货交易市场，发挥风电和光伏发电零边际成本的竞争优势，以市场手段促进风电和光伏发电的全额消纳；（3）建立调峰调频辅助服务交易，让风电和光伏发电企业通过向其他电源购买调峰调频辅助服务来解决其间歇性和不稳定性问题。

6. 谨慎对待非水可再生能源配额制度。在电力市场严重分割、风电和光伏发电难以跨省消纳的背景下，有关政策制定方寄希望于尽快出台以省为单位的可再生能源配额制度，促进风电和光伏发电的跨省购售电交易。但是，我们认为当前出台非水可再生能源配额制度的条件尚不成熟。首先，可再生能源配额和上网电价分别代表数量控制政策和价格控制政策，两项政策不能同时叠加执行，否则市场无法出清。其次，只要发电权掌握在省政府手中，贸然推进可再生能源配额制度并将完成配额的义务落在发电企业身上，未必如政策设计初衷所愿能打破省际壁垒、促进风电和光伏发电的跨省购售电交易。最后，如果一定要推行非水可再生能源配额制，也应在条件成熟地区先行先试。尤其是河北、河南、北京、天津和山东五省市，不但是中国大气污染问题最为严重地区，而且在地理位置上相邻，最有条件成为非水可再生能源配额制先行试点地区。

我们认为，在充分尊重产业发展规律的前提下，制定稳步务实的补贴政策，是实现风电和光伏发电可持续发展的重要保障。随着技术的进步和成本的不断降低，风电和光伏发电最终将摆脱补贴、凭借成本优势在发电市场中获得一席之位。我们相信，只要能秉持党的十八届三中全会全面深化改革以来所提出的，还原能源商品属性并让市场在资源配置中起决定性作用的改革原则，并立足于发展风电和光伏发电的环境初衷，在当前新型经济和环境形势下，实事求是，重新制定适宜的补贴政策、大力推进电力市场化改革，中国风电和光伏发电一定能实现长远可持续发展，并成为中国发电领域的重要组成部分。

目 录

总报告　完善中国风电和光伏发电补贴政策研究报告 …………（1）

专题报告一　中国风电发展报告……………………………（55）

专题报告二　中国光伏发电发展报告………………………（76）

专题报告三　辨析中国风电与光伏发电补贴政策存在的
　　　　　　问题…………………………………………（102）

专题报告四　中国风电和光伏发电企业参与电力市场
　　　　　　交易：甘肃省的案例……………………………（150）

专题报告五　可再生能源与燃煤发电的环境成本对比………（179）

专题报告六　风电和光伏发电补贴政策的国际经验…………（210）

专题报告七　可再生能源竞标政策的国际经验：对
　　　　　　中国的启示…………………………………（250）

专题报告八　风电和光伏发电平准化电力成本分析与国际
　　　　　　比较…………………………………………（291）

专题报告九　风电和光伏发电参与电力市场交易的国际
　　　　　　经验…………………………………………（310）

总报告

完善中国风电和光伏发电补贴政策研究报告[*]

◇ 一 引言

自党的十一届三中全会以来，中国经济持续38年高速增长，经济建设取得前所未有的成就。从1978年到2015年，中国实际GDP年均增长9.7%，增长近30倍；名义GDP总量从0.36万亿元到68万亿元，增长189倍；经济总量全球排名从第10位跃至第2位。[①]这些成就创造了人类历史上人口大国经济发展的奇迹。

但是，高速增长的背后是高投入、高消耗的粗放型经济发展方式。2015年，中国一次能源总消费43亿吨标准煤，占全球一次能源总消费的23%；每万美元GDP能耗高达4吨标准煤，是德国的

---

[*] 本章执笔：王敏。本章部分内容曾在《国际经济评论》2018年第4期上发表。

[①] GDP数据来自《中国统计年鉴》；1978年经济排名数据来自世界银行数据（World Bank Indicator）。

2.9倍，美国的2.2倍，世界平均水平的1.5倍。[①] 其中尤为瞩目的是，受资源禀赋约束，中国的能源消费长期高度依赖煤炭。2015年，中国消费全球50%的煤炭，总消费量接近40亿吨；煤炭消费占一次能源消费比重64%，远高于全球29%的平均占比水平。[②]

巨量的煤炭消费贡献了中国85%的二氧化硫排放量、67%的氮氧化物排放量、70%的烟尘排放量以及80%的二氧化碳排放量，导致大气污染和气候变化问题日趋严重。[③] 2015年全国366座监测城市平均PM2.5年均浓度达到50微克/立方米，远高于世界卫生组织制定的10微克/立方米的健康安全标准以及中国所采用的第一阶段过渡期35微克/立方米的标准。366座城市中，只有一座城市的PM2.5年均浓度接近10微克/立方米，PM2.5年均浓度低于35微克/立方米的城市也只占到20%。与此同时，中国在2015年的二氧化碳排放总量是美国的1.67倍，占全球二氧化碳排放总量的27%。

日益加剧的大气污染对中国居民产生严重的健康危害（参见专题报告五"可再生能源与燃煤发电的环境成本对比"）。在现有的研究中，中国每年因室外空气污染导致的早死人数，最保守估计在35

[①] 如无特别说明，本文所使用的各国煤炭消费数据、一次能源消费数据、总发电量数据、风电和光伏发电装机数据、风电和光伏发电数据、二氧化碳排放数据，都来自 *BP Statistical Review of World Energy 2016*。

[②] 中国煤炭消费的一半来自火电用煤。中国总的燃煤机组装机容量接近10亿千瓦，燃煤发电量约占全国总发电量的75%。

[③] 中国疾病预防控制中心和绿色和平：《煤炭的真实成本——大气污染与公众健康》（http://www.greenpeace.org/china/zh/publications/reports/forests/2010/coal-airpollution2010/）。

万—50万人之间。① 整个社会已为化石能源的大气污染问题付出了相当高昂的代价。为保障中国经济社会长期可持续发展，在提高煤炭清洁高效利用水平的同时，大幅度减少煤炭在一次能源消费中的占比，已成为中国当前及未来较长一段时间内能源发展工作的重点。

为此，中国在2006年1月颁布《可再生能源法》，首次提出通过"设立可再生能源发展基金"对以风电和光伏发电为主的可再生能源发电进行上网电价补贴，并"实行可再生能源发电全额保障性收购制度"，以促进可再生能源的发展。自此，中国风电和光伏发电产业迅猛发展。在2006年到2015年的短短10年间，中国风电累计装机容量从259万千瓦到1.45亿千瓦，增长56倍，全球占比从3.5%增长到33.4%；光伏发电累计装机从8万千瓦到4348万千瓦，增长534倍，全球占比从1.2%增长到18.9%；分别在2010年和2015年超过美国和德国成为全球第一大风电和光伏发电装机大国，创造了世界上前所未有的可再生能源发展速度。2015年，中国风力发电1851亿千瓦时，光伏发电392亿千瓦时，分别占总发电量的3.2%和0.7%，占一次能源消费总量的1.4%和0.3%。放眼未来，随着技术创新以及风电、光伏发电和储能成本的进一步下降，可再生能源发电终将实现与火电平价上网，并成为中国电力供应的重要组成部分。

但是，中国可再生能源的发展也面临挑战。在高额补贴政策驱使下，中国风电和光伏发电装机得以超高速发展，但也更快地碰到了各国发展风电和光伏发电所遭遇到的问题和挑战，并与中国原有

---

① Zhu Chen, Jin-Nan Wang, Guo-Xia Ma, and Yan-Shen Zhang, "China tackles the health effects of air pollution", *The Lancet*, Vol. 382, No. 9909, 2013, pp. 1959 – 1960.

僵化的电力体制产生种种摩擦和矛盾。其中尤为突出的是，中国可再生能源发电的补贴资金缺口急剧膨胀、"弃风弃光"比例不断攀升。

中国对可再生能源补贴的资金来自对全国范围内销售电量所征收的可再生能源电价附加。为缓解补贴资金困难，中国可再生能源电价附加自2006年征收以来，历经5次上调，从0.1分每千瓦时提高到1.9分每千瓦时，增长19倍。然而，面对风电和光伏发电的跳跃式发展，补贴资金缺口却愈滚愈大：2014年年底，缺口140亿元；2015年年底，缺口400亿元；2016年6月底，缺口550亿元；截至2017年年底，累计资金缺口已达到1000多亿元。而根据2016年底国家能源局发布的《风电发展"十三五"规划》和《太阳能发展"十三五"规划》，2020年风电和太阳能发电规划装机将达到2.1亿千瓦和1.1亿千瓦，分别是2015年底装机容量的1.45倍和2.53倍。若不改变现有高额补贴模式，届时补贴资金缺口将进一步大幅度提升。改革可再生能源电价补贴政策，迫在眉睫。

中国风电与光伏发电装机容量已跃居世界第一，但受制于经济下行电力需求疲软、电网外送通道建设滞后和省际电力市场壁垒等体制因素，2014年以来设备利用小时数持续走低，弃风弃光问题凸显。2014年、2015年和2016年上半年，全国平均弃风率分别为8%、15%和21%。自2015年以来，全国平均弃光率持续保持在12%左右的高位。其中，中国西北和东北众多省份弃风弃光问题尤为严重：2016年上半年，甘肃、新疆和吉林的弃风率分别达到了47%、45%和39%，甘肃和新疆的弃光率则高达32%。相比之下，同为风电和光伏发电装机大国的德国，弃风弃光率只有1%。显然，在现有约束没有得到实质性解决的前提下，继续保持风电和光伏发电装机高速发展，弃风弃光问题将愈演愈烈。

本书旨在梳理中国风电和光伏发电发展的现状和问题，厘清各种问题的根源，分析未来发展面临的约束和困难，并对解决问题可行的政策思路进行讨论。

◇ 二　高速发展的急就章

风电和光伏发电虽然清洁，且因技术进步发电成本不断下降，但在环境污染税长期缺失的背景下，迄今为止尚无法跟火电竞争实现平价上网。因此，补贴政策而非市场在风电和光伏发电过去二十多年的发展历程中起了决定性作用。其间，中国经济、环境形势几次发生变化，促就了可再生能源补贴政策出台和调整的急就章。

（一）风电补贴政策的背景

中国风电的发展最早可追溯到20世纪90年代，原国家电力公司利用国外援助资金购买进口发电设备，进行小规模实验性生产发电。2002年电力体制改革以前，中国电力行业由原国家电力公司进行垂直一体化管理，厂网尚未分离，风电上网价格或采用燃煤电厂价格或由地方价格主管部门进行成本加成定价。

2002年厂网分离后，发电企业成为独立市场主体，如何合理确定风电的上网价格成为一个亟待解决的问题。当时，中国刚摆脱1997年亚洲金融危机以来的经济下行周期，全年能源总消费量只有16亿吨标准煤，不及目前总消费量的40%，大气污染和二氧化碳排放的环境问题亦不凸显。大规模发展可再生能源以促进对煤炭消费的替代并非当时紧迫的议题。因此，自2003年开始，中国政府一方面在部分地区延续原有的审批定价模式，同时也按照当时电力体制改革"厂网分开，竞价上网"的目标，以市场化的补贴方式"特许权招标"确定风电上网价格。特许权招标是由政府对一个或一组新能源项目进行公开招标，由各发电企业竞价决定该项目的上网价格。[1] 特许权招标制度在稳步推进可再生能源发展的同时，也为下一步出台风电固定上网标杆电价提供价格参考。2003—2007年，中国共进行五期风电项目的特许权招标，总装机容量达到330万千瓦，占2007年年底风电累计装机容量的56%。特许权项目的招标价格普遍低于同时期的审批价格，最低曾到达0.38元/千瓦时，逼近火电上网价格（参见专题报告三"辨析中国风电与光伏发电补贴政策存在的问题"）。但从课题组实地调研情况来看，在当前弃风弃光较为严重地区，特许权招标项目因不受限电约束，受到当地风电企业普遍欢迎。特许权招标以市场竞价为原则，不但实现有效的价格发现、降低财政补贴成本，也将稀缺的项目资源配置到经营效率最高的企业手中，是最有效率的可再生能源电价补贴方式。

---

[1] 风电机组在累计发电利用小时数3万小时前，执行中标价格，3万小时后，执行电力市场平均上网电价。

始料不及的是，随着2002年中国经济进入新一轮高速增长周期，以煤炭为主的能源消费大幅度增长，导致中国在2006年超过美国成为世界上最大的二氧化碳排放国，节能减排和应对全球气候变化谈判的国际压力与日俱增。中国在2006年1月颁布《可再生能源法》，提出"设立可再生能源发展基金"并"实行可再生能源发电全额保障性收购制度"，并于当年6月在全国销售电价中征收每千瓦时0.1分的可再生能源电价附加，以补贴可再生能源发电项目上网电价高于当地燃煤机组标杆上网电价的差额。2007年颁布《可再生能源中长期发展规划》首次提出至2020年，风电装机3000万千瓦，光伏发电装机180万千瓦，非化石能源占一次能源消费总量比例达到15%的发展目标。在2009年哥本哈根世界气候大会召开之前，中国更是自主承诺要在2020年实现15%非化石能源占比和单位GDP减排40%—45%的目标，以宣示中国应对全球气候变化的决心和大国责任。自此，大力发展风电，不再仅是纯粹出于环境上的考量，更是为实现国际政治承诺的重要抓手。中国风电的发展从此被加上一层硬的政治约束。

为促进风电装机的大规模发展，国家发展与改革委员会在2009年7月发布《关于完善风力发电上网电价政策的通知》，取消原有稳步推进的特许权招标电价补贴政策，正式出台基于风能资源区制定的陆上风电固定标杆上网电价补贴政策，并延续至今。在固定标杆上网电价政策下，根据风能资源和工程建设条件，全国被分为四类风能资源区，各资源区的风电上网价格分别为每千瓦时0.51元、0.54元、0.58元和0.61元，远高于此前特许权招标价格以及当时各省每千瓦时0.3—0.4元的火电上网价格。对于新增装机，其风电上网价格按相应资源区风电标杆上网电价执行20年。其中，电力公司以当地火电标杆电价收购风电，政府则补贴风电固定标杆上网电价与当地火电标杆上网电价之差。经过2014年和2015年两次小幅度调整，当前四类资源区风电标杆上网价格仍维持在每千瓦时0.47元、0.5元、0.54元和0.60元的高位。

（二）光伏发电补贴政策的背景

自20世纪50年代光伏发电技术在贝尔实验室面世以来，光伏成本大幅度下降，但迄今为止，其发电成本远高于风电，且在晶硅和面板生产过程中存在较高的污染。因此，无论是从经济上、环境上，还是为完成可再生能源既定发展目标上的考量，通过更高额的补贴来大规模发展光伏发电都不是一个合适的选择。

跟风电早期的发展类似，2011年之前，中国政府采取了比较务实的态度，通过审批电价和特许权招标进行小规模的光伏实验性发电生产。2009年，中国进行第一次光伏电站特许权招标，中标价格为每千瓦时1.09元；2010年，开展13个光伏电站项目的特许权招标，中标价格区间为每千瓦时0.7288—0.9907元（参见专题报告三"辨析中国风电与光伏发电补贴政策存在的问题"）。截至2010年底，全国光伏发电的总装机容量仅有80万千瓦。

相比之下，中国光伏发电制造业在此期间突飞猛进。在21世纪初德国、日本、美国等主要发达国家的光伏发电补贴政策下，全球光伏电池需求高涨。受益于工业制造成本上的比较优势，中国光伏发电制造企业在全球光伏市场竞争中赢得先机，并大幅度扩张产能。2007年，中国以109万千瓦产量、全球近1/3占有率，成为世界第一大光伏电池生产国。在2009年应对经济危机而仓促出台的大规模财政和货币政策双重刺激下，中国光伏行业产能进一步急剧扩张，当年光伏电池产量492万千瓦，全球占比近44%；2010年光伏电池产量再次翻倍，增长至1000万千瓦，全球占比近50%。[①]

金融危机以来，全球光伏行业积极扩张，产能严重过剩。更为戏剧性的是，2011年2月，占全球全年新增光伏发电装机40%以上的德国宣布，根据当年3—5月装机容量确定光伏上网电价下调方案。德国光伏发电新增装机因此在2—5月之间同比下降近一半，由此触发多晶硅、硅片、电池片和组件等光伏产品价格在全球范围内的"断崖式"下跌。[②] 全球多家光伏企业倒闭，中国光伏企业也因此陷入经营困境，面临空前危机。同年10月，德国Solar World美国分公司更是联合其他6家生产企业，向美国商务部申请对中国光伏产品进行"双反"调查，并分别在次年3月和5月获得裁定，向中国进口光伏电池板征收2.90%—4.73%反补贴税和31.14%—249.96%反倾销税。自此，中国尚德、赛维和英利等曾经排名世界第一的主要光伏发电制造企业，深陷债务危机，最终在若干年后陷入破产或几近破产境地。

在光伏行业严峻形势的"倒逼"下，国家发改委在2011年7月首

[①] 中国产业信息网：《2015—2016年中国太阳能电池产销状况分析（图）》，2016年2月18日（http://www.chyxx.com/industry/201602/386824.html）。

[②] 价格下跌幅度在30%—40%不等。

次出台光伏发电项目在 20 年补贴期限内执行固定标杆上网电价的政策，并制定全国统一且较高的电价水平：2011 年年底之前和之后投产的光伏电站上网电价分别为每千瓦时 1.15 元和 1 元，远高于前期特许权招标价格以及风电上网标杆价格。2013 年，国家发改委进一步根据光照资源和工程建设条件，将中国分为三类资源区，规定 2014 年之后投运的光伏电站上网电价在此三类资源区分别为每千瓦时 0.9 元、0.95 元和 1 元。之后历经两次调整，2017 年 1 月 1 日后三类资源区的最新执行价格分别为每千瓦时 0.65 元、0.75 元和 0.85 元。在标杆电价的基础上，部分省份更是出台额外的省内光伏发电补贴政策，以定向补贴的方式，进一步补贴保护本省光伏发电制造产业。

（三）跨越式发展

随着技术进步和行业竞争的加剧，自设立固定上网标杆电价以来，风电和光伏发电成本出现大幅度下降。从 2009 年第一季度至 2016 年第三季度，考虑设备投资和融资成本后的全球陆上风电的平准化电力成本（Levelized Cost of Electricity）平均下降50%，而同期太阳能光伏组件的单位成本则平均下降90%（参见专题报告七"可再生能源竞标政策的国际经验：对中国的启示"）。① 课题组在甘肃

---

① 平准化电力成本（LCOE）是指能够实现电力项目一定回报率所需的长期价格。除考虑发电资源的丰富程度（例如风电和光伏发电的年利用小时数），平准化成本还包括电站的建设、运营和融资成本。但平准化成本计算不包含任何补贴激励政策（如加速折旧、生产税抵减）以及并网和电力输送的成本。

调研期间，便有部分风电企业表示，在当前成本条件下，如能保证电量满发，无须电价补贴也能盈亏平衡。相比之下，中国风电和光伏发电标杆电价不但在设立之初就维持了较高的水平，而且在往后的调整过程中，不但缓慢而且相对有限：从2009年至今的8年时间内，风电上网价格只经过3次调整，Ⅰ类至Ⅳ类各资源区上网价格从2009年到目前执行价格水平，分别只下降7.8%、7.4%、6.9%和1.6%；自2011年以来，光伏发电上网价格也只经过3次调整，Ⅰ类至Ⅲ类资源区在2017年1月1日之后的上网价格，相比于2011年之前投产建设的每千瓦时1.15元，分别下降43%、35%和26%。严重滞后的补贴政策调整，更使风电和光伏发电的补贴额度高上加高，在经济下行、传统行业普遍经营困难的背景下，高度激发市场各方主体投资风电和光伏发电的强烈意愿。课题组调研发现，在某些地区，为争夺光伏项目装机指标，5万千瓦的项目指标"黑市"价可达2000万元。光伏发电过高补贴所产生的行业寻租问题不可小觑。

除了引发市场主体的投资冲动，高额补贴还派生出地方政府的投资饥渴。中国风能和太阳能资源基本上分布在经济上较为落后的甘肃、新疆、内蒙古、宁夏、吉林等"三北"地区，具有很强的地域性。而在现有补贴政策下，风电和光伏发电的高额补贴成本由全国电价共同分担。这就在制度层面上形成风电和光伏发电发展"地方请客、中央埋单"的资源配置逻辑。

对于经济较为落后的地区，如何发展本地经济、提升GDP是政府工作的重中之重。由于风电场和光伏电站的建设能有效拉动固定资产投资，并带动上游设备和零件制造业发展，风电和光伏发电成为这些地区少有的经济增长新亮点。对于地方政府而言，只要能从国家能源局获得风电和光伏发电的项目建设指标，不需花费任何本级财政支出，就能获得管辖区域内的投资增长。巨大的GDP政绩收益触发了地方政府的投资饥渴，并使之积极干预地方风电和光伏发电的建设发展，也为中国风电和光伏发电在这些地区的发展埋下了"重建设、轻消纳"的隐患。《风起酒泉》一书就曾形象记录了酒泉千万瓦级风电基地的建设情形："市委书记当着全市主要领导的面，声言要是完不成（风电项目建设）任务，就要摘市县区党委政府一把手的帽子……每月（风电项目建设）竞赛结束后，把评比出来的倒数三名以县委、县政府的名义形成文件，传到各企业总部去，建议总部把项目负责人换掉。"从甘肃调研情况来看，在高弃风弃光率背景下，即使企业已失去投资意愿，地方政府仍有很强的意愿要指标、要投资。

在中央高额补贴、市场冲动和地方政府投资饥渴的三重推动下，中国风电和光伏发电装机自此步入跨越式发展阶段，并呈现出爆发式增长。

2009年全国风电新增装机1373万千瓦，一举超过此前20多年965万千瓦累计装机容量；2009—2015年，风电新增装机年均增长47.5%，占同期全球新增装机42%，2015年新增装机容量更是达到了3050万千瓦，再次刷新历史新高；从2008年965万千瓦到2015年1.45亿千瓦，短短7年内，中国风电累计装机容量增长15倍，创下世界发展之最。

在超高补贴的诱发下，中国光伏发电的发展速度更为惊人。2011年新增光伏发电装机270万千瓦，远超2010年底80万千瓦的累计增加容量；2011年到2015年，光伏发电新增装机增长率分别为540%、119%、343%、97%和142%，年均增长248%；2015年新增光伏发电装机更是创下1515万千瓦、占全球新增装机30%的历史纪录；从2010年80万千瓦到2015年4348万千瓦，在5年的时间内，中国光伏发电累计装机容量增长54倍，创造了世界各国难以企及的发展速度。自2016年以来，光伏发电装机速度再度跃进，令人无从想象：1—6月新增光伏发电装机2200万千瓦，是2015年全年新增装机的1.45倍。

中国光伏发电装机的超高速发展，改变了中国光伏发电制造行业"生产在内、市场在外"的原有格局，避免了自2011年以来光伏发电制造业大规模的破产潮。但激进的政策保护在拯救产业的同时，也进一步刺激了光伏发电制造业产能的持续大幅度增长：中国光伏电池产量由2010年的1000万千瓦大幅度增长至2015年的4300万千瓦，全球产量占比跃升至85%。

◇ 三 高额的补贴、计划的市场

固定上网电价制度的实施使中国得以在较短的时间内迅速推动风电和光伏发电的大规模发展，对中国能源绿色转型起到了关键性作用。但不曾料想的是，高额补贴所引爆的风电和光伏发电投资，不但给财政补贴资金造成巨大压力,也带来弃风弃光问题不断加剧的更大麻烦。"风光无限、水深火热"成为诸多地区风电和光伏发电发展的真实写照。

前文指出,为应对风电和光伏发电的大跨步发展,可再生能源电价附加自2006年开始征收以来历经5次上调,从最初每千瓦时0.1分快速上涨到2016年每千瓦时1.9分。包括从一般公共预算调入的70亿元,2015年全年可再生能源电价收入决算已高达515亿元,但仍无法满足拥有无尽扩张动力的风电和光伏发电的补贴需求,导致补贴资金缺口从2014年年底的140亿元急剧上升至2016年年中的550亿元,且持续强劲上涨(参见专题报告三"辨析中国风电与光伏发电补贴政策存在的问题")。更令人无从想象的是,以现有风电和光伏发电量、现有补贴水平和20年补贴年限计算[①],中国在风电和光伏发电上的总补贴支出最保守估计将超过1万亿元。考虑到2016年以来风电和光伏发电装机继续快速增长的势头,最终实际补贴支出将远超1万亿元。在中国电力价格高度交叉补贴的背景下,可再生能源电价附加基本上由居民和农业用电以外的工商业用电来承担。在经济下行,制造业等传统行业普遍经营困难的情况下,进一步依靠大幅度提高可再生能源电价附加以满足风电和光伏发电的发展需要,需通盘考虑、慎重行事。

更大的麻烦是,自2002年"厂网分开、主辅分离"的电力体制改革以来,中国发电侧市场竞争开放,但风电和光伏发电的出口

---

① 2015年,风电和光伏发电量分别为1851亿度和392亿度电,补贴额在600亿—700亿元之间。

端——输配和售电侧至今仍受到高度计划管制。当竞争性且超高速发展的风电和光伏发电遭遇计划管制的电力市场，产生了诸多意想不到的矛盾和冲突，促发举世罕见的弃风弃光问题。

（一）电源和输电通道的紧张

由于电网的自然垄断属性，各地的输配电网主要由当地电网公司独家投资建设并承担相应成本。对于电网公司而言，新建输电线路，在经济上需核算成本收益；在建设上，需要经过规划、可行性研究、评估、立项、征地拆迁、施工等诸多流程和环节，历时2—3年。尤为突出的是，风能和太阳能资源丰富、风电和光伏发电项目建设成本较低的地区，往往地处偏远且远离用电负荷中心，输电线路建设成本较高。这就在经济层面上导致电网公司在这些地区投资建设外送通道的意愿不强。

相比之下，风电和光伏发电项目的建设投资，不但无须在意外送输电通道的投资成本，而且可在数月时间内快速完工。为抢占优势资源，风电和光伏发电投资主体更是积极"跑马圈地"，并意欲以大规模项目建设"倒逼"电网公司铺设外送输电通道。另外，在现有补贴政策下，风电和光伏发电标杆电价在调整日出现断点式下降。对于中等规模的风电场或光伏电站而言，并网时间相差一天，20年运营周期内总收入可差数百万元至数千万元。每逢补贴政策调整前夕，全国各地必然出现新一轮大规模"抢装潮"，致使在较短时间内，风电和光伏发电项目集中上马，原有输电线路无法满足电源输电需求。

（二）省际壁垒阻隔电力外送消纳

如果说电源建设和输电通道建设的协同匹配主要是技术层面的问题，在现有条件下，以时间为代价，终将得到解决，那么电力市场制度层面上的掣肘则是弃风弃光问题在现阶段难以逾越的障碍。

电力的生产和需求需要实时平衡，而受制于自然条件，风电和光伏发电却天然带有很强的间歇不稳定性。在储能技术没有突破性进展、储能成本还相当昂贵的背景下，解决风电和光伏发电间歇不稳定的唯一办法是，通过电力调度调整电网内火电机组实时出力。但对于区域电网而言，为保障电网的安全稳定运营，网内所能消纳的间歇不稳定电源发电占比有上限。因此大规模的风电和光伏发电需要大电网、大市场来消纳。电网和电力市场交易半径越大，所能消纳的风电和光伏发电越多。即便以风电和光伏发电发展成功著称的德国，离开欧洲大电网，根本无从做到风电和光伏发电占国内总发电量20%的高比例。

但在中国原有电力体制下，电力平衡以省为单位，每年由各省经信委和电网公司根据全年预测消费电量，制订省内各发电机组的发电计划。只有当省内发电无法满足省内用电需求时，缺电省份才会向其他电力富余省份购电，出现省间电力交易。2014年，全国跨省区交易电量达到8842亿千瓦时，仅占全国电力需求总量的16%。

在有限的跨省（区）电力交易中，计划安排和地方政府间协议仍是确定跨省（区）交易电量和交易价格的主要形式。自2015年以来，以放开售电侧、促进电力直接交易为主要内容的新一轮电力体制改革开始启动。各省分别成立电力交易中心，在原计划电量中拿出部分电量交由市场进行交易，并积极组织省内用电大户和发电企业以双边协商或集中竞价的方式进行电力直接交易。在大用户直购电交易中，发电企业需以市场竞争获得发电权，用电企业则可直接面向发电企业购买电力，突破了原有僵化的计划体制。在这新一轮的电力体制改革中，31家省级电力交易中心成立；2016年3月1日，旨在促进电力跨省交易的北京电力交易中心和广州电力交易中心两个国家级的交易中心成立。

但由于发电权的分配依旧控制在各省手中，以省为界、"画地为牢"的局面没有发生变化，电力跨省交易困难重重。尤其是在经济下行，各省电力都出现富余的背景下，电力跨省交易难上加难。调研发现，甘肃某一风力发电企业即便与位于另一省份但隶属同一发电集团的火电厂达成发电权交易的协议，也同样遭到火电厂所在地省政府的否决。北京和广州两大电力交易中心自成立以来，也仅因为山东和广东两省用电较为紧张，才得以组织西北省份（陕西、甘肃、青海和宁夏）向山东，云南向广东的电力跨省交易。

难以破除的省际壁垒将中国电力市场切割成30多个独立的省级电力市场。这就在客观上要求风电和光伏发电立足省内电力市场进行消纳。麻烦在于，为了鼓励风电和光伏发电的大规模发展，中国的补贴政策长期向风能或太阳能比较丰富的一类资源区倾斜，即在这些地区，风电和光伏发电上网价格与火电上网价格之差高于其他地区价格差。这就造成中国巨大体量的风电和光伏发电装机主要集中在"三北"地区。其中大部分省份恰恰用电负荷较少且重工业GDP占比较高，在经济下行、重工业用电需求大幅度下滑的背景下，发电形势紧张问题首当其冲。一头是不断加码的装机，另一头是不断萎缩的用电需求，弃风弃光问题也就愈演愈烈。

以弃风弃光问题最为严重的甘肃省为例。截至2016年6月底，甘肃全省发电装机容量4722万千瓦，其中火电、水电、风电和光伏发电分别装机1930万千瓦、853万千瓦、1262万千瓦和678万千瓦。相比之下，2016年1—6月全省最大用电负荷仅有1214万千瓦，相当于1/4总装机容量，发电产能严重闲置。在2015年39%弃风率和31%弃光率的严峻形势下，甘肃省2016年上半年光伏发电装机却逆势增长，在2015年底581万千瓦的基础上再增长16.7%。而全省同期发电量只有575亿千瓦时，同比下降8.3%，致使在风电和光伏发电量分别同比增长4.28%和9.24%的背景下，弃风弃光率仍进一步攀升至47%和38%。目前，甘肃省已经创下风电和光伏发电占全省发电量18.24%、可调电量20%的历史纪录（参见专题报告四"中国风电和光伏发电企业参与电力市场交易：甘肃省的案例"）。进一步大幅度提高省内风电和光伏发电占比，空间极其有限。因此，不进一步通过电力市场化改革打破各省"画地为牢"的局面，不建立更大区域范围内的电力市场，弃风弃光问题难以根除。

(三)"量""价"难两全

问题是,省际壁垒和封闭有限的省内市场是既定的约束,面对弃风弃光不断恶化的形势,风电和光伏发电企业为何继续增加装机投资?在现有电力体制下,各省经信委和电网公司在制订省内各发电机组的发电计划时,大致是以发电机组容量为根据对计划发电量进行平均分配。在实际运行中,各电网公司更是需要贯彻执行公开、公平和公正的"三公"调度。这就在制度层面上形成以平均主义"大锅饭"的方式配置发电权资源的逻辑。

在经济下行、电力市场供大于需的新形势下,发电权成为稀缺资源。当电力上网价格固定、发电权平均分配,发电企业无法通过市场竞价获得发电权资源,增加项目装机容量成为竞争获取发电权的重要筹码。这就使得在省内风电和光伏发电消纳总量给定的约束下,有限的发电总量成为一块"公地":任何新增装机都能在这块"公地"里头获得跟其他存量装机等同的平均发电量。在经济层面上,这就衍生出电力领域的"公地悲剧":只要新建装机能获得超额回报率,即便弃风弃光率不断攀升,企业就会不断增加新增装机投资,直到项目收益趋向行业平均回报率。因此,各省再高的弃风弃光率都将有止步不前的边界。甘肃调研发现,即便在2015年如此之高的弃风率下,大部分风电企业还是能盈亏平衡,甚至略有盈余;直到2016年上半年用电需求继续大幅度下滑、弃风率再创纪录的严峻形势下,企业继续投资风电项目的冲动才得到有效抑制,新增装机仅20万千瓦。

在计划管制的电力市场中，上网价格和机组产量受到严格管制，但经济和市场规律并未消散，且以意想不到的形式在发生作用。当发电企业不能竞价，竞装机容量就成为市场配置稀缺发电权资源的重要手段。其中最令人唏嘘的是，在封闭且需求有限的市场中，高额补贴竟成为高弃风弃光率的最直接推手：补贴额度和上网价格越高，在同等弃风弃光率条件下，风电和光伏发电装机投资越能获得较高收益，进而诱发更大规模的新增投资和不断攀升的弃风弃光率，直至新增装机投资收益趋向于临界点。在上网价格固定不变的背景下，弃风弃光率替代价格成为调节市场供给的重要工具，且随补贴强度水涨船高。

价格和产量是企业参与市场竞争、赢取市场份额的两大筹码。而固定上网电价结合全额保障性收购的政策设计却欲以"既保价、又保量"的初衷推动中国风电和光伏发电的大规模发展。但经济规律难以违背：只要"量""价"齐保，企业决策便无须在意市场竞争因素，进而产生无穷扩张产能的冲动。因此，在一个竞争开放、企业可自由进出的市场环境中，"量""价"难两全。上述实际发展的情况也表明，当固定上网电价制度保了"价"，以保"量"为目的的全额保障性收购制度便不得不付之东流，致使弃风弃光率愈演愈烈。如果说固定上网电价制度"保价不保量"，那么早期特许权招标项目的运行逻辑却是"保量不保价"：在确保发电量全额保障性收购的前提下，电力价格在招标环节由企业竞争决定。而对于企业而言，前者固然能确保价格长久不变，但却带来产量的高度不确定性，相比之下，后者则能提供价格和产量的双重稳定预期——这就使得在高弃风弃光率地区，企业对"保量不保价"的特许权招标项目持高度欢迎态度。

受困于较高且不断增长的弃风弃光率，内蒙古、新疆和甘肃三省区在2016年开始尝试通过与自备电厂置换发电权、集中竞价和双边交易等方式开展风电和光伏发电企业与电力用户的直接交易。以甘肃省为例，2016年上半年风电和光伏发电参与市场交易的电力已达74.47亿千瓦时，占同时期全省发电量的13%。这种突破发电权平均分配、以市场竞价方式配置发电权资源的做法值得肯定。但在实际实施过程中，风电和光伏发电参与电力交易受到行政过多干预，成为当地政府降电价、补贴省内高耗能亏损企业的重要手段。以甘肃省为例，参与电力交易的电力用户主要限定在高耗能行业，非目录内用电企业不得参与电力交易；风电和光伏发电企业单独竞价，无以跟火电企业在统一的电力市场中进行集中叫价、公平竞争；更为严重的是，实施交易前不明确风电和光伏发电企业的计划保障电量，致使出现"发电基数不明不清、是否属增发电力不明不清、发电空间来源不明不清，导致校核实施后参加直购电交易电量越多、发电企业外送电力越少、发电企业亏损越多"的乱象（参见专题报告四"中国风电和光伏发电企业参与电力市场交易：甘肃省的案例"）。在实际的交易过程中，大多数风电和光伏发电企业不得不以零电价或者接近于零的电价参与电力交易，参与意愿严重不足。甘肃调研中，有企业表示，即便确定零发电基数、所有电量都靠市场竞争获得，也要好于当前不清不楚的安排。

以上情况说明，经济规律往往以"事与愿违"的方式来彰显它的存在：政府希望通过高额补贴大规模发展风电和光伏发电，却不曾料想，高额补贴不但成本极其昂贵，而且催生意想不到的装机"大跃进"，使得补贴财政捉襟见肘、难以承受；更难以预料的是，当跃进的产能遭遇电力市场的森严壁垒和管制，不得不闲置过剩，引发举世罕见的弃风弃光，致使像甘肃这样诸多"风光无限"的地区陷入"水深火热"之境地。

我们认为，只有深刻理解上述经济现象之间的因果规律，追根求源，认清要害，果断抉择，才能扭转局面，让中国风电和光伏发电朝着符合市场经济规律和可持续发展的方向改进。

◇◇ 四 解决问题的思路

始于 2009 年和 2011 年的固定标杆上网电价补贴制度，为推动中国风电和光伏发电以及相关制造产业的大规模发展起到了决定性作用，其历史贡献值得肯定。但是，近年来，随着风电和光伏发电装机突飞猛进、体量均跃居全球第一的同时，中国经济和环境污染形势再次发生重大变化。尤其是化石能源价格和经济增长速度下行，风电和光伏发电的财政补贴压力日趋紧张，使得现有补贴制度所面临的电价调整机制不灵活、补贴规模过大和补贴效率低下等问题凸显。为此，有必要重新审视、冷静分析当前新形势，选择切实可行的政策思路。

（一）补不起、拖不得

或有意见认为，风电和光伏发电是清洁能源，对于实现中国能源转型、绿色可持续增长至关重要，应继续维持高额补贴以确保风电和光伏发电的高速增长。这个意见很痛快，但是我们认为它低估了补贴冒进的财政风险，也高估了能源清洁的价值。

首先，现有风电和光伏发电高额补贴政策不可持续。前文指出，高额补贴，既增加单位发电补贴金额，又诱发装机跃进、补贴基数急剧扩张，使得补贴资金缺口将在2016年6月底550亿元的基础上愈滚愈大。考虑到国务院所制定2020年2亿千瓦风电装机和1亿千瓦光伏发电装机的发展目标，如果不大幅度调整现有补贴政策，以风电和光伏发电年平均发电2000小时和1500小时、平均每千瓦时补贴0.2元和0.5元的保守数字计，届时年补贴资金将接近1600亿元。该数字与2015年全国近1500亿元的扶贫资金旗鼓相当。不果断调整补贴政策，补贴的财政压力将愈来愈大且难以应付。再考虑到每个风电和光伏发电项目近20年的补贴年限，中国为扶持风电和光伏发电发展所支付的总补贴额度将极为惊人。

其次，能源清洁收益并非无限。必须指出，对于整个社会经济的运行而言，所用之电，无论是来自煤炭，还是来自风与光，毫无差别。此外，中国煤炭资源丰富，用煤发电亦无能源安全之忧。因此，巨额财政补贴风电和光伏发电的唯一收益是其替代煤电所产生的环境收益。

前文指出，煤炭消费是中国大气污染和二氧化碳排放最主要的成因。大气污染约70%—90%的成本来自其造成人类早死的健康成本。现有研究对中国每年因大气污染而早死人数的估计值，从35万到170万不等，存在较大差异（参见专题报告五"可再生能源与燃煤发电的环境成本对比"）。基于59个城市疾病死亡率数据和大气污染数据，课题组相关研究所估计的数值在70万人左右。为不低估煤电的环境成本，如果采用2016年清华大学和美国健康影响研究所发布的研究，那么中国每年因大气污染而早死的人数是91.5万。[①] 其中由于燃煤对PM2.5的贡献率在40%左右，中国每年因燃煤导致的早死人数在36.6万人左右。另外，相比于化工、钢铁和水泥等诸多用煤行业，中国燃煤电厂较早进行污染排放治理，且由当地环保部门对其污染排放进行实时在线监控，燃煤电厂单位用煤的排放水平相对较低。因此根据该项研究，中国每年由燃煤发电导致的早死人数在8.65万人左右。现有研究中有关中国统计学意义上生命价值（value of statistical life）的估计从数十万元到170万元不等，也存在较大差异。而根据课题组研究，中国因大气污染而早死的人群主要是65岁以上老人。同样，为不低估火电的环境成本，以170万元最高值计，中国每年因燃煤发电造成的早死成本在1470亿元左右。除造成人类早死外，大气污染成本还包括居民疾病医疗支出增加、农业产出下降、酸雨腐蚀等。以早死健康成本占大气污染全成本70%的最低比值计，中国每年燃煤发电造成的大气污染全成本最

[①] GBD MAPS Working Group, *Burden of Disease Attributable to Coal-Burning and Other Major Sources of Air Pollution in China*, Boston: Health Effects Institute, 2016.

多在2100亿元左右。2015年燃煤发电量3.9万亿千瓦时，中国每千瓦时燃煤发电的大气污染成本因此最多不超过5.4分。需特别强调的是，为不低估火电燃煤的大气污染成本，在以上的计算中，我们采用了较为激进的测算方法。如根据此算法，中国每年大气污染成本为2.2万亿元，占2015年GDP总量的3.2%。

除大气污染物排放外，中国燃煤发电二氧化碳排放约为每千瓦时831克。由于气候变化对人类社会的影响存在较大不确定性，目前学术界有关气候变化对人类社会造成的危害成本究竟有多大分歧甚重，尚无定论。在现有的文献研究中，每吨二氧化碳成本的平均估计值在12美元，但不同研究的估计值差异较大（标准差是23美元）。而在2015年实施碳交易市场或者碳税政策的国家中，二氧化碳价格从每吨1美元到131美元不等，其中有3/4的二氧化碳价格低于每吨10美元。在中国已试点的7个区域碳交易市场中，2015年每吨二氧化碳的价格则在人民币10元到60元之间。如果采用现有研究中对二氧化碳外部性成本估计的平均值（每吨12美元）进行计算，每吨二氧化碳的成本在83元左右，燃煤发电的气候变化成本为每千瓦时6.9分人民币。

如基于以上计算，包含大气污染和二氧化碳排放在内的火电燃煤每千瓦时环境总成本在0.12元左右，远低于当前风电和光伏发电每千瓦时的补贴金额。以2015年风电和光伏发电总发电量2243亿千瓦时计，风电和光伏发电的环境总收益只有269亿元。考虑到光伏产品制造过程中所产生的高污染，风电和光伏发电实际环境收益更低。而2015年，中国对风电和光伏发电的补贴总额却高达600

亿—700亿元（参见专题报告三"辨析中国风电与光伏发电补贴政策存在的问题"），补贴政策的成本收益严重失衡。即便考虑到二氧化碳外部性成本的高度不确定性，每吨12美元的数字可能会趋于保守，以中国风电和光伏发电补贴政策的成本收益实现自我平衡作为计算依据，二氧化碳外部性成本应在每吨40美元左右，高于美国政府进行碳减排项目评估时所采用的36美元。考虑到2015年91.5亿吨二氧化碳总排放量，若以每吨二氧化碳成本40美元进行计算，中国全年二氧化碳排放成本为2.5万亿元，占2015年GDP总量的3.7%。无论从哪个角度来看，二氧化碳每吨40美元的外部性成本都是极大可能被高估的数字，中国风电和光伏发电补贴政策的成本收益因此难以平衡。

（二）新形势、新思路

前文指出，2009年和2011年的风电和光伏发电高额补贴政策形成于当时的特殊背景，是形势"倒逼"下的必要之举。但是，自2009年以来，中国经济、能源消费、环境污染和行业形势再次发生重大变化。尤其是自2014年以来，经济下行，能源需求疲软，中国经济开始步入"新常态"。面对新形势，有必要更新思路，重新审视当下风电和光伏发电的补贴政策。

首先，煤炭是中国大气污染和二氧化碳排放的主要来源，替代并减少火电燃煤消费是大规模发展风电和光伏发电的唯一意义所在。但自中国经济在2002年重新上行且经历10年年均增长10%的

总报告 完善中国风电和光伏发电补贴政策研究报告 | 27

煤炭消费高增长之后,中国煤炭消费量自 2012 年以来首现 1%—2% 的个位数增长,且从 2014 年开始连续两年下降(参见图 0-1)。

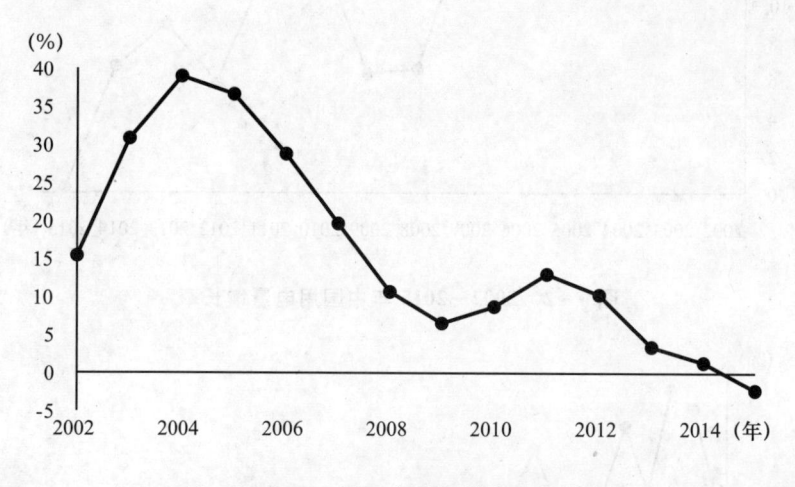

图 0-1 2002—2015 年中国煤炭消费增长率

不出意外,2016 年的煤炭消费量还将持续负增长。中国电力消费在经历了 2002—2011 年年均近 12% 的高速增长后,也自 2012 年开始出现增速大幅度下滑(参见图 0-2)。参考图 0-3 中先行经历过快速工业化的东亚经济体——韩国和中国台湾的电力消费趋势,我们可以发现:在历经早期的高速工业化进程后,一经济体的电力消费增长率在长期势必将持续下降。以不变美元购买力平价计算,中国当前人均 GDP 相当于韩国和中国台湾在 20 世纪 80 年代末和 90 年代初的水平。因此,在经济新常态、产业结构转型的大背景下,以及核电和天然气等其他清洁能源大幅度增长的新形势下,中国经济在未来较长一段时期再现煤炭和电力消费高速增长的可能性微乎其微。中国在《巴黎协定》中有关 2030 年二氧化碳排放达峰的承诺

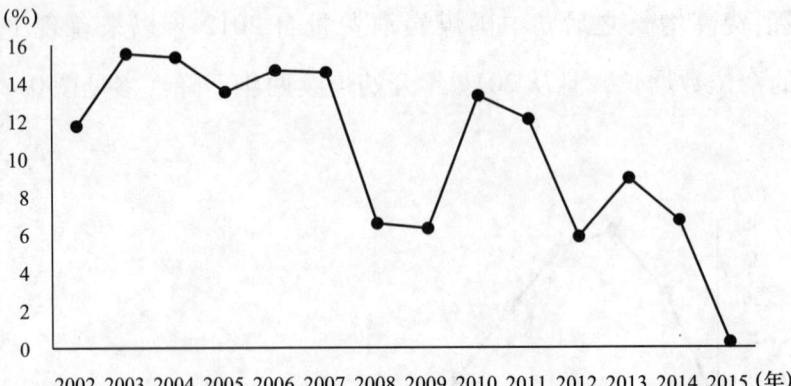

图 0-2 2002—2015 年中国用电量增长率

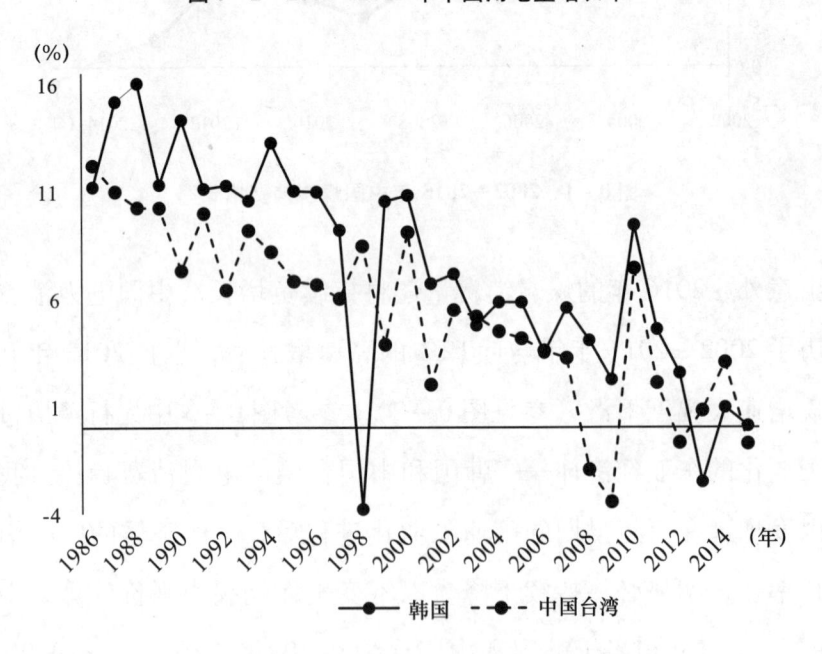

图 0-3 1986—2015 年韩国和中国台湾用电量增长率

有较大可能性提前实现。相比于2009年在二氧化碳排放量刚超美国不久、气候谈判国际压力骤增而不得不匆忙做出各种2020年目标承诺的严峻形势，中国当前应对气候变化问题的压力大为舒缓。因此，在此新形势下，我们认为有必要放松可再生能源发展政治上的约束，让产业发展回归常态、服从正常经济规律。

其次，风电比光伏发电更为清洁且成本更低。因此，无论是从替代煤炭，还是从大气污染治理和二氧化碳减排的角度，相比于光伏发电，风电无疑是经济上更优选择。但实际的情况是，我们恰恰用数倍于风电补贴的成本去高额补贴更贵、更不清洁的光伏发电。很显然，究其根源，迫于2011年光伏发电制造业危机而仓促出台的光伏发电高额补贴政策，本质上是产业扶持政策，而非绿色低碳发展政策。过高的行业价格补贴，不但使得光伏发电领域出现指标寻租倒卖等乱象，而且滋生光伏发电制造业更大产能，积累潜在风险。一旦在财政压力倒逼下，世界各国大幅度减少对光伏发电的补贴，2011年产业危机很有可能再现。因此，通过补贴政策扶持行业发展，不但成本极其高昂、不可持续，而且扭曲资源配置、极大降低经济运行效率。

最后，补贴风电和光伏发电的收益有且只有环境效益。有看法认为，中国对风电和光伏发电的补贴，不但产生环境效益，而且创造巨大经济价值：在规模经济和学习曲线的作用下，补贴大幅度降低风电和光伏发电成本，奠定中国相关产业在国际市场中的重要地位，并创造数千亿元GDP和上百万人就业。然而，追本溯源，如果火电没有任何大气污染物和二氧化碳排放问题，用巨额补贴去扶持产品无差异、成本更高的行业生产恰恰是巨大的浪费。尤其是中国当前火电利用小时数不断创新低，2016年前三季度火电设备平均利用小时数仅为3071小时。现有火电机组容量足以满足用电负荷需求。因此，占总发电量4%比例的风电和光伏发电并未创造额外的电力供应，而仅是替代原有火电供应。基于此，我们认为补贴风电和光伏发电的收益有且只有环境效益，相关产业的国际竞争力、GDP和就业并不是计算补贴政策收益所需要考量的变量。

（三）成功发展可再生能源的国际经验启示

风电和光伏发电发展和补贴压力之间的高度紧张并非中国所特有。西班牙、意大利、日本、德国等绝大多数依靠高额固定上网电价制度推动风电和光伏发电大规模发展的国家都同样面临巨大财政压力，最终不得不大幅度调整补贴政策。尤其是在风电和光伏发电成本快速下降的背景下，发电成本信息在政府与企业之间的不对称问题使得制定合理的固定上网电价难上加难，越来越多国家的可再生能源补贴政策开始从固定上网电价制度转向电价竞标制度。

1. 德国模式与美国模式

德国以发展可再生能源成功著称。德国最早通过固定上网电价制度大力推动可再生能源发展。因此，固定上网电价也被称为可再生能源发展的德国模式。跟中国一样，德国通过固定上网电价制度对风电和光伏发电进行20年的补贴。截至2015年年底，德国风电、光伏发电和生物质发电量分别为880亿千瓦时、384亿千瓦时和502亿千瓦时，三者相加占德国总发电量的27.3%、一次能源总消费量的12.4%。但成功并不免费，这些漂亮数字的背后是极其昂贵的财政补贴成本。为补贴风电、光伏发电和生物质发电，德国居民消费者需支付每千瓦时0.48元（6.354欧分）的可再生能源电力附加税、每年1700多亿元（229亿欧元）的总补贴，且承受欧洲次高（只比丹麦低0.9欧分）、每千瓦时近2.2元（0.3欧元）的居民电价。[①] 以每千瓦时近1元的补贴、每年1700多亿元的补贴支出，获取12.4%清洁能源占比，是否经得起成本收益检验、是否属成功经验，还有待商榷。但是，经济规律难以违背，在严峻补贴形势的倒逼下，德国议会最终在2016年7月决议修改《可再生能源法》，从2017年开始变原有的固定上网价格政策为补贴成本较低且更为市场化的上网电价竞标政策，相当于中国早期实施的特许权招标政策（参见专题报告六"风电和光伏发电补贴政策的国际经验"）。

相比之下，在诸多风电和光伏发电发展大国中，美国的补贴政策最为务实，且更多依靠市场力量推动风电和光伏发电的发展。不同于包括德国在内的大多数致力于通过高额固定上网电价政策提高光伏发电和风电装机容量和发电占比的国家，美国可再生能源政策以税收抵免、可再生能源配额、贷款担保、科研补贴等为主，其目标更倾向于鼓励技术创新，实现风电和光伏发电的平价上网（参见专题报告六"风电和光伏发电补贴政策的国际经验"）。在主要的可再生能源发展大国中，美国也是唯一一个不依赖固定上网电价制度刺激风电和光伏发电装机发展的国家，成功避免了为发展可再生能源增加居民电费负担的现象。更难能可贵且值得中国高度借鉴的是，美国在联邦政府层

---

① 补贴数据来源：http://www.germanenergyblog.de/?p=19487#more—19487；电价数据来源：http://ec.europa.eu/eurostat/statistics-explained/index.php/Energy_price_statistics。

面制定最基本且相对保守的补贴政策，但充分尊重各州发展意愿，鼓励州政府在联邦政策的基础上，根据本州经济、财政和环境污染等实际情况，制定符合本州的可再生能源发展政策（参见专题报告六"风电和光伏发电补贴政策的国际经验"）。

联邦政府层面，美国政府当前给国内所有地区风电、生物质发电和地热发电提供为期10年每千瓦时0.15元（2.3美分）固定补贴的生产税抵免。该风电补贴政策不仅补贴年限只有中德两国的一半，补贴额度也远低于后两者。与其他国家不同，由于美国联邦政府一开始制定的补贴政策务实保守，风电固定补贴竟是基于通货膨胀率不断上调。例如，2005年风电每千瓦时固定补贴是0.12元（1.8美分），之后一直上调至2013年的0.15元（2.3美分）。但从2017年开始，联邦政府将持续下调风电固定补贴额度：在当前每千瓦时0.15元（2.3美分）的基础上，2017年、2018年和2019年分别降低20%、40%和60%。至2019年，美国联邦政府对风电每千瓦时的补贴将只有0.06元。

在联邦政府层面，针对光伏发电最重要的政策是投资税抵免（不另对发电量进行价格补贴）。2005年的能源政策法案规定2006—2007年建成的住宅及商业光伏发电项目可享受30%的投资税抵免，即个人或企业可以享受相当于光伏发电项目投资总额30%的个人所得税或企业所得税减免。之后，该政策经过三次延期。[①] 最近一次延期是2015年的综合拨款法案，根据该法案，2019年前建

---

① 2006年法案（P. L. 109—432）将其延长到2008年，2008年法案（P. L. 110—343）又将其延长到2016年，2015年法案（P. L. 114—113）再次将其延长。

成的光伏发电项目仍可享受30%的投资税抵免，2020年下降为26%，2021年下降为22%。2013年以后，取消对住宅光伏发电项目的投资税抵免，商用及集中式光伏的投资税抵免则降为10%。

由于美国和德国都有比较成熟的电力交易市场，风电和光伏发电上网需参与市场竞价。在德国原有固定上网电价政策下，政府补固定电价和企业竞价之差。这就使得风电和光伏发电市场成交价越低，德国政府补贴额度越高，而风电和光伏发电企业则无须在意市场竞价成本。① 相比之下，美国联邦政府则是以"应补尽补，其余交于市场"的原则提供与市场竞价无关的固定补贴，最低幅度减少补贴政策对市场的扭曲。除联邦政府最基本的补贴政策之外，美国各州还会根据本州实际情况进一步制定额外的风电和光伏发电补贴政策，例如可再生能源配额、税收减免和项目补助（grant programs）等（参见专题报告六"风电和光伏发电补贴政策的国际经验"）。

美国风能和太阳能资源极其丰富，但在其务实的补贴政策下，风电和光伏发电有序稳步增长，创造了装机容量远低于中国，但发电量却高于中国的亮眼成绩。截至2015年，美国光伏发电累计装机只有中国的59%、德国的64%，但光伏发电390亿千瓦时，跟中、德两国392亿千瓦时和384亿千瓦时基本相当；美国风电累计装机只有中国的52%、德国的1.66倍，但发电量却是中国的1.04倍、德国的2.2倍。美国无疑是当之无愧的世界第一风电和光伏发电大国。更难能可贵的是，美国政府对包括风电和光伏发电在内的所有可再生能源

---

① 直到2014年德国才开始放弃这种固定补贴模式，逐步推广市场溢价形式的补贴，即将实际补贴额设为固定上网电价与市场平均交易电价之差。

发电的补贴资金总额只有132亿美元（2013年），只相当于德国可再生能源发电补贴资金总额的一半左右。其中，风电补贴总金额59.36亿美元（包含生产税抵免16.14亿美元），光伏发电补贴总金额53.28亿美元（包含投资税减免17.12亿美元和其他税收抵免3.64亿美元）（参见专题报告六"风电和光伏发电补贴政策的国际经验"）。

2. 市场化的可再生能源补贴政策：上网电价竞标

在技术进步、供应链改善和规模化生产三重因素的共同作用下，风电和光伏发电成本在世界范围内大幅度下降。2009年第一季度到2016年第三季度，陆上风电的世界平均平准化电力成本下降约50%，太阳能光伏组件的平均单位成本则下降近90%（参见专题报告七"可再生能源竞标政策的国际经验：对中国的启示"）。即便是在2015年第三季度到2016年第三季度的一年时间中，世界平均光伏发电装机成本、陆上风电装机成本和海上风电装机成本也分别从每兆瓦180万美元、180万美元和440万美元下降到每兆瓦120万美元、150万美元和270万美元。

持续下降的发电成本使得世界范围内越来越多的风电和光伏发电项目无须任何补贴便可竞争上网。以2016年为例：1月，2018年建成、每千瓦时3美分的陆上风电项目在摩洛哥签订；2月，2017年建成、每千瓦时4.8美分的光伏发电项目在秘鲁签订；3月，2018年建成、每千瓦时3.6美分的光伏发电项目在墨西哥签订；5月，2019年建成、每千瓦时2.99美分的光伏发电项目在迪拜签订；8月，2019年建成、每千瓦时2.91美分的光伏发电项目在智利签订。其中，光伏发电项目上网价格随着建成时间的延长而不断创下新低，充分反映了市场对未来光伏发电成本不断走低的预期。

传统的固定上网电价制度显然难以适应风电和光伏发电成本如此瞬息变化的形势。而由于政府和可再生能源企业之间的信息高度不对称问题，发电成本下降的收益更是往往被可再生能源企业所获取，而无法传送到消费端。相比之下，上网电价竞标是市场化配置资源的手段，具有众多优点：首先，上网电价竞标制度以市场竞价的方式，能真实地发现和还原风电和光伏发电成本，为大幅度降低可再生能源补贴资金提供了现实可行的选择；其次，竞标制度亦能高度激发企业竞争，从而将风电和光伏发电项目资源配置到经营效率最高的企业，有利于高效率企业的做大做强以及行业整合；最后，从公平角度来看，竞标模式避免项目开发企业获取超额利润的情形，从而将发电成本下降的好处转移给消费者。

在经济下行和财政补贴压力凸显的背景下，在世界范围内，越来越多的国家开始采用上网电价竞标方式对风电和光伏发电进行补贴。其中，采用上网电价竞标制度最为成功的是巴西。巴西自2006年开始通过竞标价格从高往低报的荷兰式拍卖法，对可再生能源项目进行招拍，并在2009年对风电项目实行全面竞标制度。截至2015年，通过竞标制度，巴西共完成1230万千瓦陆上风电项目和230万千瓦光伏发电项目的建设。在2009年实施风电项目竞标后，相比原先政府所设定的固定上网电价水平，风电上网电价下降近50%（参见专题报告七"可再生能源竞标政策的国际经验：对中国的启示"）。德国更是宣布自2017年起，在全国范围内推广风电和光伏发电项目的竞标模式。欧盟也要求自2017年起，对技术成熟的可再生能源项目补贴需引进竞价机制。在曾经采用过项目竞标的国家中，相比原有固定上网电价，风电和光伏发电上网价格无一例外出现大幅度下降。在巴西、南非、印度等新兴国家，上网电价下降29%—50%不等。即便是在风电和光伏发电发展比较成熟的欧洲地区，德国、意大利和英国在采用上网电价竞标的补贴模式后，风电或光伏发电的上网电价也出现6.5%—32%不等的降幅（参见专题报告七"可再生能源竞标政策的国际经验：对中国的启示"）。

以上分析表明，在当前的新形势下，曾经催生风电和光伏发电高额补贴政策的历史因素，已经发生变化。我们认为，为解决当前风电和光伏发电所面临问题，并促进其长久可持续发展，第一要还原风电和光伏发电的商品和环境属性，第二要让市场和环境成为配置稀缺清洁能源的决定性力量。我们要摆脱以往补贴思维的惯性，让补贴政策回归它的环境宗旨：从减少大气污染和二氧化碳减排的环境角度，而不是为完成某种发展目标、某种占比的角度，制定合理的补贴政策。尤其要抑制为完成任务不顾实际、不惜代价、操之过急的政策倾向。我们相信，在健康市场环境中成长的风电和光伏发电产业，最终将依靠技术进步、成本下降所形成的市场竞争优势，成为中国发电领域的重要组成部分。

◇◇ 五 可选政策的讨论

日益沉重的补贴压力、不断攀升的弃风弃光率，骤眼看去，中国风电和光伏发电领域问题重重。但是，我们相信，只要采取务实的态度，秉持发展风电和光伏发电的环境初衷，选择合适的政策工具，既有问题再沉重，也有望分步解决。在以下的讨论中，我们首先讨论风电和光伏发电发展的最优环境政策，将其作为中长期可再生能源发展政策的努力目标；其次再讨论如何在尊重既有现实的前提下，对现有补贴政策做进一步的优化调整，并以此作为可再生能源发展政策的短期目标；最后讨论其他相关政策。

（一）在中长期，以开征环境税为契机取消对新增装机的发电补贴

在可选的政策中，我们首推"以开征环境税为契机取消对新增装机的发电补贴"。这是因为，从最优税收理论角度，开征环境税是解决大气污染和气候变化外部性问题的最优经济手段。

一般而言，市场是配置资源最有效率的手段。但市场却难以解决环境污染问题，出现失灵。市场失灵的本质是，清洁空气等环境资源虽然稀缺，但市场却无法对其定价。其结果是环境资源虽然稀缺，但价格为零，无法引导生产和消费决策对环境成本做出反应，致使出现外部性问题：生产和消费所造成的污染成本由全社会而不是由污染制造者来承担。环境税恰恰是政府替代市场给稀缺环境资源所设定的价格。一旦通过环境税给污染或者环境产品提供价格信号，企业就可以据此来决定如何投资减排设备、如何进行各种减排技术的研发和创新、如何缩减产能以及是否应该关停、退出市场，从而为有效配置环境资源夯实基础。

更重要的是,环境税还存在"双重红利"的作用。我们尤其建议,在降低经济领域其他税种税率的前提下,征收环境污染税。该办法意在维持税赋总量大体不变的前提下,调整税赋结构。大多数的税收都会扭曲市场价格信号,从而降低市场配置资源的效率。但是唯独对污染这样的外部性产品进行征税,不但可以纠正市场失灵,而且可以在"税赋总量平衡"的原则下,减少其他税种对市场的扭曲,提升市场效率。

一旦对燃煤发电过程中的大气污染物和二氧化碳排放开征环境税,就可以纠正原本被扭曲的燃煤发电和清洁电力之间的相对价格,使得风电和光伏发电可以跟燃煤发电在公平的市场环境下进行竞争。届时,孰优孰劣,交由市场来判断。需特别强调指出的是,最优环境税应是对火电生产过程中的大气污染物和二氧化碳排放征税,而不是对火电征税。如果是对电力价格征税,环境税促进电力企业节能减排的作用将荡然无存,失去环境税之本意。

以上有关最优环境税收的讨论可归结为:在降低其他税赋、维持税收总量大体不变的前提下,对燃煤发电的污染物排放和碳排放开征环境税,并适时取消对风电和光伏发电新增装机的发电补贴。考虑到企业污染物排放信息高度不对称、排放数据造假问题难以杜绝,我们建议将污染税设为地方税种,以财政激励刺激地方政府强制执行和监督检查企业污染物排放的积极性。

2016年年底全国人大已通过《环境保护税法》,于2018年4月1日起对大气污染物每污染当量征收1.2元到12元的环境税。虽然

《环境保护税法》并不考虑对二氧化碳排放征收相应环境税（或者说碳税），但国家发改委也在筹划启动全国碳交易市场，覆盖电力、钢铁、化工和有色金属等重点工业行业。理论上，碳交易市场的碳价可以替代碳税，成为解决碳排放外部性问题的重要手段。这两项政策如能切实有效地落地实施，燃煤发电所产生的大气污染排放以及碳排放的外部性问题将分别得到解决。届时，考虑履约的需要，存量风电和光伏发电项目应继续按原有合同补贴直至补贴期满，但对新增装机的补贴应尽快择机退出。

也有意见指出，征税和补贴是一个硬币的两面，为解决环境污染外部性问题并纠正燃煤发电和清洁电力之间的相对价格，我们既可以对燃煤发电过程中的大气污染物和二氧化碳排放征税，也可以对风电和光伏发电按燃煤发电污染成本进行等额补贴。从理论上来讲，两种政策在短期是等价的。但是，相对于环境税，对风电和光伏发电进行补贴的缺陷在于，从长期来看，补贴会导致电力总体价格相比于其他商品的价格过低，形成电力价格和非电力价格的失衡，这最终会导致人们会过多地消费电力产品。另外，补贴就意味着要增加税源。这不但进一步增加税收的扭曲效应，也对财政紧张形成压力。因此，虽然从短期看，补贴有助于纠正电力价格结构性失衡，加速能源结构转型，但从长期来看，开征环境税方为治本之策。

（二）在短期，迎难而上、及时果断调整现有高额补贴政策

在全国碳交易市场尚未出台的背景下，或者推行的环境税和

碳交易价格不足以真实反映燃煤发电的大气污染和碳排放外部性成本，维持对风电和光伏发电的补贴则是纠正燃煤发电外部性问题的必要手段。而在未来环境税和碳交易市场都全面推行且环境税和碳价具备足够强度的情形下，考虑产业发展的连续性，我们也建议设置一个补贴过渡期：在此过渡期内，对新增装机沿用既有补贴政策框架，但需对补贴政策做大幅度调整；过渡期满，取消对新增装机的发电补贴，对已建成的存量风电和光伏发电项目则按原有合同继续补贴直至补贴期满。过渡期既可以按时间设限，例如设置不超过3—5年的过渡期，也可以按风电和光伏发电累计装机容量设限。一个可供选择的累计装机上限是当前国家能源局所制定的2020年规划装机目标：风电累计装机2.1亿千瓦、太阳能发电累计装机1.1亿千瓦。设置补贴过渡期的关键是，向市场发出补贴政策将适时退出的明确信号，从而激励企业往技术创新、精细化管理、降低发电成本的方向上努力，而不是在补贴政策下进行各种寻租活动。

长期依靠补贴发展的行业不可持续。补贴政策如能适时退出也恰恰说明行业发展和补贴政策的成功。在补贴政策退出之前，我们建议对既有电价补贴政策做以下调整：

1. 努力扩大上网电价竞标项目范围

对于政府而言，风电和光伏发电企业的真实成本存在高度的信息不对称。在风电和光伏发电成本快速变化的背景下，如何制定合理有效的固定上网电价始终是难解之题。前文指出，中国原有的特许权招标制度恰恰能以上网电价竞价的方式，在切实有效还原风电和光伏发电真实成本的同时，将稀缺项目资源配置到经营效率最高的企业手中，是最有效率的补贴方式。在2009年以来风电和光伏发电成本分别下降近50%和90%的背景下，早期部分风电和光伏发电特许权竞标价格至今仍低于当前政府制定的标杆上网电价。2016年9月，在一类资源区包头光伏发电示范基地的项目竞标中，更是出现最低每千瓦时0.52元的报价，比当时每千瓦时0.8元的标杆上网电价下降近35%。其中，报价每千瓦时0.5—0.6元的企业达十余家。很显然，缺乏弹性的固定标杆上网电价难以适应风电和光伏发电领域快速变化的形势。在风电和光伏发电的行业发展初期，依靠固定上网电价制度迅速培育风电和光伏发电市场并推动其规模化发展存在一定必要性和合理性。但是，在当前的发展阶段下，推动风电和光伏发电补贴从固定上网电价制度向上网电价竞标制度的转变，不但条件成熟，而且适应行业和补贴形势发展的新需要。

首先，从各国经验来看，价格竞标制度更容易在技术和行业比较成熟的条件下取得成功。在行业发展初期，企业普遍缺乏项目建设经验，过早实施价格竞标制度有可能出现竞标价格过低导致竞而不建、项目无法交付的现象，例如中国在2009年推行的光热电站特许权招标。但是，经过十多年的快速发展，中国陆上风电和光伏发电，无论是设备制造，还是项目电站经营，都已足够成熟，完全可以应对价格竞标制度下的市场竞争环境。

其次，中国风电和光伏发电行业从业企业众多，发电成本在全球处于较低水平。截至2016年第二季度，中国陆上风电的平准化电力成本全亚洲最低，在全球范围内也排到了前 1/4。① 在基准情形中，中国陆上风电的平准化电力成本约为 68 美元/兆瓦时，在 60 美元/兆瓦时至 90 美元/兆瓦时之间波动。中国光伏发电平准化电力成本在亚洲位列第二，仅次于印度，低于全球平均平准化电价。在基准情景中，中国光伏发电平准化电力成本为 86 美元/兆瓦时，一般在 80 美元/兆瓦时至 155 美元/兆瓦时之间波动（参见专题报告八"风电和光伏发电平准化电力成本的分析和国际比较"）。这些数据表明，在中国推行上网电价竞标制度完全能获得合理且较低的竞标价格，进而为减轻财政补贴压力提供可能。

最后，在当前的经济形势和行业发展阶段下，紧迫的问题不是如何继续做大风电和光伏发电规模，而是如何解决存量风电和光伏发电项目的电力消纳问题、财政补贴压力问题以及行业竞争力问题。如前所述，相比固定上网电价制度，上网电价竞标制度由于其市场化配置资源的特点，在解决这些问题方面具有天然的优势。

综上所述，我们认为推行上网电价竞标制度的时机已完全成熟。因此，我们建议，如有决心，可借鉴巴西和德国做法，果断退出既有固定上网电价政策，全面推广上网电价竞标制度。如难以做到全面推广，也应考虑每年划出一定装机容量在全国范围内实施上网电价竞标，并根据项目竞标实施情况逐步扩大竞标容量范围。我们建议，上网电价竞标项目应面向全国进行统一竞标：每年先由国家能源局确定今年全国上网电价竞标的总项目容量；再由各省自主

---

① 融资成本是可再生能源发电的重要成本项。在估算中国平准化电力成本时，我们采用 10% 的权益成本、5.6% 的长期负债成本以及 70% 的负债率。

确立若干上网电价竞标项目并实施竞标；风电和光伏发电补贴额度的实际支付应为项目中标上网电价与当地燃煤机组标杆上网电价之差；最后由国家能源局以"补贴低者得"原则，将之前确定的装机容量指标按项目每千瓦时实际补贴金额，从低到高配置到各个地区。该办法旨在在全国范围内对电价补贴进行竞价，以获得最高补贴效率。针对早期特许权招标项目实施过程中有企业"中标不建"的现象，可采取没收竞标押金、取消未来所有项目竞标资格等惩罚性措施来预防此类企业投机行为的发生。

2. 制定与弃风弃光率挂钩且更加灵活调整的上网电价

对于不纳入竞标的新建风电和光伏发电项目，我们建议：（1）先挂钩各资源区上一年度平均弃风弃光率水平，一次性大幅度下调现有新建风电和光伏发电标杆上网电价；（2）增加新建风电和光伏发电标杆上网电价的调整频率；（3）充分利用价格工具调整全国风电和光伏发电项目新增建设规模，并适时取消年度装机容量计划指标管制。

前文指出，弃风弃光率高低是电价补贴额度过高或过低的直接反映指标。因此，我们首先建议，依据资源区内平均弃风弃光率越高、下调幅度亦越高的原则，尽快一次性大幅度下调各资源区现有风电和光伏发电标杆上网价格。2017年1月1日起，国家发改委将一、二和三类光伏资源区标杆上网电价分别下调为每千瓦时0.65元、0.75元和0.85元，相比于原有价格分别下降19%、15%和13%。该做法果断及时，值得肯定。实际的情况是，在历次的上网电价调整中，电价下降幅度无一例外是从一类到三类或四类资源区逐级下降，已部分体现了弃风弃光率越高、下调幅度亦越高的调价原则。我们建议在今后的调价过程中，可明确提出该调价原则并向全社会公布，既抑制地方政府"重装机、轻消纳"的倾向，也引导项目建设在空间上的合理分布。

其次，中国政府每隔若干年对风电和光伏发电上网标杆电价进行断点式下调，使得各地在电价调整日前出现"抢装潮"。"抢装潮"不但加重电源建设和输电线路建设之间的紧张，也蕴藏潜在装机质量安全风险。调研发现，风电和光伏发电项目需完成地方电网公司对项目并网验收后才能最终获得并网资格，因此在新增装机增长较快地区，电价调整前一两月往往会出现并网验收的集中"申请潮"。而地方电网公司人手有限，面对此类突发事件，不得不在短时间内疲于应付并匆忙完成输出电压等级、电压穿越保护等一系列安全审核验收工作，存在一定安全隐患（参见专题报告三"辨析中国风电与光伏发电补贴政策存在的问题"）。因此，我们建议在一次性大幅度调整各类资源区标杆上网电价后，增加对新建风电和光伏发电项目上网电价的调整频率。考虑到风电和光伏发电装机成本下降速度较快，建议对新建项目的上网电价进行每年一次的调整，并根据新增装机规模或弃风弃光率确定下调幅度。如有可能，可进一步考虑在每年初，根据上一年度新增装机规模或弃风弃光率，制定本年度内新建项目上网电价按季度或按月下调的计划。该办法在减缓"抢装潮""验收申请潮"确保项目装机质量安全的同时，也给市场提供稳定价格预期。

最后，2014年以来国家能源局对各地新增风电和光伏发电装机容量进行年度计划指标管理的办法，对抑制风电和光伏发电装机过快增长起到重要作用。但经济规律表明，当发电价格和装机容量受到双重管制，只要固定上网电价过高，装机计划指标的稀缺性便会通过企业公关、项目倒卖等各种寻租方式产生经济租。其中，光伏发电项目的寻租活动尤为明显：公开媒体报道有关光伏发电项目"路条"买卖的现象屡见不鲜（参见专题报告三"辨析中国风电与光伏发电补贴政策存在的问题"）；课题组调研也发现，5万千瓦光伏发电项目指标"黑市"价可高达2000万元。在过高的上网电价水平下，计划指标管制将部分补贴资金变现为指标价格，而后者的水平高低由上网电价决定：上网电价越高，项目投资收益和需求则越高涨，进而诱发越发普遍的寻租活动和更高的指标租值。只要容量计划管制存在，寻租乱象就难以避免。因此，我们建议，应充分利用价格工具调整新增装机规模，尤其是通过上述更加灵活和及时地固定上网价格下调机制抑制风电和光伏发电项目的新增建设需求。只要上网电价的调整及时到位，风电和光伏发电项目的投资回报率便能回归市场平均回报率，从而形成新增装机规模有序增长的局面。届时，年度装机容量指标管制便可择机取消。

（三）全额征收居民用电的可再生能源电价附加

截至2016年年底，中国风电和光伏发电补贴资金缺口已达600多亿元，再考虑到未来新增装机容量，即使如前所述及时大幅度调整补贴政策，补贴资金缺口也将愈滚愈大。在经济下行、企业转型艰难的背景下，进一步大幅度提高可再生能源电价附加以弥补资金缺口势必加重全社会企业负担，非上选之策。长期以来，中国居民用电的可再生能源电价附加始终停留在每千瓦时 0.1 分的水平，未经任何上调。而在当前经济新常态下，居民用电量恰恰是增长最快的用电部门。以 2016 年为例，全国居民用电 8054 亿千瓦时，增幅 11.2%，远高于全社会用电量 5% 的增长速度。我们建议，对居民用电全额征收每千瓦时 1.9 分的可再生能源电价附加以应对不断增加的补贴缺口。

　　首先，中国广大城乡居民是发展风电和光伏发电、减少污染排放的最直接受益者。基于"谁受益、谁付费"的原则，中国居民理当承担相应的绿色发展成本。其次，对居民用电全额征收可再生能源电价附加，中国每年至少可增加近 150 亿元的补贴资金，而居民承担的成本则在人均每年 10 元左右。居民负担完全可控。最后，从全球范围来看，由于供电成本的差异，居民用电价格一般而言是要高于工商业用电价格。例如在美国，居民、商业、工业和运输业在 2015 年的平均电价分别为每千瓦时 12.67 美分、10.59 美分、6.89 美分和 10.17 美分；德国居民电价也将近是工业电价的 2 倍，分别为 29.5 欧分和 14.9 欧分。而中国的情况却恰恰相反，工商电价两倍于居民电价且对后者进行长期补贴，电价中的可再生能源附加也基本上由工商电价承担。基于电力商品属性的角度，中国居民电价有相当大的涨价空间。对居民用电全额征收每千瓦时 1.9 分的可再生能源电价附加，不但可行，而且也为减少电价交叉补贴以及居民电价的扭曲程度做出贡献。

(四)可考虑以风电和光伏发电占比15%为原则,制定合理、切实可行的最低保障利用小时数,促进风电和光伏发电参与电力市场交易

在当前严峻弃风弃光问题的"倒逼"下,国家能源局在2016年上半年出台《关于做好风电、光伏发电全额保障性收购管理工作的通知》,对弃风弃光比较严重地区核定最低保障收购年利用小时数,并鼓励风电和光伏发电核定小时数以外的发电量通过电力市场交易的方式进行消纳。

《可再生能源法》要求对风电和光伏发电进行全额保障性收购。但实际的情况是,在用电需求疲软、输电线路建设滞后、电力市场分割、保障电网安全运行等诸多因素的影响下,以行政命令要求所有地区实现全额收购既不可能,也做不到。相比之下,国际上主要国家的风电和光伏发电,依托电力市场并凭借风电和光伏发电低边际发电成本的优势,通过市场竞价实现全额上网。因此,国家能源局从实际出发,以保障收购和参与市场竞争并举的方式实现风电和光伏发电全额上网的做法值得肯定。

但是,国家能源局核定的最低保障收购年利用小时数,也存在偏离实际、要求过高的情况。以甘肃省为例,国家能源局制定的风电和光伏发电最低保障收购年利用小时数分别为1800小时和1500小时。实际情况是,2016年上半年甘肃风电和光伏发电设备利用小时数分别只有591小时和540小时,距离国家能源局制定的最低保

障收购小时数甚远。但在现有条件下，甘肃省已尽最大努力消纳风电和光伏发电：2016年上半年，风电和光伏发电已占到全省发电量的18.24%、可调发电量的20%。需强调指出的是，该占比已与当前德国风电和光伏发电占全国总发电量的比例持平，实属不易。因此，在用电需求疲软、输电线路建设滞后、电力市场分割、保障电网安全运行等各项约束无法突破的情况下，要求甘肃省完成风电1800小时和光伏发电1500小时的最低年保障收购小时数，同样是既不可能，也做不到。脱离实际的要求，难以落地执行，最终也将形同虚设。

而在高弃风弃光率形势的倒逼下，目前内蒙古、新疆和甘肃已开始风电和光伏发电参与市场交易的试点。如果不能有效落实风电和光伏发电的最低年保障收购小时数，那么就会导致风电和光伏发电参与市场交易的过程中，出现前文所指出的各种乱象。因此，对于试点风电和光伏发电参与市场交易的省份，合理制定能落地、能执行的最低年保障收购小时数迫在眉睫。

因此，我们建议，以风电和光伏发电量占比为依据，根据各省实际情况制定各省相应的最低保障收购年利用小时数。建议先由国家能源局制定各省风电和光伏发电占全省可调发电量的最低比例。对于风电和光伏发电占比尚未达到该最低比例的省份，由电网公司对省内风电和光伏发电进行全额保障性收购；对于风电和光伏发电占比超过该最低比例的省份，则可进一步考虑：（1）比例内的发电总量，按现有办法根据风电和光伏发电装机容量进行等比例分配，并以此作为制定各省风电和光伏发电最低保障利用小时数的依据；

(2) 比例外的风电和光伏发电则参与市场交易。该办法意在通过保障性收购电量比例来制定合理可行的最低保障利用小时数。我们建议，可以由国家能源局在全国层面将此最低比例制定在15%左右的水平，并鼓励各省自主制定不低于15%的保障性收购电量比例。

结合当前逐步推进的电力市场化改革，最低保障利用小时数以外的发电量则由风电和光伏发电企业直接参与电力市场交易。届时，风电和光伏发电的价格由两部分组成：电力市场交易价格以及补贴价格。其中，补贴价格是各省风电和光伏发电固定标杆上网电价与当地燃煤标杆上网电价之差。这就在确保最低保障利用小时数基础上，以"应补尽补，其余交于市场"的原则理顺风电和光伏发电的定价机制。

（五）加快电力市场改革，释放风电和光伏发电的竞争优势

从世界各国经验来看，电力市场的有效运行是发展风电和光伏发电、消纳间歇不稳定电力的重要保障。而从各地试点情况来看，中国当前风电和光伏发电参与电力市场交易尚处于初级阶段，且受到行政过多干预。因此，建议加快推进电力市场改革，为风电和光伏发电的可持续发展奠定基础。

我们首先建议，由中央政府协调推动，破除电力市场交易的省际壁垒，在更大范围内建立统一的电力交易市场，扩大电力平衡范围和跨省跨区交易规模。打破电力市场行政边界，在更大范围内实现电力平衡和电力交易，不但能降低平衡成本，促进新能源渗透，

而且能提高整体电力资源利用效率。一个可供选择的考虑是基于现有的东北、华北、西北、华东、华中和南方六大区域性电网，建立六大区域性电力交易市场，并允许不同市场间电力交易的无歧视性开放。在此过程中，剥离政府对调度和电力市场交易的行政干预，并将交易中心做到真实独立。

其次，由于边际发电成本几乎为零，相比其他电源，风电和光伏发电参与电力市场交易具有较大的竞争优势。但风电和光伏发电的间歇性和不稳定性却严重制约了其竞争优势的发挥。而电力现货市场迅速及时的实时交易和平衡结算却是应对风电和光伏发电间歇性和不稳定性的最佳手段（参见专题报告九"风电和光伏发电参与电力市场交易的国际经验"）。尤其是在实时交易市场上，根据市场供求以及风电和光伏发电出力情况，风电和光伏发电价格的灵活调整至关重要。在各国的电力交易市场中，风电和光伏发电在特殊时段以零电价甚至负电价成交亦非罕事。目前，美国得克萨斯州电力现货交易市场每5分钟进行一次电力结算，德国则做到每15分钟结算一次，为消纳风电和光伏发电提供重要保障。因此，建议在这一轮的电力市场化改革中，加快建立电力现货交易市场，发挥风电和光伏发电的竞争优势，以市场手段促进风电和光伏发电的全额消纳。

最后，可考虑建立调峰调频辅助服务交易，让风电和光伏发电企业通过向其他电源购买调峰调频辅助服务来解决其间歇性和不稳定性问题。尤其是在电力市场省际壁垒短期内难以突破的形势下，通过发展省内调峰调频辅助服务交易，利用价格信号引导更多电源提供辅助服务，将为立足省内电力市场消纳风电和光伏发电提供更多空间和支持。

（六）谨慎对待非水可再生能源配额制度

在电力市场严重分割、风电和光伏发电难以跨省消纳的背景下，各方寄希望于尽快出台以省为单位的可再生能源配额制度，为确保完成2020年非化石能源占一次能源消费15%的政治目标的同时，打破省际壁垒、促进风电和光伏发电的跨省购售电交易。在此背景下，国家能源局于2016年上半年发布《关于建立可再生能源开发利用目标引导制度的指导意见》，"根据各地区可再生能源资源状况和能源消费水平"，制定5%—13%不等的"各省（区、市）全社会用电量中非水电可再生能源电量比重指标"，并将完成比重指标的责任主体落实到发电企业身上。但是，我们认为当前出台非水可再生能源配额制度的条件尚不成熟。

首先，结合可再生能源证书的可再生能源配额（Renewable Portfolio Standard）和上网电价（Feed-in Tariff）是全球发展可再生能源最主要的两项政策。① 政策制定者可以通过固定上网电价的制定来控制可再生能源电价，或者通过可再生能源配额制控制可再生能源的发电量。但是，对于同一装机项目，这两个政策不能同时执

---

① 可再生能源证书交易制度是根据可再生能源实际发电量给发电企业颁发证书，并建立全国统一的可再生能源电力证书交易市场，允许发电企业或售电企业通过交易证书完成可再生能源占比目标的要求。

行，否则市场无法出清。例如在美国，马萨诸塞州、康涅狄格州和纽约州虽然同时采用了上述两项政策，但对州内的可再生能源装机，两项政策不能叠加：选择固定上网电价政策的装机项目必须将可再生能源证书无偿返回给政府，选择可再生能源配额政策的装机项目则只能获得可再生能源证书交易价格的补贴而不能享受固定上网电价。鉴于中国目前实施的是固定上网电价政策，如果政策制定方要推进非水可再生能源配额制度，新旧政策如何衔接过渡需全盘考虑。

其次，只要发电权掌握在省政府手中，贸然推进可再生能源配额制度并将完成配额的义务落在发电企业身上，未必如政策设计初衷所愿能打破省际壁垒、促进风电和光伏发电的跨省购售电交易。在目前的电力体制下，如前所述的调研发现，即便甘肃的风力发电企业与位于不同省份但隶属于同一发电集团的火电厂达成发电权交易的协议，也同样遭到火电厂所在地省政府的否决。因此，在电力市场交易体制尚未建立健全的情况下，可再生能源配额制度的推行更有可能迫使发电企业在省内高成本地区建设风电和光伏发电项目，而不是通过跨省可再生能源电力交易或者可再生能源证书交易完成配额任务。

最后，从实施可再生能源配额制的主要国家——美国的实际情况来看，该政策更多的是由地方州政府自愿、自主设定适应本地实际情况的可再生能源配额目标。而国家能源局的文件则意欲在全国层面统一推进非水可再生能源配额制。由于非水可再生能源配额制改变现有能源发展格局、触动各方利益，此举必将遭遇风电和光伏发电占比较低省份的抵制，面临巨大困难。因此，如果一定要推行非水可再生能源配额制，也应在条件成熟地区先行先试。尤其是河北、河南、北京、天津和山东五个省市，不但是中国大气污染问题最为严重地区，而且在地理位置上相邻，最有条件成为非水可再生能源配额制先行试点地区。

◇ 六 结语

自2006年制定《可再生能源法》决意以补贴政策发展可再生能源以来，中国风电和光伏发电的发展取得了举世瞩目的骄人成绩，为解决中国不断加剧的大气污染和二氧化碳排放问题做出重要贡献。然而，在环境污染问题加剧、国际气候谈判压力骤增、光伏发电制造产业遭遇空前危机等紧迫形势的"倒逼"下，早期稳步推进的补贴政策不得不被激进调整，促就了风电和光伏发电装机史无前例的大跨步发展。风电和光伏发电的高速发展在创造奇迹的同时，也较早地碰到快速突破带来的种种摩擦与矛盾，经受补贴资金缺口愈滚愈大、弃风弃光率不断攀升、倒卖装机指标等问题的考验。

但是，中国风电和光伏发电发展所面临的各种问题并非是无解的难题。成功发展的经验表明，在充分尊重产业发展规律的前提下，制定稳步务实的补贴政策，是实现风电和光伏发电可持续发展的重要保障。随着技术的进步和成本的不断降低，风电和光伏发电最终将摆脱补贴、凭借成本优势在发电市场中获得一席之地。我们相信，只要能秉持党的十八届三中全会全面深化改革以来所提出的，还原能源商品属性并让市场在资源配置中起决定性作用的改革原则，并立足于发展风电和光伏发电的环境初衷，在当前新型经济和环境形势下，实事求是，重新制定适宜的补贴政策、大力推进电力市场化改革，中国风电和光伏发电一定能实现长远可持续发展。

专题报告一

中国风电发展报告[*]

◇ 一 中国风电发展的背景与情况概述

当前全球能源资源日益紧张，环境问题日益严峻，为应对能源安全和气候变化，实现可持续发展，很多国家都选择开发和利用可再生能源，其中风能技术因为开发时间早，成为最早被利用的可再生能源。自20世纪末以来，全球风电发展迅速，从1997年的760万千瓦增加到2015年的4.34亿千瓦，年均平均增长速度为25.4%。截至2015年年底，世界上风电总装机容量超过1000万千瓦的国家有八个，分别为中国、美国、德国、印度、西班牙、英国、加拿大和法国，其中中国风电装机容量占全世界风电装机总容量的33.4%，几乎是第二名的美国的两倍。

中国风能资源总量丰富，中国气象局风能太阳能资源评估中心

---

[*] 本章执笔：黄滢。

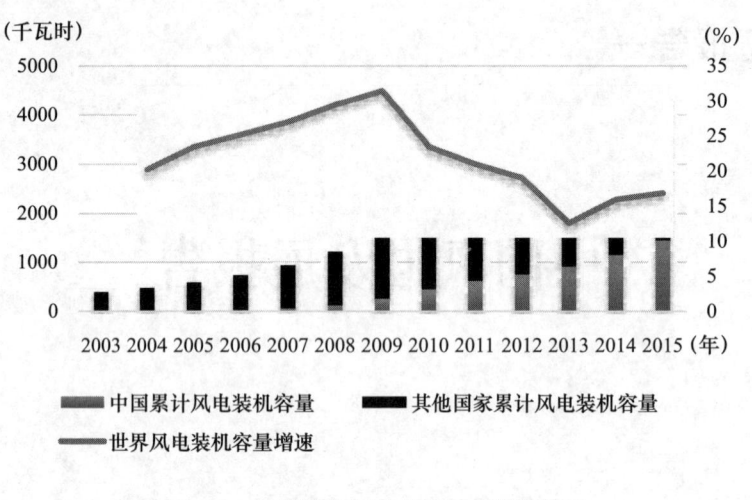

图 1-1　世界风电总装机容量与增速情况

数据来源：《BP 世界能源统计年鉴》（2016 版）。

曾对中国的风能资源进行过四次普查。最新一次的普查结果表明，中国陆地 70 米高度风能资源技术开发量约 25.7 亿千瓦，近海 100 米风能资源技术开发量约 5.1 亿千瓦。虽然中国的风电产业发展具有良好的资源基础，但因为成本较高，无法与传统电力技术竞争，从 20 世纪 80 年代末才开始有限投入使用，直到 21 世纪初才开始进入规模化发展阶段。在这三十多年的时间里，全国风电累计装机容量从 20 世纪末不足 100 万千瓦发展到 2015 年 1.45 亿千瓦，年均增长速度接近 50%。

中国风电经过三十多年的发展，装机容量已经达到世界第一，其发展历程大致可以划分为三个阶段：试验示范性阶段、产业化探索阶段和高速发展阶段。

1. 试验示范性阶段（1986—1993 年）

这一阶段主要利用丹麦、德国、西班牙等国的政府贷款和赠

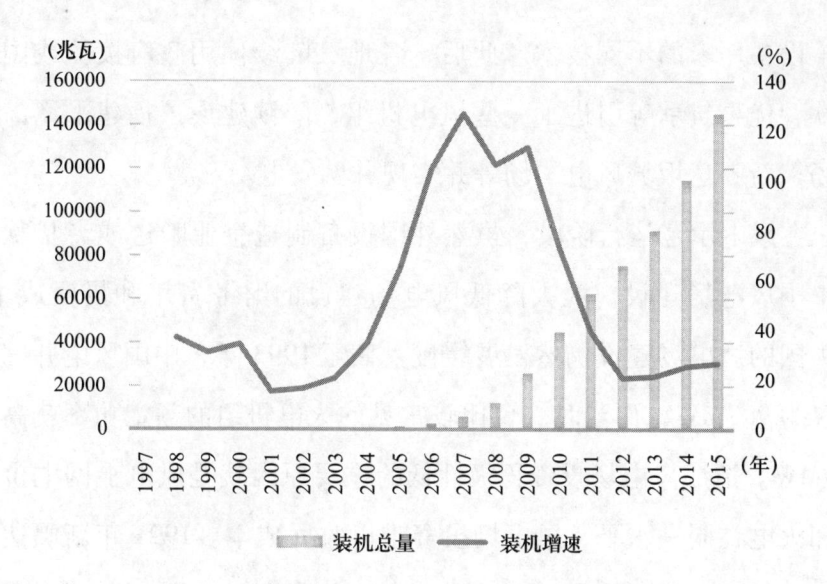

图1-2 中国风电总装机容量与增速(1997—2015)

数据来源：国家能源局。

款，进行一些小项目示范，引进了不同的技术。政府的扶持工作主要是在资金方面，如投资示范风电场项目及支持风力发电机组的自主研制，并提供免除关税和增值税的优惠政策。

1986年5月，第一个风电场在山东荣成马兰湾建成，其安装的Vestas V15—55/11风电机组，是由山东省政府和航空工业部共同拨付外汇引进的，标志着中国从离网风电进入并网风电阶段。1989年10月，新疆达坂城风电一场安装了丹麦Bonus公司13台150kW失速型风电机组与1台Wincon公司100kW机组，总装机容量为2050kW，为当时亚洲装机容量最大的风电场。1989年内蒙古朱日和风电场安装了5台购自美国Windpower公司的100kW机组。这些风电示范应用项目的实施扩大了中国风电场的规模，也引进了国外多个设备厂家的不同技术。此后，各地又陆续使用政府拨款或国外赠款、优惠贷款等引进了一些风电机组，陆续建设了福建平潭岛风电场、新疆达坂城风电二场等并实现并网发电。

在风电示范运行阶段，虽然外国设备制造企业赠送或者贷款支持中国风电场建设，大大降低风电场建设的财务费用和投资成本，但中国的风电场建设仍然发展缓慢。截至1993年，中国风电并网容量仅为9.7MW，而当时一台比较常见的火电机组的额定功率就高达300MW。造成风电场投资积极性低的重要原因就是风电上网电价长期和火电在同一水平，风电场投资难以收回成本。1991年新疆达坂城风电场的上网电价是0.057元，全年电费收入仅20多万元，还不够设备折旧费用，企业连年亏损。

2. 产业化探索阶段（1994—2005年）

从1994年开始，中国开始探索设备国产化推动风电发展的道路，推出了"乘风计划"，实施了"双加工程"，制定了支持设备国产化的专项政策，风电场建设逐渐进入商业化发展时期。

1994年4月，电力工业部制定下发了《风力发电场并网运行管理规定（试行）》，规定"允许风电场就近上网，并收购其全部电量，风电场上网电价按发电成本加还本息与合理利润的原则规定"，并规定"高于电网平均电价的部分，其差价采取分摊方式由全网共同承担"。这个规定明确了风电的强制性全额收购原则和上网电价的成本加成原则，保证了风电场项目的收益率，1994年年底中国风电并网容量由9.7MW增加到22.6MW，年增长率高达133%。

1995年1月，国务院下发了《1996—2010年新能源和可再生能源发展纲要》，要求"积极发展太阳能、风能和地热等新能源以及可再生能源"，而风能发电技术相对成熟，资源丰富，因此受到很大关注。1996年国家经贸委实施加强技术改造的"双加工程"，按照扶强扶优的原则，提供贴息贷款，选择了新疆达坂城风电二场、辉腾锡勒风电场和张北风电场进行重点改造，先后列入了8万千瓦风电装机容量，这一举措改变了中国多年风电场建设主要依靠外国政府赠款和贷款的局面。

1996年3月，国家计委推出了"乘风计划"，提出以贸结合的方式，与国外先进风电制造商组建合资企业，引进消化吸收国外风电制造技术，达到自主开发设计制造大型风电机组的能力。该计划采用招标评议的方式选择了西安航空发动机公司和中国第一拖拉机工程公司建立风电研发的"国家队"，依靠引进的技术研发制造的国产600kW失速型机组和660kW变桨距机组在2000年投入运行。2000年，国家经贸委实施"国债风电"示范项目，建立国债专项资金，建设8万千瓦国产风力发电机组示范风电场项目，目的是进一步促进中国风力发电国产化的发展，开发具有自主知识产权的风力发电设备，形成批量生产能力，降低风力发电设备造价，增强中国风力发电设备制造业的国际竞争能力。

2002年电力体制改革提出"厂网分开，竞价上网"，但风电价格政策并没有进行大的调整。虽然之前的强制性全额收购、还本付息电价和成本分摊制度保障了投资者的收益，吸引了一些投资者贷款建设风电场，但由于和传统火电和水电相比，生产成本更高，且间歇性导致上网困难，导致风电投资收益较低而风险较高，因此相对于传统的火电和水电，投资者热情不高，这一阶段前期每年新增装机容量不超过 100MW，年增长率均在 35% 以下，到 2002 年年底，全国风电装机容量仅为 47.3 万千瓦。

为了更进一步促进风电大规模发展，2003 年，国家发展改革委组织了第一批全国风电特许权项目招标，由政府对一个或一组新能源项目进行公开招标，由各发电企业竞价决定该项目的上网价格[①]，然后中标企业与电网公司签订长期合同保障电力销售和上网电价。在 2004 年和 2005 年政府又组织了第二批和第三批特许权项目招标，从 2003 年开始，风电总装机容量的增速逐年攀升（2003 年、2004 年和 2005 年增速分别为 21%、35% 和 64%），到 2005 年年底全国风电总装机容量达到 126.4 万千瓦。

3. 高速发展阶段（2006 年至今）

中国经济的高速增长一直持续带动着能源消费的增长。尤其是加入 WTO 之后，中国越来越多地参与国际分工，产业结构重化趋势凸显，进一步导致了能源需求猛增。但中国以煤炭为主的能源消费结构也产生了大气污染和气候变化的诸多问题，中国面临着节能减排、应对气候变化的压力，改善能源结构，大力发展清洁能源逐步成为人们的共识，风电因为技术相对成熟，成本相对较低的优点成为中国政府推动发展的主要可再生能源。

2006 年《可再生能源法》的正式实施使中国风电进入高速发展

---

① 风电机组在累计发电利用小时数 3 万小时前，执行中标价格；3 万小时后，执行电力市场平均上网电价。

期。《可再生能源法》明确提出"实行可再生能源发电全额保障性收购制度",并通过设立"可再生能源发展基金"对可再生能源发电项目上网电价进行补贴,这些政策从法律层面保障了风电投资项目的收益,减少了投资风险,极大地鼓舞了投资者热情。从2006年开始,风电装机增速大幅提高。2006—2009年,中国风电装机总量增速每年均超过100%,2009年年底风电总装机规模达到2585.3万千瓦。

2006年和2007年,中国分别进行了第四批和第五批风电特许权项目招标,2009年进行了第六批风电特许权招标。这六批项目招标,一方面从国家层面推进了风电项目的建设,另一方面也促进了国产风电技术的进步和发电成本的下降。2009年,依据对前期风电发电项目成本的了解,国家发改委对风电上网电价进行了改革。提出按风能资源状况和工程建设条件,将全国分为四类风能资源区,相应制定风电标杆上网电价。2009年8月1日之前核准的风电项目,上网电价仍按原有规定执行;2009年8月1日之后新建的陆上风电项目,统一执行所在风能资源区的风电标杆上网电价。

从2010年开始,一方面因为总体规模的上升,另一方面因为风电上网电价改革一定程度上降低了收益,风电总装机容量增速逐年放缓,2012年后降至30%以下。2013—2015年,全国风电装机再次出现一轮增长小幅提速,尤其是2015年,因为国家发改委在年底下调了2016年开始执行的四类资源区的风电标杆上网电价,导致当年出现了一轮抢装潮,推动2015年新增装机达32.97GW,为历年最高值。

2016年，全国新增风电装机19.30GW，同比大幅下滑；2017年新增风电装机15.03GW，进一步下滑。新增装机减少主要有两方面原因。一方面，2015年抢装过后，需求有所透支，而且2018年风电标杆上网电价进一步下调也降低了投资积极性。另一方面，从2015年开始，中国弃风率维持高位，2015年全国弃风率为15%，2016年的弃风率更是接近20%，政府出台严格的管控措施应对弃风问题，其中就包括控制新项目的投资建设。2016年7月，国家能源局发布《关于建立监测预警机制促进风电产业持续健康发展的通知》，风电投资监测预警机制正式启动。按照该机制，发布年前一年度风电平均利用小时数低于地区设定的最低保障性收购小时数，风险预警结果将直接核定为红色预警，表示该地区风电开发投资风险较大，国家能源局在发布预警结果的当年不下达年度开发建设规模，地方暂缓核准新的风电项目，建议风电开发企业慎重决策建设风电项目，电网企业不再办理新的接网手续。发布年前一年度弃风率超过20%的地区，风险预警结果将为橙色或橙色以上，表示该地区风电开发投资具有一定风险，国家能源局原则上在发布预警结果的当年不下达年度开发建设规模。预警结果为绿色表示正常，地方政府和企业可根据市场条件合理推进风电项目开发投资建设。2016年，新疆、甘肃、宁夏、吉林和黑龙江5省区被直接核定为红色预警省区，新增装机相对2015年几近腰斩。2017年，由于2016年度弃风率继续上扬，政策监管依然偏紧，新疆、甘肃、内蒙古、宁夏、吉林和黑龙江6省区被直接核定为红色预警省区，新增装机仍呈现较大幅度下滑。

◇ 二 风电发展的支持政策

中国风电在过去十余年里快速发展主要得益于政府政策支持。以2006年《可再生能源法》的实施为开端，中国陆续出台了诸多支持可再生能源法发展的政策措施，形成了较为完备的法律政策体系，这些政策主要包括：

（一）明确规划与发展目标

制定发展规划是中国政府一种重要的产业政策，规划一般会提出中长期发展目标以及重点发展方向。中国的可再生能源规划从一开始注重装机总量目标，到逐渐细化到产业布局目标、发电量目标、价格目标和消纳目标，为中国可再生能源产业提供了全面的发展指导。

2007年颁布《可再生能源中长期发展规划》首次提出到2010年，全国风电总装机容量达到500万千瓦，太阳能发电总装机容量达到30万千瓦；到2020年，全国风电总装机容量达到3000万千瓦，太阳能发电总装机容量达到180万千瓦。这一目标远远低估了风电行业的发展速度，2007年当年就提前实现了2010年装机目标。

2008年的《可再生能源发展"十一五"规划》将发展目标修正为到2010年年底风电总装机容量达到1000万千瓦，并同时对风电设备生产能力、大型风电场和风电基地都提出了规划；太阳能的总装机容量仍然为30万千瓦。2013年的《能源发展"十二五"规划》和2012年的《可再生能源发展"十二五"规划》中提出，到2015年底累计并网风电装机达到1亿千瓦，年发电量超过1900亿千瓦时，太阳能总装机容量达到2100万千瓦；到2020年，累计并网风电装机达到2亿千瓦，年发电量超过3900亿千瓦时，太阳能总装机容量达到5000万千瓦。

2016年最新出台的《可再生能源发展"十三五"规划》对可再生能源发展的规划进行了进一步的细化，提出了多个发展目标。到2020年，全部可再生能源发电总装机容量6.8亿千瓦，其中风电2.1亿千瓦，太阳能发电量1.1亿千瓦；全部可再生能源年发电量达到1.9万亿千瓦时，占全部发电量的27%。针对可再生能源发电价格改革目标，提出到2020年，风电项目电价可与当地燃煤发电同平台竞争，光伏发电项目电价可与电网销售电价相当。针对可再生能源消纳问题，提出结合电力市场化改革，到2020年，基本解决水电弃水问题，限电地区的风电、太阳能发电年度利用小时数全面达到全额保障性收购的要求。在产业布局方面，也提出严格开发建设与市场消纳相统筹，着力推进风电的就地开发和高效利用，积极支持中东部分散风能资源的开发，在消纳市场、送出条件有保障的前提下，有序推进大型风电基地建设，积极稳妥开展海上风电开发建设，完善产业服务体系。

"十三五"规划①期间,各省根据当地风能资源和建设条件,纷纷提出百万千瓦级、千万千瓦级风电基地的规划,而且各省都根据自己独特的地理条件因地制宜地发展风电,"把风能与地形相结合发展风电",其中"海上风电""低速风电"与"分散式风电"成为高频关键词,这也与国家层面提倡的能源发展战略相印证。

(二)全额保障性收购政策

《可再生能源法》中明确规定,国家实行可再生能源发电全额保障性收购制度:电网企业应当与依法取得行政许可或者报送备案的可再生能源发电企业签订并网协议,全额收购其电网覆盖范围内可再生能源并网发电项目的上网电量,并为可再生能源发电提供上网服务。

随着弃风弃光现象不断加剧以及中国电力市场新一轮改革的开启,2016年上半年国家发改委发布《可再生能源发电全额保障性收购管理办法》,对全额保障性收购作出了具体规定:"可再生能源发电全额保障性收购是指电网企业(含电力调度机构)根据国家确定的上网标杆电价和保障性收购利用小时数,结合市场竞争机制,通过落实优先发电制度,在确保供电安全的前提下,全额收购规划范围内的可再生能源发电项目的上网电量。"该管理办法规定,国务

---

① 详情可参考:《"十三五"规划政策目标》,http://news.bjx.com.cn/html/20180104/871795.shtml。

院能源主管部门会同经济运行主管部门对可再生能源发电受限地区，根据电网输送和系统消纳能力，按照各类标杆电价覆盖区域，参考准许成本加合理收益，核定各类可再生能源并网发电项目保障性收购年利用小时数并予以公布，并根据产业发展情况和可再生能源装机投产情况对各地区各类可再生能源发电保障性收购年利用小时数适时进行调整。可再生能源并网发电项目根据该小时数和装机容量确定保障性收购年上网电量，这部分电量通过优先安排年度发电计划、与电网公司签订优先发电合同（实物合同或差价合同）保障全额按标杆上网电价收购。不存在限制可再生能源发电情况的地区，电网企业应根据其资源条件保障可再生能源并网发电项目发电量全额收购。

（三）固定价格政策

中国风电发展初期探索了还本付息电价和成本分摊制度，但并未大规模推广。总体来说，这一时期风电上网电价体现了整个电力定价体系中的"成本加成"原则，主要由风力发电厂与电网公司签订购电协议，各地价格主管部门批准后，报国家物价部门备案，因此，各地或各风场的风电价格各不相同。

2003年开始，国家发展改革委对装机容量大于5万千瓦的大型风电场组织风电特许权项目招标，由政府对一个或一组风电项目进行公开招标，由各发电企业竞价决定该项目的上网电价，然后中标企业与电网公司签订长期合同保障电力销售和上网电价。在六批特许权项目招标中，前四批都是以最低价中标为基本原则，综合考虑技术、开发经验和本土化率，但因为当时电力行业担心国家准备出台可再生能源配额制，所以各发电集团出现低价竞争、争抢风电项目局面，因此从第五批开始，改为由投标价格最接近平均价格的投标者中标。所以，特许权项目招标决定的上网电价仍然是以保证中标企业获得合理的利润为目标，也因此成为之后确定风电核准电价的基础。

2006年实施的《可再生能源法》中明确规定，可再生能源发电项目的上网电价，由国务院价格主管部门根据不同类型可再生能源发电的特点和不同地区的情况，按照有利于促进可再生能源开发利用和经济合理的原则确定，并根据可再生能源开发利用技术的发展适时调整。因此，在同年颁布的《可再生能源发电价格和费用分摊管理试行办法》中，提出了"风力发电项目的上网电价实行政府指导价，电价标准由国务院价格主管部门按照招标形成的价格确定"。风电场装机容量在5万千瓦以下，以省内核准的形式确定上网电价。根据该文件，部分省（区、市），如内蒙古、吉林、甘肃、福建等，组织了若干省级风电特许权项目的招标，并以中标电价为参考，确定省内其他风电场项目的核准电价。其他未进行招标的省（区、市），大部分沿用了逐个项目核准定电价的做法。

随着风电的快速发展，各地风电进入大规模建设阶段，为了简化电价结构，风电价格支持政策也从招标定价加政府核准并行制度过渡到标杆电价机制。2009年7月底，国家发展改革委发布了《关于完善风力发电上网电价政策的通知》,将全国按风能资源状况和工程建设条件分为四类风能资源区,相应设定风电标杆上网电价。四类风电标杆价区水平分别为 0.51 元/千瓦时、0.54 元/千瓦时、0.58 元/千瓦时和 0.61 元/千瓦时,2009 年 8 月 1 日起新核准的陆上风电项目,统一执行所在风能资源区的标杆上网电价。2013 年,国家发改委发布了《关于海上风电上网电价政策的通知》,明确 2017 年以前投运的近海风电项目含税上网电价为 0.85 元/千瓦时,潮间带风电项目含税上网电价为 0.75 元/千瓦时。政府针对四类风能资源区发布的指导价格即最低限价,实际电价由风力发电企业与电网公司签订购电协议确定后,报国家物价主管部门备案。之后,国家发改委两次调整全国陆上风力发电标杆上网电价,目前四类风电标杆价区水平分别为 0.40 元/千瓦时、0.45 元/千瓦时、0.49 元/千瓦时和 0.57 元/千瓦时,并且明确提出鼓励各地通过招标等市场竞争方式确定光伏发电、陆上风电、海上风电等新能源项目业主和上网电价,但通过市场竞争方式形成的价格不得高于国家规定的同类资源区光伏发电、陆上风电、海上风电标杆上网电价。

表 1-1　　　　　　　　中国风电上网电价政策演变情况

时间	价格政策
1986—2003 年	审批电价
2003—2008 年	招标电价与审批电价并存 50MW 以上电场采用招标方式确定电价
2009 年至今	分资源区固定上网电价

（四）财政支持政策

中国对风电设备的生产和风电项目的运行还提供相应的财政支持，主要是财政补贴和税收优惠。国家财政设立可再生能源发展基金，资金来源包括财政年度安排的专项基金和销售电价中包含的可再生能源附加等。

为支持风电设备生产，2008年财政部颁布《风力发电设备产业化专项资金管理暂行办法》规定，为支持风电设备关键技术研发，加快风电产业发展，财政部采取"以奖代补"方式支持风电设备产业化。

依据《可再生能源法》，中国从2006年开始征收可再生能源电价附加费，最初为每千瓦时0.1分，以补贴可再生能源发电项目中的上网电价高于当地燃煤机组标杆上网电价的差额。2012年，中国正式下发《可再生能源电价附加补助资金管理暂行办法》，明确了享受补助的项目条件和补贴标准。可再生能源电价附加从2006年开始征收已经历经5次上调，目前已达每千瓦时1.9分。

风电场还享受多重税收减免政策。增值税享受即征即退50%的政策，2009年增值税改革允许将中间成本和固定投资作为税收扣除项，大幅降低了风电场税收负担。另外所得税享受"三年三减半"的优惠政策，即风电场前三年运营期间完全免除所得税，之后的三年免除一半的所得税。

三 风电发展面临的主要问题：弃风

《可再生能源发展"十三五"规划》中指出，中国可再生能源已具备规模化开发应用的产业基础，展现出良好的发展前景，但也面临着体制机制方面的明显制约，主要表现在三点：一是现有的电力运行机制不适应可再生能源规模化发展需要；二是可再生能源对政策的依赖度较高；三是可再生能源未能得到有效利用。风电行业因为发展较早，国有技术不断进步，行业集中度不断提高，补贴力度也逐渐降低，因此最主要的矛盾体现在利用效率低上，也就是弃风问题严重。

根据能源局的统计数据，2015 年，全国风电平均利用小时数 1728 小时，同比下降 172 小时，利用小时数最高的地区是福建 2658 小时，利用小时数最低的地区是甘肃 1184 小时。全年弃风电量 339 亿千瓦时，平均弃风率 15%，其中弃风较重的地区是内蒙古（弃风电量 91 亿千瓦时、弃风率 18%）、甘肃（弃风电量 82 亿千瓦时、弃风率 39%）、新疆（弃风电量 71 亿千瓦时、弃风率 32%）、吉林（弃风电量 27 亿千瓦时、弃风率 32%）。2016 年，全国风电平均利用小时数 1742 小时，同比增加 14 小时，利用小时数最高的地区是福建 2503 小时，利用小时数最低的地区是甘肃 1088 小时。全年弃风电量 497 亿千瓦时，弃风较为严重的地区是甘肃（弃风率 43%、弃风电量 104 亿千瓦时）、新疆（弃风率 38%、弃风电量 137 亿千瓦时）、吉林（弃风率30%、弃风电量29亿千瓦时）、内蒙古（弃风率21%、弃风电量124亿千瓦时）。可以看出，中国弃风严重地区主要集中在"三北"地区（华北、东北和西北），而造成弃风的原因既有资源因素也有政策因素。

第一，中国风能资源地区分布不均衡。中国风能资源总量丰富，但陆上资源主要集中在"三北"地区。也正因为如此，中国历次的可再生能源发展规划中，都把"三北"地区的大型风场和千万千瓦级风电基地建设作为单独的专项进行规划。

第二，全额保障性收购政策和固定电价政策促使企业自主选择在风能资源丰富地区投资。简单而言，一个风电项目的净利润等于总收入（等于发电小时数×上网电价）减去总成本（等于总装机成本加日常维护成本）。在这两项政策的保障之下，即使日常维护成本和发电小时数正相关，在总装机成本地区差异不大时，项目的发电小时数越高，净利润就越高。因此，追求利润最大化的企业会优先在风能资源丰富、可发电小时数高的地区投资风电项目。

正因为如此，导致中国风电装机容量区域分布严重不平衡，2015年，"三北"八省区（内蒙古、新疆、河北、甘肃、宁夏和东北三省）累计装机容量占全国总容量的2/3以上。而中国的电力负荷主要集中在东部和南部，因此风能装机与电力负荷呈逆向分布。"三北"地区这些省份本身经济发展水平不高，导致电力需求有限，本地电网的承受能力也有限，风电的间歇性导致并网困难，在缺乏外送通道的情况下，就不得不出现大范围弃风的现象。

除了这几个普遍性因素,各地区弃风也呈现出不同的特点①:

(一)西北地区:新能源装机增加迅猛,本地电力需求较低,远离用电负荷中心,而电力通道有限,导致电力供应过剩,典型省份是甘肃和新疆。自2015年以来,西北各省电力总体过剩,各省都在积极争取外送份额,甘肃省电力公司售电量和外送电量需求均在下降,由此造成弃风形势加剧。新疆亦是如此,新疆电网装机连续4年增幅超过25%,风电装机连续4年增幅超过55%,电源装机连续高速增长,而最大用电负荷平均增速仅为20%,电源建设的飞速发展和本地消纳增长缓慢、电网送出路线滞后呈现鲜明对比。

(二)东北地区:用电需求增长缓慢,电力富余,且本地有刚性供热需求,普遍存在风电与供热之间的矛盾。黑龙江弃风限电最严重的时间集中在每年冬季(10月中旬至下一年4月中旬)。黑龙江火电机组占总装机容量的77.53%,其中供热机组占火电机组的68.86%,具备快速调峰能力的机组只有97.81万千瓦的水电。每年冬季受燃煤质量和供热安全约束,全省火电按最小出力方式也在600万千瓦以上,而用电负荷在低谷时段仅为560万千瓦左右,按照省内发供电平衡的原则,即使全省风电出力为0,省内供电仍有40万千瓦的富余,而这一时期正是一年的大风季节,造成大面积弃风。目前,黑龙江地区供热机组占比还在进一步加大,弃风形势进一步加剧。除了黑龙江,吉林省90%的火电机组是热电联产,即使按照"以热定电"的原则运行,在冬季采暖期,满足供热机组尚存

---

① 谢长军:《弃风限电史无前例 风电困局谁来解?》,《电力决策与舆情参考》2016年1月8日。

在困难，保障风电正常运行的空间就更加有限了。

（三）华北地区：靠近用电负荷中心，弃风限电水平主要受外送通道送出计划及通道畅通性的影响较大，突出表现为电网架构不合理，外送通道建设与电源发展不匹配等问题。河北的风电装机主要集中在张家口，2010年张家口地区风电项目进入高速发展时期，截至2015年9月，张家口地区风电累计装机容量604万千瓦。同时，由于张家口地区网架断面几年内未发生变化，限电情况逐年严重。根据规划，国网公司还将配套建设张南—昌平500千伏三回线和房山—天津南蔡500千伏双回线工程，预计全部建成投运后，张家口风电外送能力可新增加200万千瓦。内蒙古地区主要是电网网架结构对风电影响较大，电网建设进度滞后，外送通道数量多年未增加，风电送出能力明显不足。

为了解决弃风问题，从2016年开始，政府对风电政策从四个方面进行了调整。

第一，调整全额保障性收购政策。2016年上半年国家发改委和能源局连续下发《可再生能源发电全额保障性收购管理办法》《关于做好风电、光伏发电全额保障性收购管理工作的通知》，对可再生能源消纳困难的省份规定了最低保障收购年利用小时数，并督促各地政府和电网公司尽力达到最低保障收购年利用小时数。

第二，适当控制弃风严重地区的风电新增装机。2016年7月，国家能源局发布《关于建立监测预警机制促进风电产业持续健康发展的通知》，启动风电投资监测预警机制，控制弃风严重地区新项目的上马和并网。

表1-2 "三北"各省弃风率、利用小时数（2015年）与最低保障小时数

省（区、市）	弃风率	利用小时数	最低保障小时数
甘肃	39%	1184	1800
吉林	32%	1430	1800
新疆	32%	1571	1800
黑龙江	21%	1520	1850
新疆兵团	19%	1560	1800
内蒙古	18%	1865	1900
宁夏	13%	1614	1850
辽宁	10%	1780	1850

资料来源：参见国家能源局《2015年风电产业发展情况》（http://www.nea.gov.cn/2016-02/02/c_135066586.htm）。

这两个措施都致力于短期内缓解弃风现象。2017年，全国风电平均利用小时数1948小时，同比增加203小时，利用小时数最高的地区是福建2756小时，利用小时数最低的地区是甘肃1469小时。全年弃风电量419亿千瓦时，同比减少78亿千瓦时，弃风率超过10%的地区是甘肃（弃风率33%、弃风电量92亿千瓦时），新疆（弃风率29%、弃风电量133亿千瓦时），吉林（弃风率21%、弃风电量23亿千瓦时），内蒙古（弃风率15%、弃风电量95亿千瓦时）和黑龙江（弃风率14%、弃风电量18亿千瓦时）。

第三，修改固定电价政策，改变风电企业对电价预期。《可再生能源发展"十三五"规划》明确提出到2020年，风电项目电价可与当地燃煤发电同平台竞争，预示着风电的标杆上网电价会进一

步下调。而在《可再生能源发电全额保障性收购管理办法》中，也明确提出鼓励超出保障性收购电量范围的可再生能源发电量参与各种形式的电力市场交易，充分发挥可再生能源电力边际成本低的优势，通过市场竞争的方式实现优先发电，促进可再生能源电力多发满发。这也意味着，风电企业需要自主承担参与市场交易的价格波动风险。

第四，促进可再生能源跨省消纳。《可再生能源发展"十二五"规划》中明确提出利用规划、在建和已建输电通道外送"三北"地区可再生能源，并加强京津冀地区配套输电通道的规划建设，提高京津冀地区电网协同消纳新能源。

专题报告二

中国光伏发电发展报告[*]

◇ 一 光伏发电发展的背景和情况概述

在2010年之前，因为光伏发电的成本相对传统发电成本较高，而另一种可再生能源风电正处于快速发展阶段，中国对光伏发电采取了比较务实的发展态度。虽然在政策层面对光伏发电采用了电价补贴的方式，但因为光伏发电项目需要能源局批准，上网电价也通过成本核算和招标控制在相对合理的水平，因此整体发展速度缓慢。到2010年年底，中国光伏发电装机容量只有80万千瓦，年发电量7亿千瓦时。

而在同一时期，中国光伏发电制造产业依托全球市场迅速发展。在21世纪初德国、日本、美国等主要发达国家的光伏发电补贴政策下，全球光伏电池需求高涨。受益于工业制造成本上的比较优

---

[*] 本章执笔：黄滢。

势，中国光伏发电制造企业在全球光伏市场竞争中赢得先机，并大幅度扩张产能。2007年，中国以109万千瓦产量、全球近1/3占有率，成为世界第一大光伏电池生产国。在2009年应对经济危机而仓促出台的大规模财政和货币政策双重刺激下，中国光伏行业产能进一步急剧扩张，当年光伏电池产量492万千瓦，全球占比近44%；2010年光伏电池产量再次翻倍，增长至1000万千瓦，全球占比近50%。[1]

但戏剧性的是，2011年2月，占全球全年新增光伏发电装机40%以上的德国宣布，根据当年3—5月新增装机容量确定光伏发电上网电价下调方案。德国光伏发电新增装机因此在2—5月之间同比下降近一半，由此触发多晶硅、硅片、电池片和组件等光伏产品价格在全球范围内的"断崖式"下跌。[2] 全球多家光伏企业倒闭，中国光伏企业也因此陷入经营困境，面临空前危机。同年10月，德国Solar World美国分公司更是联合其他6家生产企业，向美国商务部申请对中国光伏产品进行"双反"调查，并分别在次年3月和5月获得裁定，向中国进口光伏电池板征收2.90%—4.73%反补贴税和31.14%—249.96%反倾销税。自此，中国尚德、赛维和英利等曾经排名世界第一的主要光伏发电制造企业，深陷债务危机，最终在若干年后陷入破产或几近破产境地。

在光伏发电制造业严峻形势的"倒逼"下，国家发改委不得不

---

[1] 中国产业信息网：《2015—2016年中国太阳能电池产销状况分析（图）》，2016年2月18日（http://www.chyxx.com/industry/201602/386824.html）。

[2] 价格下跌幅度在30%—40%不等。

出台政策化解光伏发电制造业过剩的产能。2011年7月，国家发改委首次出台全国统一的光伏固定标杆上网电价政策，且电价要高于之前核准和招标的电价水平。在国际市场严重萎缩而国内的标杆电价较高的情况下，光伏发电制造产业开始将市场转向了国内。截至2012年底，中国光伏发电装机容量达到650万千瓦，是2010年底装机容量的8倍以上。

2013年7月4日，国务院发布《国务院关于促进光伏产业健康发展的若干意见》，即"光伏国八条"，指出在全球光伏市场需求增速减缓、产品出口阻力增大、光伏产业发展不协调等多重因素作用下，中国光伏企业普遍经营困难。因此，要积极开拓国内的光伏应用市场，包括大力开拓分布式光伏发电市场和有序推进光伏电站建设。并提出要完善电价和补贴政策，改进补贴资金管理，加大财税政策支持力度，完善金融支持政策，完善土地支持政策和建设管理。自此，中国光伏发电行业开始迅猛发展。

在2013年又经历一个翻番的增长之后，这3年的增长速度都保持在60%左右。2015年新增光伏发电装机容量1511万千瓦，截至2015年底，中国光伏发电累计装机容量达4318万千瓦，占全国总装机容量的2.86%。截至2016年底，中国光伏发电新增装机容量3454万千瓦，累计装机容量7742万千瓦，新增和累计装机容量均为全球第一。

但是在同一时期，之前光伏发展迅猛的美国和欧洲，都出现了光伏发电增长速度的大幅下降，而中国光伏发电装机容量的增长速度一直保持全球领先，总装机容量在2015年超过德国成为世界

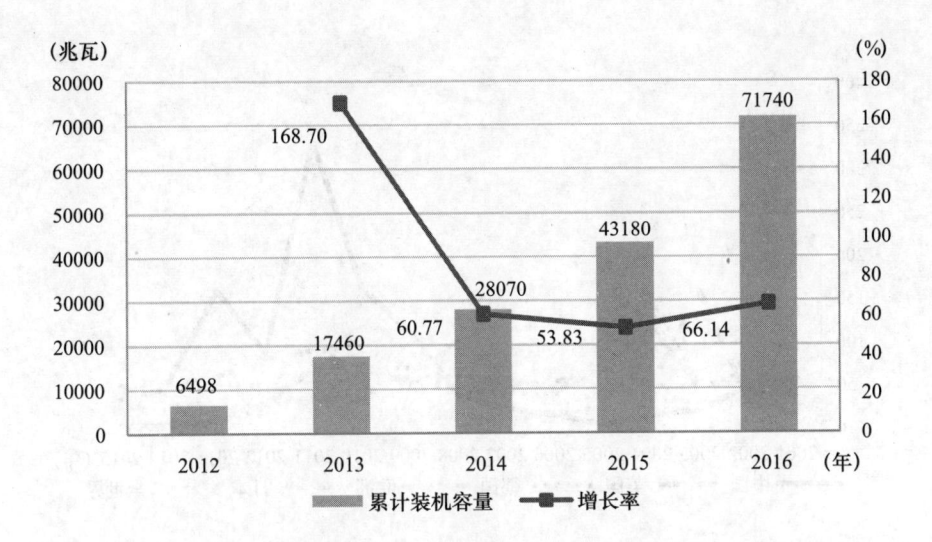

图 2-1 2012—2016 年光伏发电累计装机容量与增长率

数据来源：国家能源局。

第一。

从图 2-3 不同类型光伏发电的发展趋势可以看出，中国光伏电站在 2013 年经历了较快的发展，增长率达到了 256.26%，随后增长开始放缓，但维持在一个较稳定的水平。分布式光伏的发展相比光伏电站较为缓慢，无论是增长速度还是总量都不及光伏电站，在 2014 年增长率曾达到了 57.72%，随后又有所下降；但 2016 年随着光伏扶贫工作的大量开展，增长速度又出现大幅提高。

中国在《能源发展战略行动计划（2014—2020 年）》中提出，计划到 2020 年光伏发电装机规模要达到 1 亿千瓦，而到 2050 年，风电和光伏发电将占电力装机的 50% 以上。因此可以预见，在现有政策的指引下，光伏发电装机容量还会持续快速增长的势头。

虽然光伏发电装机容量一直在大幅发展，但因为基数小，其发

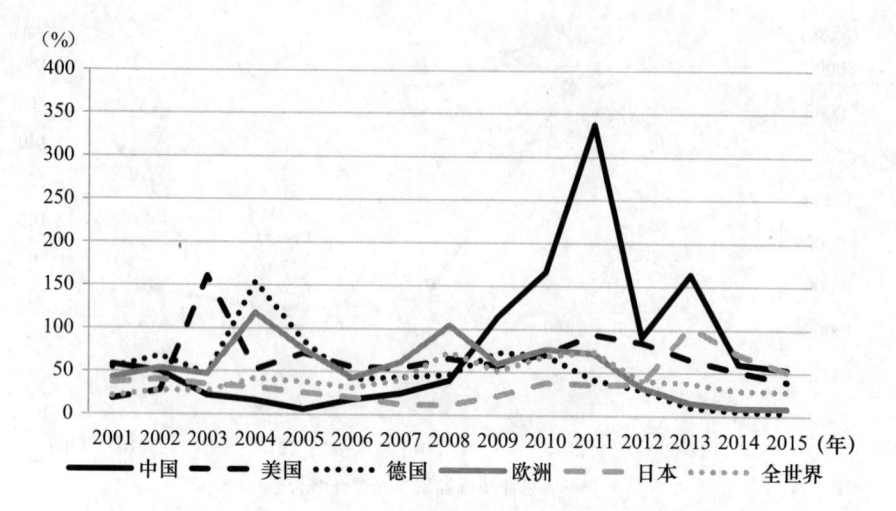

图 2-2　2001—2015 年全球主要国家光伏发电总装机容量增长率

数据来源：《BP 世界能源统计年鉴》（2016 版）。

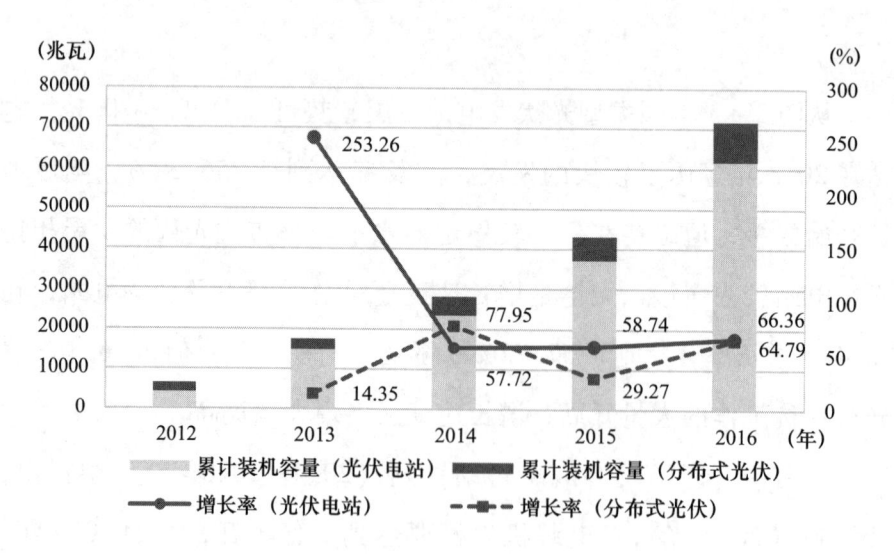

图 2-3　2012—2016 年光伏电站/分布式光伏发电装机容量与增长率

数据来源：国家能源局。

电量在全社会用电量中的比重一直很低。根据中国储能网的统计，2014年全国光伏发电量只占全社会用电量的0.37%，其中光伏电站的发电量占所有光伏发电量的90%以上。从各个省份来看，西藏是光伏发电比重最大的省份，超过5%；其次是青海、甘肃和宁夏，都在3%以上；剩下省份的比重都低于1%。根据国家能源局最新发布的数据显示，2015年全国光伏发电量392亿千瓦时，占全社会发电量的0.71%。依据《BP世界能源统计年鉴》（2016版）的统计，全世界光伏发电量占总发电量的比例只有1.05%，德国的占比最高，达到了接近6%的水平；而日本在核电危机之后也大力发展可再生能源，近几年占比也迅速提高。因此，虽然中国大力发展可再生能源，优化能源结构，但就光伏发电来看，其在总电量的占比一直低于世界平均水平，在现有的技术条件下，光伏发电在改善用电结构方面能发挥的作用是非常有限的。

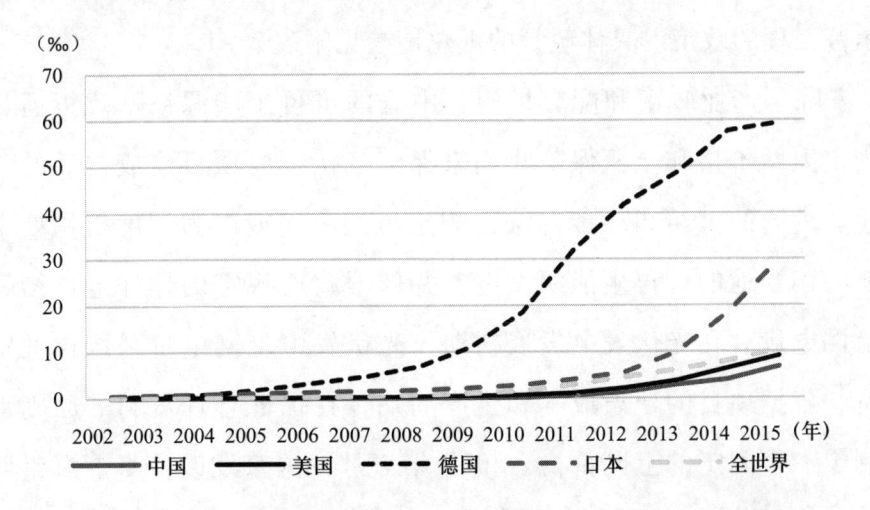

图2-4 2003—2015年全球主要国家光伏发电量占总发电量的比例

数据来源：《BP世界能源统计年鉴》（2016版）。

◇◇ 二 国家级光伏发电政策梳理

中国光伏发电的发展在一开始就带有化解光伏产业过剩产能、促进光伏产业升级的使命，因此国家层面陆续出台了很多政策，其中很多都是产业政策。

2013年国务院发布的《国务院关于促进光伏产业健康发展的若干意见》中，要求在价格、补贴、财税、金融和土地使用各方面均对光伏发电进行大力支持。因此，后续的很多政策都是在这几方面的具体落实政策。同时，能源局在2014年和2015年都制定了当年的光伏发电装机发展目标，并要求各省根据自己的情况分别制定自己的发展目标。除此之外，还有一些规范项目管理、推行示范区或示范工程的政策。具体政策的汇总请参见附表2-1。

除了产业政策和配套措施，中国的可再生能源补贴政策通过固定上网价格和全额保障收购来保障光伏发电项目建成之后的收益。中国的《可再生能源法》规定电网公司或电力调度机构要全额收购当地的可再生能源发电，并依据政府规定的标杆电价结算上网电量。在光伏发电发展初期，光伏发电上网电价采取核准定价，依据项目的建设成本和生产周期，在保证合理盈利的原则下制定一个固定的上网价格。2008年7月，国家发改委将上海崇明岛前卫村1MW、内蒙古鄂尔多斯205kW聚光光伏电站和宁夏4个光伏电站的上网电价核定为每千瓦时4元。2010年，国家发改委将宁夏太阳山 4 个光伏电站的临时上网电价核定为每度电 1.15 元。

光伏电站在 2009 年进行了第一次特许权招标，中标价格为每千瓦时 1.09 元。2010 年又进行了 13 个项目的招标，中标价格区间为每千瓦时 0.7288—0.9907 元。2011 年 7 月，国家发改委首次对非招标太阳能光伏发电项目实行全国统一的标杆上网电价，规定 2011 年 7 月 1 日以前核准建设、2011 年 12 月 31 日以前建成投产、尚未核定价格的太阳能光伏发电项目，上网电价统一核定为每千瓦时 1.15 元。2011 年 7 月 1 日及以后核准的太阳能光伏发电项目，以及 2011 年 7 月 1 日之前核准但截至 2011 年 12 月 31 日仍未建成投产的太阳能光伏发电项目，除西藏仍执行每千瓦时 1.15 元的上网电价外，其余省（区、市）上网电价均按每千瓦时 1 元执行。通过特许权招标确定业主的太阳能光伏发电项目，其上网电价按中标价格执行，中标价格不得高于太阳能光伏发电标杆电价。对享受中央财政资金补贴的太阳能光伏发电项目，其上网电价按当地脱硫燃煤机组标杆上网电价执行。

2013 年 8 月，根据各地太阳能资源条件和建设成本，国家发改委将全国划分为三类资源区，制定了相应的光伏电站上网电价。对于 2013 年 9 月 1 日后备案（核准），以及 2013 年 9 月 1 日前备案（核准）但于 2014 年 1 月 1 日及以后投运的光伏电站项目，依据其所在的资源区，上网标杆电价分别为每千瓦时 0.90 元、0.95 元和 1.0 元。对分布式光伏发电实行按照全电量补贴的政策，电价补贴标准为每千瓦时 0.42 元。2015 年底，国家发改委发布通知，对于

2016年1月1日以后备案，以及2016年以前备案但2016年6月30日以前仍未全部投运的光伏发电项目，依据其所在的资源区上网标杆电价分别为每千瓦时0.80元、0.88元和0.98元。

我们可以看出，在最早实行统一标杆电价的时期，国家发改委规定的标杆电价是略高于特许权招标的中标电价的。也就是说，国家从政策上保证了光伏发电项目在投产之后可以得到一个固定的比较高的收益，因此从2012年开始，中国的光伏发电装机容量开始出现大规模增长。之后因为技术的发展，国家发改委小幅下调了上网标杆电价，但是因为各种配套和优惠措施的出台，光伏发电仍然保持着大幅发展的势头。

自2015年下半年开始，因为甘肃和内蒙古限电严重，弃风弃光现象突出，政策的重点逐渐从加快项目的建设转移到发电量的消纳方面。2016年上半年国家发改委和国家能源局连续下发《可再生能源发电全额保障性收购管理办法》和《关于做好风电、光伏发电全额保障性收购管理工作的通知》，针对可再生能源消纳困难的省份，规定了最低保障收购年利用小时数，并鼓励通过结合市场竞争机制，通过落实优先发电制度来实现保障性电量的全额消纳。保障性收购电量应由电网企业按标杆上网电价和最低保障收购年利用小时数全额结算，超出最低保障收购年利用小时数的部分应通过市场交易方式消纳，由风电、光伏发电企业与售电企业或电力用户通过市场化的方式进行交易，并按新能源标杆上网电价与当地煤电标杆上网电价（含脱硫、脱硝、除尘）的差额享受可再生能源补贴。这个政策的出台，一方面通过消减保障性收购小时数在一定程度上减少了对光伏发电项目的补贴金额,另一方面也推动光伏发电企业积极参与市场交易,培养竞争意识,从而鼓励光伏发电企业进一步降低成本,为未来全面参与市场交易做准备。

表2-1 2016年光伏发电上网标杆电价和最低保障收购年利用小时数

资源区	标杆电价（元）	覆盖地区	保障性收购年利用小时数（小时）
Ⅰ类资源区	0.80	宁夏	1500
		青海海西	1500
		甘肃嘉峪关、武威、张掖、酒泉、敦煌、金昌	1500
		新疆哈密、塔城、阿勒泰、克拉玛依	1500
		内蒙古除赤峰、通辽、兴安盟、呼伦贝尔以外地区	1500
Ⅱ类资源区	0.88	青海除Ⅰ类外其他地区	1450
		甘肃除Ⅰ类外其他地区	1400
		新疆除Ⅰ类外其他地区	1350
		内蒙古赤峰、通辽、兴安盟、呼伦贝尔	1400
		黑龙江、吉林、辽宁	1300
		河北承德、张家口、唐山、秦皇岛	1400
		山西大同、朔州、忻州	1400
		陕西榆林、延安	1300
Ⅲ类资源区	0.98	除Ⅰ类、Ⅱ类资源区以外的其他地区	无

资料来源:《关于做好风电、光伏发电全额保障性收购管理工作的通知》(发改能源〔2016〕1150号)。

◇◇ 三 光伏发电发展地区差异明显

伴随着国家各类政策的出台,北京、上海、浙江、江苏、广东等多个省市纷纷出台地方性的光伏产业政策，尤其鼓励推动分布式光伏发电的发展。政策差异加上资源分布不同，导致光伏发电的发展存在巨大的地区差异。

在2015年各省光伏发电累计装机容量中，甘肃省的累计装机容量最高，达到610万千瓦。西北、华东及华北地区光电发展较快，这些地区大部分省份的累计装机容量超过了100万千瓦。而东北、西南和华南地区的发展较为缓慢，其中黑龙江、吉林、贵州及重庆四省市的光伏发电累计装机容量还不足10万千瓦。

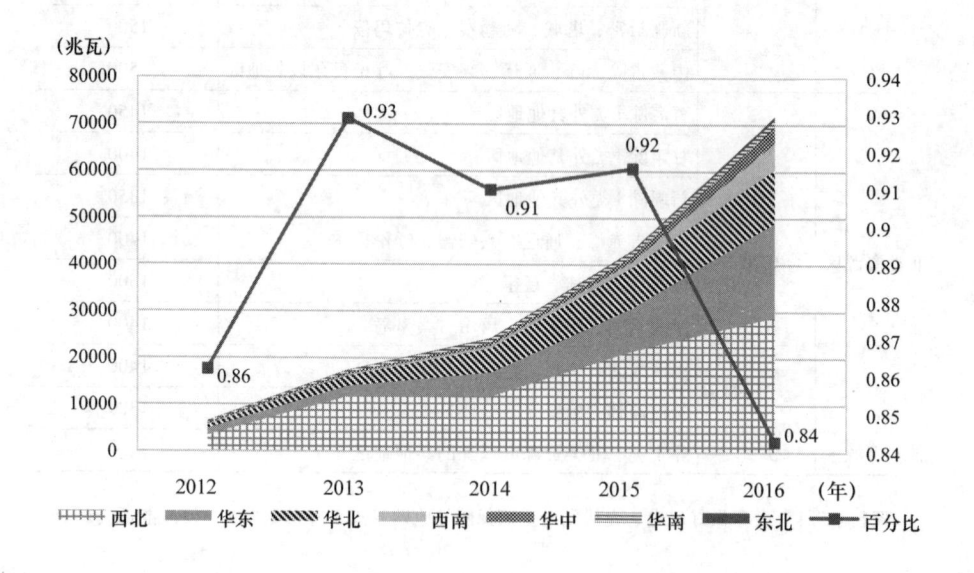

图2-5　2012—2016年各地区累计光伏发电装机容量变化

图2-5显示了2012—2016年各地区累计光伏发电装机容量的增长情况，图中的曲线代表了西北、华东和华北三个地区的光伏发电累计装机容量占全国光伏发电累计装机容量的比重（2016年为估

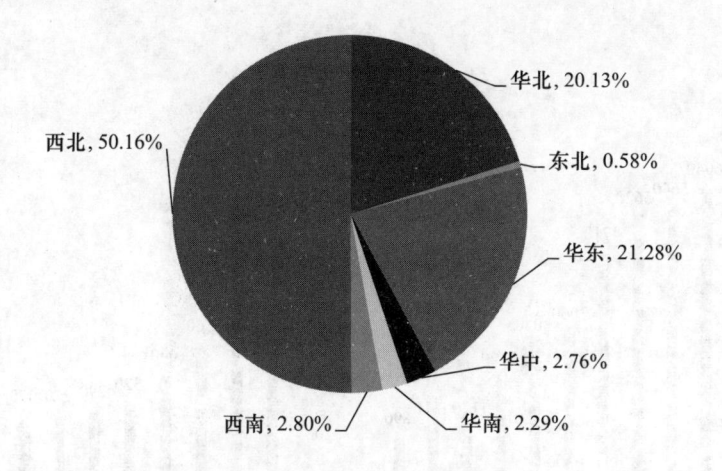

专题报告二 中国光伏发电发展报告 | 87

华北, 20.13%
西北, 50.16%
东北, 0.58%
华东, 21.28%
华中, 2.76%
西南, 2.80%
华南, 2.29%

图 2-6 2015 年年底各地区累计光伏发电装机容量占比

计值)。图 2-6 显示了 2015 年底各地区累计光伏发电装机容量占比。我们可以看出西北、华东及华北地区光电发展最快，2015 年底这三个地区的累计光伏发电装机容量总和占全国累计光伏发电装机容量的 91.57%。而其他地区因为起步晚、发展速度慢，光伏发电装机容量还没有形成规模。最近两年，华南地区光伏发电装机容量的增长速度明显加快，并以分布式光伏发电为主。

总体而言，中国光伏电站呈现东中西部共同发展格局。截至 2015 年，共有 9 个省份光伏电站发电装机容量超过 100 万千瓦，除了西部的甘肃、青海、宁夏和内蒙古，江苏（304 万千瓦）、河北（212 万千瓦）、山西（110 万千瓦）等省份光伏发电装机容量也较高。但是分布式光伏发电主要集中在东部和南部，光伏发电装机容量最大的两个省分别是浙江（122 万千瓦）和江苏（118 万千瓦），排名第三的是广东（56 万千瓦）。

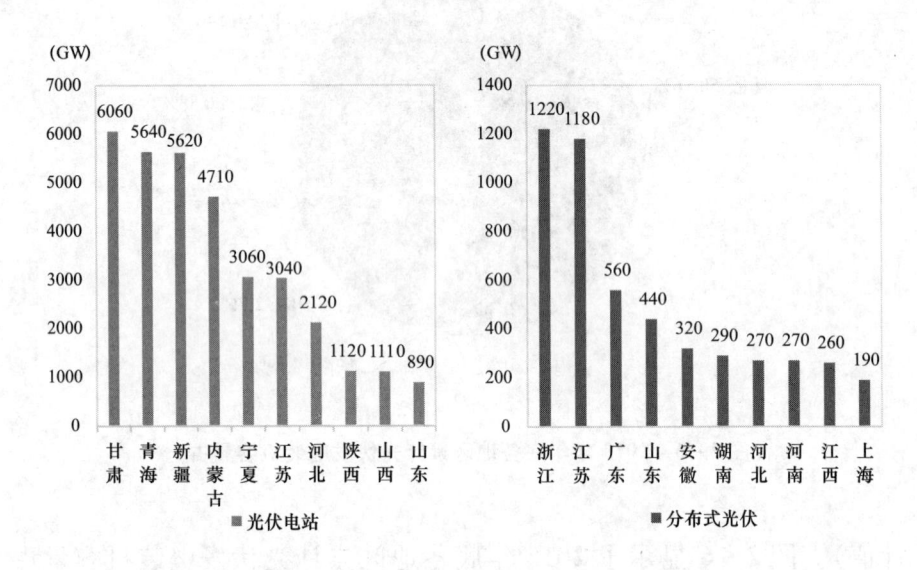

图 2-7 2015 年各省光伏电站/分布式光伏发电装机容量

（一）华北地区

华北地区光伏建设较快但各省间的差距较大。2015 年底，该地区光伏发电累计装机容量占全国的 20.13%。在华北地区，内蒙古地区因为光资源丰富，光伏发电的建设起步最早，发展最快，早在 2013 年光伏发电累计装机容量已超过了 100 万千瓦，且一直保持高速发展，至 2015 年底累计装机容量已接近 500 万千瓦，且以光伏电站为主。而北京、天津两个直辖市光伏发电累计装机容量较低，以分布式光伏发电为主，发展速度也相对较低。河北和山西以光伏电站发电为主，光伏发电累计装机容量均在 2013 年快速增长，随后增长速度有所放缓。

（二）华东地区

华东地区的光伏建设呈现出普遍发展的势头，虽然起步较晚，但增长速度较高。2015年底，该地区光伏发电累计装机容量占全国的21.28%，其中山东、安徽、浙江三省累计光伏发电装机容量均超过了100万千瓦，江苏省累计光伏发电装机容量达到422万千瓦。根据地理位置，长江以北的三省（山东、安徽及江苏）以光伏电站发电为主，长江以南的三省（浙江、江西、福建）及直辖市上海以分布式光伏发电为主。

（三）西北地区

西北地区的光伏建设一直处于全国领先地位。2015年底，该地区光伏发电累计装机容量占全国的50.16%，甘肃、青海、新疆三省的光伏发电累计装机容量均超过了500万千瓦。该地区主要以光伏电站发电为主，除陕西外，其他四省的光伏发电累计装机容量一直保持比较稳定的快速增长。

总体来看，光伏发电发展的地区差异主要是由以下几个因素造成的。

第一，太阳能资源情况。根据国家气象局风能太阳能评估中心划分标准，中国太阳能资源地区分为以下四类。一类地区（资源丰富带）：全年辐射量在6700—8370MJ/m^2，相当于230kg标准煤燃烧所发出的热量。主要包括青藏高原、甘肃北部、宁夏北部、新疆南部、河北西北部、山西北部、内蒙古南部、宁夏南部、甘肃中部、青海东部、西藏东南部等地。二类地区（资源较富带）：全年辐射量在5400—6700MJ/m^2，相当于180—230kg标准煤燃烧所发出的热量。主要包括山东、河南、河北东南部、山西南部、新疆北部、吉林、辽宁、云南、陕西北部、甘肃东南部、广东南部、福建南部、江苏中北部和安徽北部等地。三类地区（资源一般带）：全年辐射量在4200—5400MJ/m^2，相当于140—180kg标准煤燃烧所发出的热量。主要是长江中下游、福建、浙江和广东的一部分地区，春夏多阴雨，秋冬季太阳能资源还可以。四类地区：全年辐射量在4200MJ/m^{2}以下。主要包括四川、贵州两省，是中国太阳能资源最少的地区。一、二类地区，年日照时数不小于2200小时，是中国太阳能资源丰富或较丰富的地区，面积较大，约占全国总面积的2/3以上，具有利用太阳能的良好资源条件。

　　太阳能资源情况除了直接影响到可发电小时数，也会影响上网电价，从而影响到光伏发电项目的整体收益。现行的光伏标杆上网电价是国家发改委根据各地太阳能资源条件和建设成本，将全国划分为三类资源区分别制定的。虽然太阳能资源越发达上网电价越低，但是在全额保障收购的政策下，可发电小时数成了更为重要的决定指标，从而使企业会优先考虑在太阳能资源丰富的地区的建设发电项目。可以看到，中国光伏发电的装机容量地区分布基本和太阳能资源的分布情况一致，尤其是太阳能资源最丰富的内蒙古地区和西北地区，累计光伏发电装机容量已经占到中国光伏发电总装机容量的50%以上。

第二，光伏发电的地区性政策差异。除了国家级的各项优惠政策，有些省份还曾专门出台了对本省光伏发电项目的补贴政策，包括一次性安装补贴和电价补贴，如北京、河北、浙江、江苏、安徽、江西、山东、湖北、湖南、广东等。提供地方补贴的省份大部分处于国家发改委规定的第三类资源区，少数处于第二类资源区，光伏发电的标杆上网电价本身就较高，再加上额外的补贴，在一定程度上可以弥补可发电小时数的不足，从而推动了本地光伏发电的发展。

第三，各地区光伏发电制造企业的集中度。在2015年光伏组件出货量最大的20家企业中，排名前两位的天合光能和阿特斯都在江苏，排名第三的晶科能源在浙江，而排名第四的晶澳太阳能的组件生产基地在安徽合肥和上海。在2015年中国太阳能电池产量中，江苏省占38%，位居第一，其次就是浙江，再往后依次是江西、安徽、广西、河北等。我们可以看到，这些省份近几年的光伏发电装机容量增长也比较快。

光伏发电制造企业的集中度从两个方面来影响光伏发电装机的增长。一方面，本省就有较大的光伏发电制造企业在一定程度可以降低光伏发电项目的安装成本。另一方面，中国大力发展光伏发电的主要原因之一就是为了支持光伏发电制造业。从经济学角度而言，对产业链上任何一环提供补贴，补贴都会通过上下游的交易传递到产业链的所有环节。光伏发电制造企业越多、产能越大的省份，光伏发电发展的压力就越大，也正因为如此，这些省份基本都出台了对光伏发电的地区性补贴政策，并要求只有使用本地光伏发电制造企业原料的光伏发电项目才能享受到本地的补贴。

第四，经济发展水平。除了西北地区是属于太阳能资源丰富的地区，光伏发电装机容量也较高的华北、华东和华南地区都属于经济发展水平较高的地区。经济发展水平高通常也意味着较高的电力需求、较完备的电网系统和较严重的空气污染，因此这些地区有必要也有能力发展光伏发电。另外，经济发展水平较高的地区通常土地比较稀缺，土地的机会成本较高，因此通常会选择优先发展更为节约土地的分布式光伏发电。

◇◇ 四 光伏发电面临的两大主要矛盾

总体而言，中国光伏发电飞快的发展速度和不均衡的布局分布，在很大程度上是以政策为导向的，如果没有政策的推动，即使是太阳能资源丰富的西北地区也不会出现光伏发电装机的飞速增长。当然，在这其中，光伏建造成本的下降和对清洁能源的需求也起到了一定的推动作用。正是在这种背景下，中国光伏发电也开始显现出这种发展模式带来的两个主要矛盾。

第一，中国光伏发电的利用小时数总体偏低，有些地区出现了严重的弃光现象。

我们采用《BP世界能源统计年鉴》（2016版）的数据，用年光伏发电量和年底光伏总装机容量粗略计算了世界主要国家的光伏发电平均利用小时数，可以看出，中国虽然光伏发电装机容量已经位居全球第一，但是这几年的利用程度要低于世界平均水平。美国一直是光伏发电利用小时数最高的国家，德国近几年在减少补贴、放缓新增装机增长速度之后利用小时数有显著增长。

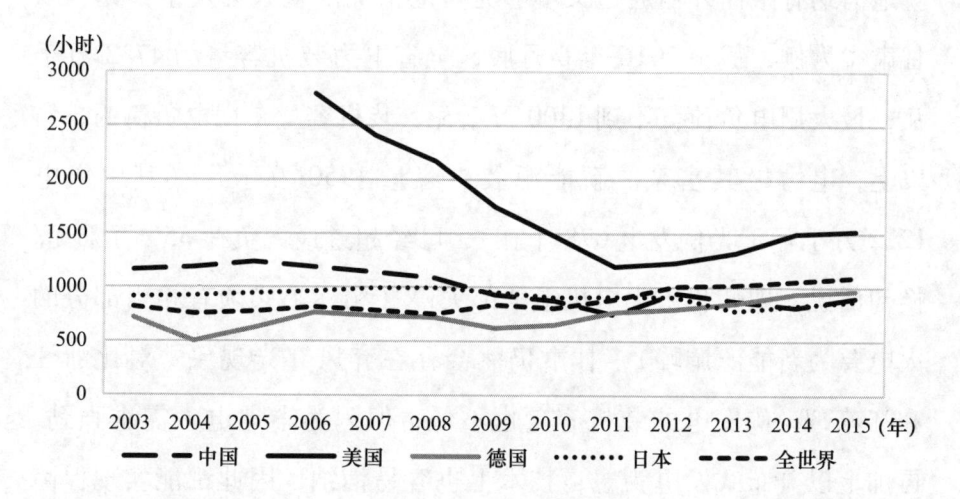

图 2-8　2003—2015 年全球主要国家光伏发电平均利用小时数

注：图中的平均利用小时数 = 年发电总量/年底总装机容量，和严格的平均利用小时数略有不同。

数据来源：《BP 世界能源统计年鉴》（2016 版）。

弃光现象虽然没有弃风现象普遍和严重，但仍然很大程度上影响了光伏发电项目的运营。依据国家能源局的数据，2015 年光伏发电的全国平均利用小时数只有 1133 小时，平均弃光率达到 12.60%，西北部分地区出现了较为严重的弃光现象，甘肃全年平均利用小时数为 1061 小时，弃光率达 31%；新疆全年平均利用小时数为1042小时，弃光率达26%。2016年第一季度，新疆的弃光率达到了50%以上，甘肃的弃光率也达到了39%，比2015年更加严重。

弃光的主要原因是西北地区光伏发电装机规模已经远远超过了本地电力市场和电网能够消纳的容量，再加上主要是光伏电站，在就地消纳有限而外输通道又不够充裕的情况下就只会发生弃光。以甘肃省为例，截至2016年6月底，全省电力装机容量为4733万千瓦，最大用电负荷仅不到1400万千瓦，装机容量是用电负荷的3倍以上，电力极其富余。新能源装机容量1950万千瓦（其中风电1272万千瓦，光伏发电678千瓦），已经超过最大负荷550万千瓦。换句话说，即使甘肃火电机组全部关停（实际上必须有相当部分的火电要为新能源调峰），甘肃仍然会存在弃风弃光现象。对比浙江和江苏，光伏发电的装机容量也不低，但因为本地电力需求强劲，再加上以分布式发电为主，技术上也容易消纳，因此都能实现保障全额收购。另外，这些省份的地方支持性政策也对盲目投资有一定的抑制作用。因为地方政府需要用自己的财政收入来支付这些电价补贴，在财政约束的情况下，地方政府在推动项目上也会较为理性，单单为了拿中央补贴而上马项目的意愿会弱一些。

德国在快速发展光伏发电的同时也曾遭遇弃光严重的问题。为了解决这个问题，德国一方面消减补贴减缓装机的增长速度，另一方面也出台了一些措施鼓励光伏发电企业积极参与市场竞争。德国的光伏发电以分布式屋顶太阳能系统为主，虽然也新建了一些可再生能源专属输电线路，但主要还是致力于在配电网层面消纳可再生能源。因为光伏发电最显著的特征是不稳定性，因此它最适合的交易模式是即时市场交易。德国有一个高效运转的日间电力市场，每15分钟交易一次，已经吸引了很多光伏发电公司参与市场交易。同时，补贴的设计也使得光伏发电企业的补贴额度和市场需求挂钩，促使他们更致力于精准地预测需求和更主动地调峰调频。另外，四大输电企业统一调度平衡，并和欧洲其他地区联网，也确保了整个电力系统能更好地消纳可再生能源。这些都为我们解决弃光问题提供了可借鉴的思路。

第二，光伏发电政策不仅带动了光伏发电的发展，而且还带动了光伏发电制造业的扩张，在经济下行的宏观环境下，整个产业链都还在继续扩大产能，为政策的调整带来了更大的压力。

中国的光伏发电政策从一开始就不是一个单纯的能源政策，而带有很浓的产业政策色彩。能源局在发布2015年光伏发电相关统计数据时，指出"2015年新增装机容量1513万千瓦，完成了2015年度新增并网装机1500万千瓦的目标，占全球新增装机的1/4以上，占中国光伏电池组件年产量的1/3，为中国光伏发电制造业提供了有效的市场支撑。"正是因为这种带有双重色彩的政策定位，使得整个光伏产业都觉得一方面国家会继续大力发展光伏发电，另一方面政府还会继续扶持他们，从而影响了整个光伏行业的市场预测和投资决策。

课题组在甘肃进行调研时，就曾询问光伏发电企业是否有后续的投资计划，大多数企业都表示手上还有待审批或待建的项目。弃光日益严峻，企业还纷纷加大对光伏电站的投资，主要原因就是对未来市场的乐观判断和现行政策下较高的盈利潜力。国家政策和地方政策都使中国光伏发电项目和光伏发电制造企业有很大的联系，行业的纵向一体化程度较高。除了地方性补贴要求使用本地的制造企业提供的组件，有些没有出台地方性补贴的地区，如甘肃，还要求新建的光伏发电项目一定要有配套的制造项目上马。从这些企业的角度分析，因为整个光伏行业竞争日益激烈，而光伏发电是最有潜力的终端环节，只有在不断扩大的发电版图中扩大自己的地盘，才能保证自己在整个行业中的竞争地位。

同时，在不断上马发电项目的同时，整个产业链的产能都在同步扩张。据中国光伏行业协会统计，光伏组件制造企业2015年的平均产能利用率约77%，天合光能、阿特斯、晶科、晶澳等领先组件制造企业基本满产，但年产能200兆瓦以下企业的平均产能利用率仅有50%。而彭博新能源财经也在最近发布的一份报告中称，通过统计2016年光伏发电制造商的产能情况，他们发现，尽管产能持续过剩，除了多晶硅之外，硅锭、硅片、电池和光伏组件制造商仍将在2016年年底扩张约20%的产能。

也就是说，国家为了化解"双反"导致的光伏发电制造业产能过剩，出台大量补贴和优惠政策来发展光伏发电，结果一方面使制造产能进一步扩大，另一方面也使发电行业也出现装机过剩，在经济下行的双重压力下，整个发电行业都出现利用小时数的大幅下降，整个光伏产业的利润率水平也维持在一个很低的水平。虽然政府早已提出要通过降低光伏标杆上网电价来降低对光伏发电的补贴额力度，但可以预见在这种情况下，一定会面临来自整个光伏行业的巨大压力。

附表 2-1　　　　　　　　　国家级光伏政策汇总

时间	政策
2013 年 3 月	国家发改委下发《光伏上网电价征询意见稿》
2013 年 7 月	国务院发布《国务院关于促进光伏产业健康发展的若干意见》
2013 年 8 月	国家能源局发布《关于开展分布式光伏发电应用示范区建设的通知》，18 个光伏分布式示范区出炉
2013 年 8 月	国家发改委发布《关于发挥价格杠杆作用促进光伏产业健康发展的通知》，确定了上网电价补贴金额及年限
2013 年 9 月	工信部发布《光伏发电制造业规范条件》
2013 年 9 月	财政部规定光伏发电增值税即征即退 50%
2013 年 11 月	国家能源局发布《关于分布式光伏发电项目管理暂行办法的通知》
2014 年 2 月	国家能源局发布《国家能源局关于下达 2014 年光伏发电年度新增建设规模的通知》，计划全国装机规模由 12GW 增加到 14.05GW，其中地面电站由 4GW 增加到 6GW，分布式 8GW 保持不变。同时还给出了各省级行政区的新增规模
2014 年 2 月	中央银行向分支机构及各银行下发 2014 年信贷政策，光伏首次获明确支持
2014 年 4 月	国家能源局发布了《关于明确电力业务许可管理有关事项的通知》，豁免和简化了包括光伏等新能源项目的电力业务许可证申请流程
2014 年 5 月	国家发改委印发《能源行业加强大气污染防治工作方案》，指出到 2015 年，分布式光伏发电装机达到 20GW，光伏电站装机达到 15GW；到 2017 年分布式光伏发电装机达到 35GW 以上
2014 年 5 月	国家发改委下发《关于发布首批基础设施等领域鼓励社会投资项目的通知》，分布式光伏应用示范区 30 个进入首批 80 个社会资本参与示范项目
2014 年 5 月	国家电网公司宣布向社会资本开放分布式能源并网工程
2014 年 6 月	国家税务总局宣布，自 2014 年 7 月 1 日起，分布式光伏发电项目向国家电网公司售电，售电发票由国网公司统一开具，今后家庭分布式光伏发电站业主只需定期与国网公司结算售电收入即可，不需要再开具发票。余电上网电费结算手续得到简化

续表

时间	政策
2014年7月	国家能源局下发《关于进一步落实分布式光伏发电有关政策通知（征求意见稿）》，拟将废弃土地、鱼塘等列入分布式项目，并建议执行当地的光伏电站标杆电价（即地面电站）政策。另外，意见稿建议，希望金融机构可以给予分布式项目优惠利率，鼓励地方政府成立用于光伏发电的公共担保资金，为该区域内的光伏发电项目提供贷款担保，鼓励采用融资租赁方式提供融资租赁服务，并可以探索光伏产业投资资金
2014年9月	国家能源局下发《关于加快培育分布式光伏发电应用示范区有关要求的通知》
2014年10月	国家能源局下发《关于进一步加强光伏电站建设与运行管理工作的通知》
2014年10月	国家能源局下发《关于规范光伏电站投资开发秩序的通知》
2015年1月	工信部下发《关于进一步优化光伏企业兼并重组市场环境的意见》，指出到2017年底争取形成一批具有较强国际竞争力的骨干光伏企业，前5家多晶硅企业产量占全国80%以上，前10家电池组件企业产量占全国70%以上，形成多家具有全球视野和领先实力的光伏发电集成开发及应用企业
2015年3月	国家能源局下发《关于转发光伏扶贫试点实施方案编制大纲的函》，推进完善光伏扶贫工作
2015年3月	国家能源局下发《关于下达2015年光伏发电建设实施方案的通知》，指出为稳定扩大光伏发电应用市场，2015年下达全国新增光伏电站建设规模17.8GW，对屋顶分布式光伏发电项目及全部自发自用的地面分布式光伏发电项目不限制建设规模，各地区能源主管部门随时受理项目备案，电网企业及时办理并网手续，项目建成后即纳入补贴范围。光伏扶贫试点省区安排专门1.5GW扶贫配套的光伏电站指标（光伏农业和荒山荒坡电站）。规模用于光伏扶贫试点县的配套光伏电站建设
2015年3月	国家发改委下发《关于改善电力运行调节促进清洁能源多发满发的指导意见》，提出要统筹年度电力电量平衡，积极促进清洁能源消纳；运用利益补偿机制为清洁能源开拓市场空间；加强电力需求侧管理，通过移峰填谷为清洁能源多发满发创造有利条件
2015年6月	国家能源局发布《促进先进光伏技术产品应用和产业升级的意见》，提出要严格准入标准；提出"领跑者"计划；提供财政资金和政府采购支持

续表

时间	政策
2015年9月	国家电网下发《关于做好分布式电源项目抄表结算工作的通知》，分布式项目中的全额上网项目暂停结算补助资金，待财政部公布补贴目录以后再行结算（参照地面电站的补贴发放流程）；"自发自用、余电上网"模式的分布式项目不受影响，不需要进入补贴目录即可拿到0.42元/度的补贴，仍由国家电网先行垫付
2015年9月	国土资源部发布《关于促进光伏农业健康发展的提案复文摘要》，从用地角度将光伏农业分两类：是否改变了土地性质，是设施农用地还是建设用地，关键在于项目是以农业生产为主还是光伏发电为主；其中，永久性建筑占用农用地的，应按建设用地管理
2015年9月	《关于支持新产业新业态发展促进大众创业万众创新用地的意见》中指出要鼓励使用戈壁、荒漠、荒草地等未利用土地，尽可能不要使用农用地、不改变土地的性质。光伏、风力发电等项目使用戈壁、荒漠、荒草地等未利用土地的，对不占压土地、不改变地表形态的用地部分，可按原地类认定，不改变土地用途，允许以租赁等方式取得
2015年9月	国家能源局通知《调增部分地区2015年光伏电站建设规模》，提出指标规模：新增光伏电站530万千瓦，用于支持建设条件优越、完成情况好，以及积极创新发展方式的新能源示范城市、绿色能源示范县等地区。 　　提出并网时间：原则上应在2015年内开工建设，2016年6月30日前建成并网发电。 　　提出指标分布：南疆四地州（包含兵团）共获得100万千瓦的指标，和去年一样；其他的，河北、内蒙古各获70万千瓦，云南、宁夏和青海各获40万千瓦；其中，内蒙古呼和浩特市获得20万千瓦竞争电价指标（0.85元/千瓦时）
2015年10月	国家能源局发布《关于实行可再生能源发电项目信息化管理的通知》。 　　新的信息平台于2015年11月1日启用，旨在加强项目的前期工作、核准（备案）、建设及运营等项目全生命周期的管理；信息申报的主体是项目单位的各个信息员（经国家可再生能源信息管理中心认证）；按照各阶段的时间节点明确分工（每个项目从前期工作开始指定信息员，各阶段信息汇总给信息员）、按各阶段填报要求的时间节点及时填报，以免延误进入补贴目录，影响国家补贴的及时发放
2015年10月	国家发改委下发《开展可再生能源就近消纳的试点》，指出甘肃、内蒙古限电凶猛，弃光率较高；首提"传统能源调峰配合"；建立优先发电权

续表

时间	政策
2015年12月	国家林业局下发《关于光伏电站建设使用林地有关问题的通知》。提出林地光伏模式：使用宜林地建设光伏电站，应采用"林光互补"模式，且确保不改变宜林地的林地性质；提出使用林地的方式：建设用地必须依法办理使用林地审核审批手续。组件阵列在施工期按临时占用林地办理使用林地手续，运营期双方可以签订补偿协议，通过租赁等方式使用林地
2015年12月	国家发改委下发《关于完善陆上风电光伏发电上网标杆电价政策的通知》，发布了全国陆上风力发电上网标杆电价及全国光伏发电上网标杆电价表
2016年2月	国家能源局下发《关于建立可再生能源开发利用目标引导制度的指导意见》，指出根据各地区可再生能源资源状况和能源消费水平，依据全国可再生能源开发利用中长期总量目标，制定各省（区、市）能源消费总量中的可再生能源比重目标和全社会用电量中的非水电可再生能源电量比重指标，并予公布。鼓励各省（区、市）能源主管部门制定本地区更高的可再生能源利用目标
2016年3月	国家发改委下发《可再生能源发电全额保障性收购管理办法》。 　　电网企业（含电力调度机构）根据国家确定的上网标杆电价和保障性收购利用小时数，全额收购规划范围内的可再生能源发电项目的上网电量。 　　可再生能源并网发电项目年发电量分为保障性收购电量部分和市场交易电量部分。其中，保障性收购电量部分通过优先安排年度发电计划、与电网公司签订优先发电合同（实物合同或差价合同）保障全额按标杆上网电价收购。市场交易电量部分由可再生能源发电企业通过参与市场竞争方式获得发电合同，电网企业按照优先调度原则执行发电合同。 　　国务院能源主管部门会同经济运行主管部门对可再生能源发电受限地区，核定各类可再生能源并网发电项目保障性收购年利用小时数并予以公布。地方有关主管部门负责在具体工作中落实该小时数，可再生能源并网发电项目根据该小时数和装机容量确定保障性收购年上网电量。 　　非可再生能源发电挤占消纳空间和输电通道导致的可再生能源并网发电项目限发电量，由相应机组按影响大小承担对可再生能源并网发电项目的补偿费用

续表

时间	政策
2016年4月	国家能源局发布《关于调查落实光伏发电建设条件的通知》 　　已发生弃光限电或存在风险的地区向我局报告所采取的解决弃光限电的措施，作出2016年新增光伏发电建设规模后不会发生弃光限电（弃光率不超过5%）的承诺，并附上省级电网企业关于全额消纳光伏发电（弃光率不超过5%）的意见。 　　已申报光伏领跑技术基地的有关省发展改革委会同基地所在地政府，落实基地电力送出和消纳条件并作出全额消纳的承诺（建成后弃光率不超过5%），同时确认基地所选场址不属于征收城镇土地使用税范围，需要征收耕地占用税的，基地所在地政府应明确征收办法和标准。 　　对不能作出相关承诺或者存在上述问题的地区，将暂停下达该地区2016年度光伏电站建设规模，待光伏发电建设运行和市场条件有效改善后另行研究
2016年4月	国家能源局发布《可再生能源发电利用统计报表制度的通知》，要求各区域电网公司要统计本区域内的可再生能源项目关键参数，向国家能源局汇报
2016年6月	国家发改委和国家能源局发布《关于做好风电、光伏发电全额保障性收购管理工作的通知》，核定了光伏发电重点地区最低保障收购年利用小时数

资料来源：通过相关部门网站公布的文件收集整理。

专题报告三

辨析中国风电与光伏发电补贴政策存在的问题[*]

◇ 一 补贴政策简介

根据中国气象局风能太阳能资源中心公布的评估成果，中国有着丰富的风能和太阳能资源：陆地 70 米高度上、风功率密度达到 200W/m^2 以上的风能资源技术可开发量为 50 亿千瓦，全国陆地的太阳能资源理论储量高达 1.86 万亿千瓦。[①] 2006 年《可再生能源法》颁布以来，中国风电与光伏发电取得了迅速发展。截至 2015 年，中国风电、光伏发电累计装机容量 1.7 亿千瓦，超过全球总装机容量的 1/4。[②] 为了促进风电与光伏发电的发展，补偿其带来的环境效益，风电与光伏发电补贴政策在各国可再生能源发展中都占据

---

[*] 本章执笔：俞秀梅。
[①] 杜芳：《我国陆地太阳能理论储量 1.86 万亿千瓦》，2015 年 7 月 15 日，中国经济网（http://www.ce.cn/xwzx/gnsz/gdxw/201507/15/t20150715_5936132.shtml）。
[②] 《国家电网公司促进新能源发展白皮书（2016）》。

着重要地位。

中国风电及光伏发电的补贴政策各自都经历了不同的阶段。在山东省和航空工业部共同拨付外汇以及山东省计委拨款的支持下,中国的第一个风电场——山东荣成马兰风电场于1986年5月并网运行,引入了四台Vestas V15—55/11kW风力发电机作为示范机组。与马兰风场一样,这一时期的风电场主要使用政府拨款或国外赠款、优惠贷款等方式引进风电机组,用于科研或作为示范项目,风电电价水平基本与燃煤电厂持平。如马兰风电场的上网价格在"1995年年底以前执行居民生活用电电价0.195元/千瓦时;1996年以后执行电网平均趸售电价0.279—0.394元/千瓦时;目前执行小火电上网电价0.48元/千瓦时"。1993年11月8日前的完整统计资料表明,马兰风场头七年的售电收入27.9万余元,并产生了3.4万元的利润。[①] 利润虽小,但验证了风电的获利空间,对接下来的风电发展具有示范性作用。

从1994年起,中国采取了多项政策来推动设备国产化道路,比如"乘风计划""双加工程""国债风电"项目等。这一时期的风电电价由成本加成方式确定。后来随着中国电力体制改革的深化,电价根据"厂网分开,竞价上网"的目标进行改革,国家发改委从2003年起推行风电特许权招标项目。2003—2007年,中国共进行了五期特许权招标。在招标评分体系上,投标价格占的比重较大。

---

① 马兰风场数据来源:王颖春:《马兰风场 中国风电从引进到消化的见证者》,2009年10月10日第1875期,中国经济导报(http://www.ceh.com.cn/ceh/cjxx/2009/10/10/54096.shtml)。

2006年的《可再生能源发电价格和费用分摊管理试行办法》（发改价格〔2006〕7号）规定"可再生能源发电价格实行政府定价和政府指导价两种形式。政府指导价即通过招标确定的中标价格"。根据该文件，部分省份以特许权项目中标电价为参考确定省内其他风电场项目的核准电价，其他未进行招标的省份大部分沿用了逐个项目核定电价的做法。由于引入了市场竞争机制，特许权招标项目价格普遍低于地方项目核准价①，其中2004年的内蒙古辉腾锡勒风电场项目招标价格低到了0.3820元/千瓦时。

根据各年《中国统计年鉴》数据，2003—2007年中国风电装机容量从55万千瓦增长到420万千瓦，占总装机容量的比例从0.19%增长到0.58%。然而随着经济的高速增长，中国以煤炭为主的能源消费大幅度增加，来自国内及国际的节能减排压力都与日俱增。为进一步加快风电的规模化发展，2009年《关于完善风力发电上网电价政策的通知》（发改价格〔2009〕1906号），将全国分了四个资源区，制定了相应的风电标杆上网电价，之后价格又经过了几次调整。海上风电也在特许权招标之后制定了相应的上网电价。2010年，海上风电进行首轮特许权招标，中标价在0.62元/千瓦时至0.74元/千瓦时之间。2014年《关于海上风电上网电价政策的通知》（发改价格〔2014〕1216号）将海上风电分为潮间带风电和近海风电两种类型，上网电价分别为0.75元/千瓦时与0.85元/千瓦时。

---

① 根据 http://news.66wz.com/system/2008/11/17/100927028.shtml，招标电价比核准电价低0.1元/千瓦时左右。

光伏发电在2009年开展特许权招标以前实行政府定价。2009年甘肃敦煌太阳能特许权项目进行招标，中标价格为1.09元/千瓦时。2010年又进行了13个项目280MW的光伏电站的招标，最低报价者以0.7288—0.9907元/千瓦时的报价中标。这一时期中国的光伏发电装机容量增长缓慢，根据《中国统计年鉴》数据，2009年累计装机容量只有3万千瓦，2010年为26万千瓦。相比而言，受益于国际市场的影响，中国光伏发电制造业发展迅速，在2007年成为全球第一大光伏电池生产国。在2009年应对全球经济危机而出台的刺激政策下，光伏发电制造业产能进一步扩张。2009年中国太阳能电池产量同比增长152.3%，达到了492万千瓦；2010年再次同比增长116.9%，产量超过了1000万千瓦。①

但是从2011年起，欧洲补贴力度削减带来国际市场增速放缓，同时欧美、印度等陆续对中国光伏产品启动反补贴、反倾销的"双反"调查，中国光伏产品出口量迅速下降。2010年中国光伏电池出口额同比增长率为146.8%，但是到了2011年增长率下降到9.6%，2012年出口额更是同比下降了42.1%②，多家光伏产品制造商被迫停产。据统计，2011年下半年全国已投产的43家多晶硅企业中，仅剩七八家尚在开工。③ 包括尚德、赛维和英利等光伏巨头在内的

---

① 中国产业信息网：《2015—2016年中国太阳能电池产销状况分析（图）》，2016年2月18日（http://www.chyxx.com/industry/201602/386824.html）。
② 中国新能源网：《近几年我国光伏电池出口数据统计》，2016年6月29日（http://www.china-nengyuan.com/news/95163.html）。
③ 北极星太阳能光伏网：《2011年以来国内多晶硅企业大量关停甚至破产》，2012年7月20日（http://guangfu.bjx.com.cn/news/20120720/374733.shtml）。

多家光伏发电制造企业深陷债务危机,陷入破产或几近破产的境地。

在此背景下,为促进国内光伏电站的发展,加大国内光伏产品的需求,国家发改委于2011年出台了《关于完善太阳能光伏发电上网电价政策的通知》(发改价格〔2013〕1638号),规定2011年7月以前核准建设且2011年年底前建成投产的光伏电站上网电价为1.15元/千瓦时,2011年7月以后核准以及2011年7月前核准但2011年年底仍未建成投产的光伏电站上网电价为1元/千瓦时。2013年出台的《国家发展改革委关于发挥价格杠杆作用促进光伏产业健康发展的通知》(发改价格〔2013〕1638号)又将全国分为了三类太阳能资源区,并制定了相应的光伏电站上网电价。

可再生能源发电项目上网电价高于当地脱硫燃煤机组标杆上网电价的部分,由国家进行补贴。但根据2016年的补贴政策,各省补贴额度差别较大。对于陆上风电项目,青海、山西、宁夏的补贴达到了0.28元/千瓦时,但是广东、湖南的补贴仅为0.15元/千瓦时;各省补贴额度的简单平均值为0.217元/千瓦时;若以2015年各省风电发电量为权重做加权平均,平均补贴额度为0.213元/千瓦时。对于集中式光伏电站,补贴额度最低的为青海与四川0.48元/千瓦时,最高为贵州0.64元/千瓦时;各省补贴额度的简单平均值为0.556元/千瓦时;若以2015年各省光伏电站累计装机容量为权重做加权平均,平均补贴额度为0.537元/千瓦时。

此外，虽然风光资源丰富地区的风电或光伏发电上网电价低，但有可能由于燃煤发电上网电价也低反而导致补贴额度高；相反，中东部用电负荷高的地区虽然风电或光伏发电上网电价高，但有可能燃煤发电上网价格也高，从而导致补贴额度低。比如甘肃的嘉峪关、酒泉处于二类风资源区，风电上网电价为0.50元/千瓦时，同时甘肃的燃煤发电上网电价为0.2978元/千瓦时，从而风电补贴约为0.20元/千瓦时。广东省处于四类风资源区，风电上网标杆为0.60元/千瓦时，比甘肃高0.1元/千瓦时。但是广东省的燃煤发电上网电价达到了0.4505元/千瓦时，风电补贴仅为0.15元/千瓦时。早期各类风资源区的上网电价差距小，光伏发电在2011—2013年更是采取了全国统一的上网电价，这种现象更为明显。比如2009年制定风电上网电价时，甘肃省处于二类风资源区的地区风电上网电价为0.54元/千瓦时，燃煤发电上网电价为0.2815元/千瓦时，每千瓦时风电补贴额度约为0.26元。当时广东的风电上网电价为0.61元/千瓦时，燃煤发电上网价格为0.4962元/千瓦时，每千瓦时风电补贴仅为0.11元。然而2009年甘肃省的电力消费量为705亿千瓦时，广东省达到了3610亿千瓦时，到达了甘肃省电力消费的5倍以上。标杆上网电价的制定虽然能够引导投资者开发优质资源，但是没有考虑用电负荷问题，给电力消费问题埋下了隐患。

补贴资金的来源为向电力用户征收的可再生能源电价附加。2006年6月30日，可再生能源电价附加正式开征，为每千瓦时0.1分（现已提高到每千瓦时1.9分）。资金管理上，2006—2011年，采用配额交易政策，"各省级电网企业将收取的可再生能源电价附加计入本企业收入,首先用于支付本省(区、市)可再生能源电价补贴,差额部分进行配额交易、全国平衡"①。自2012年起,执行可再生能源基金管理政策,电网企业向用户征收的可再生能源电价附加按月上缴国库,待新能源发电项目和发电接网工程项目列入国家补助目录后再行申报资金,财政拨付资金后由发电企业开票办理结算。②

除了上网价格补贴之外,中国《可再生能源法》规定对可再生能源发电项目实行全额收购,"电网企业应当与依法取得行政许可或者报送备案的可再生能源发电企业签订并网协议,全额收购其电网覆盖范围内可再生能源并网发电项目的上网电量,并为可再生能源发电提供上网服务"。2016年《可再生能源发电全额保障性收购管理办法》(发改能源〔2016〕625号)以及《关于做好风电、光伏发电全额保障性收购管理工作的通知》(发改能源〔2016〕1150号)进一步规范了全额保障收购的实施,其中后者核定了部分弃风弃光问题严重地区规划内的风电、光伏发电最低保障收购年利用小时数。

◇◇ 二 风电和光伏发电发展现状

在现行的补贴扶持政策下,可再生能源发电取得了迅速发展。

---

① 《可再生能源电价附加收入调配暂行办法》(发改价格〔2007〕44号)。
② 《可再生能源发展基金征收使用管理暂行办法》(财综〔2011〕115号);《可再生能源电价附加补助资金管理暂行办法》(财建〔2012〕102号)。

图3-1是中国自2000年以来的风电与光伏发电装机容量①，可以看到风电与光伏发电在装机容量上都得到了非常快速的增长，尤其是风电在2008年以来，光伏发电在2012年以来。根据《中国统计年鉴》数据，全国风电装机容量从2008年的839万千瓦增加到2014年的9657万千瓦，占发电装机总容量的比例从1.06%增加到7.05%；光伏发电装机容量从2012年的341万千瓦增加到2014年的2486万千瓦，占发电装机总容量比例从0.30%增加到1.81%。还有个别省份非水可再生能源发电的装机占比达到了40%以上，比如截至2016年6月末，甘肃省总装机容量4722万千瓦，其中风电装机容量1262万千瓦，占比26.73%；光伏发电装机容量678万千瓦，占比14.36%。② 从图3-2可以看出，中国风电装机主要集中在东北和西北省份，截至2016年上半年，内蒙古、新疆、甘肃、河北四省并网容量已超过1000万千瓦，还有宁夏、山东、山西等7个省份并网容量超过500万千瓦。图3-3是截至2015年年底各省累计光伏发电装机容量，西北的甘肃、青海、新疆三省装机容量已超过500万千瓦，内蒙古、江苏、宁夏、河北四省装机容量超过200万千瓦，另外还有浙江、山东等5个省份装机容量超过100万千瓦。

与其他国家相比，中国风电与光伏发电装机量容量的增加也非常迅速。根据BP的数据统计，2015年中国风电累计装机容量为14510.9万千瓦，占全球总装机容量的33.4%（2006年为3.5%），

---

① 中国风电装机容量有三个统计口径：风能协会（CWEA）数据统计的是吊装容量；《中国统计年鉴》根据中国电力企业联合会统计数据整理，是吊装且最后并网、投入运行的容量；中国水利水电规划设计总院统计的是吊装容量中经过政府核准的部分。

② 数据为课题组实地调研时，由当地相关部门提供。

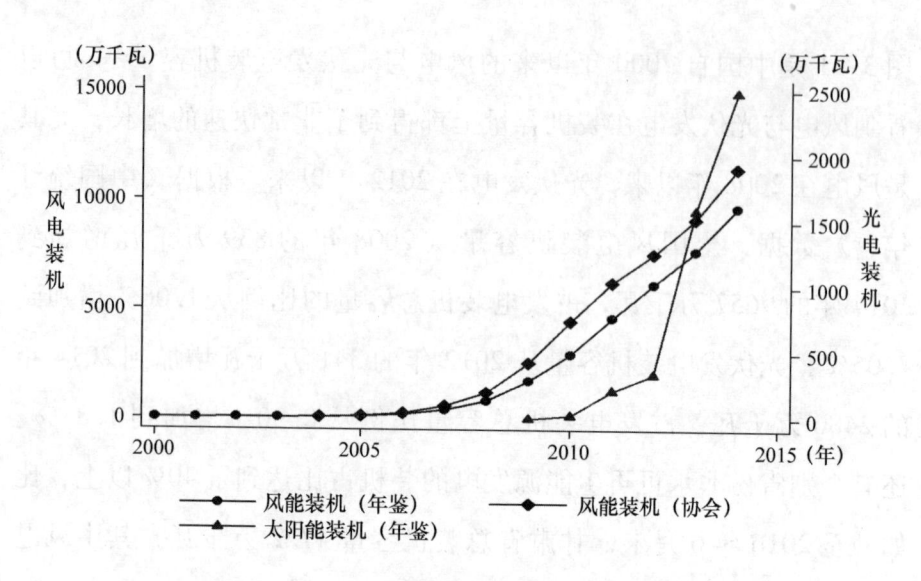

图 3-1 中国风电与光伏发电装机容量

数据来源：《中国统计年鉴 2015》；中国风能协会：《2014 年中国风电装机容量统计》。

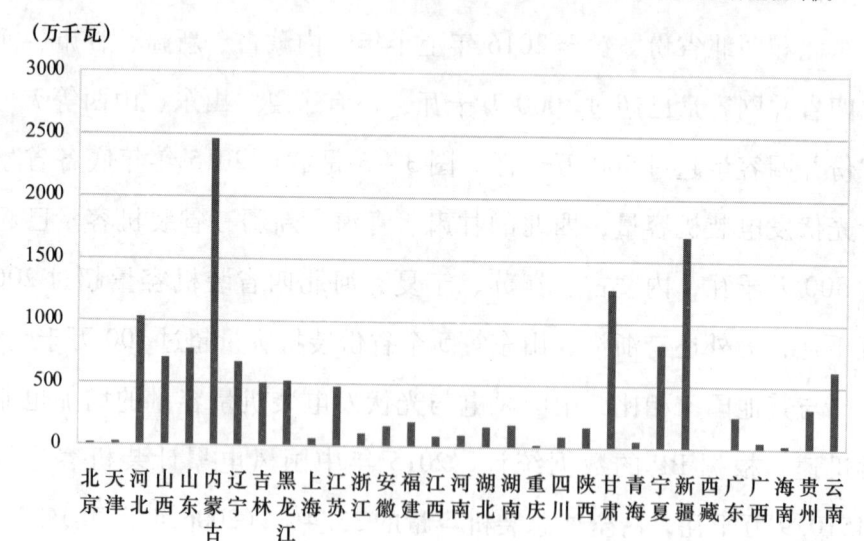

图 3-2 2016 年上半年各省风电累计并网容量

数据来源：国家能源局：《2016 年上半年风电并网运行情况》，2016 年 7 月 27 日（http://www.nea.gov.cn/2016-07/27/c_135544545.htm）。

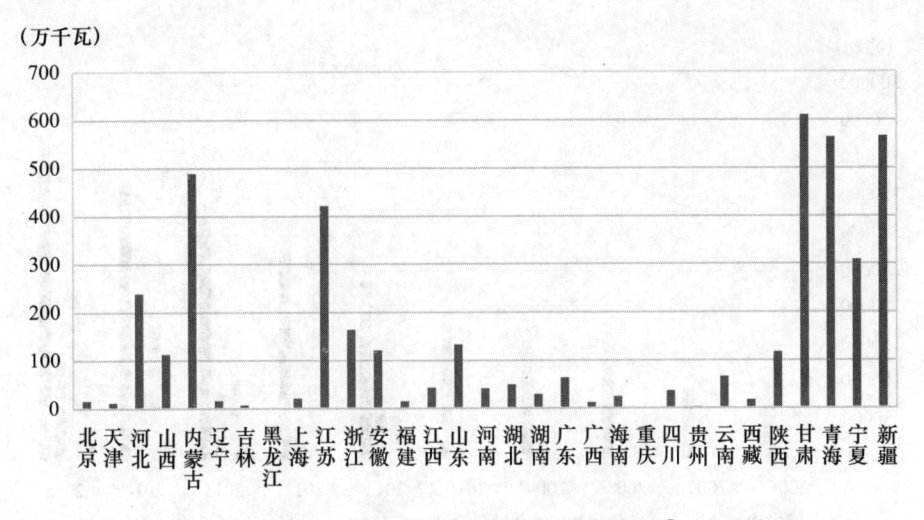

图 3-3　2015 年光伏发电累计装机容量①

位居第一，并且 2015 年新增装机容量 3050 万千瓦，占全球新增容量的 48.5%。另外，中国 2015 年光伏发电累计装机 4348 万千瓦，位居世界第一，占全球光伏发电总装机容量 18.9%（2006 年为 1.2%），2015 年新增装机容量占全球新增装机容量的 29.9% 也是世界第一。从图 3-4 与图 3-5 中可以看出，虽然近 10 年来全球风电与光伏发电的装机容量在不断增长，但是中国装机容量增长速度远远超过世界平均水平，中国累计装机容量占全球总装机容量的比重在不断上升。并且近几年来，风电新增装机容量达到了全球新增装机容量的 40% 以上（2012 年除外）。光伏发电新增装机容量占全球装机容量的比重也在不断上升，近 3 年来达到了 30% 左右。说明与其他国家相比，中国的风光发电装机容量增长非常迅速，尤其是

---

① 装机容量包括分布式光伏。数据来源：国家能源局：《2015 年光伏发电相关统计数据》，2016 年 2 月 5 日（http://www.nea.gov.cn/2016-02/05/c_135076636.htm）。

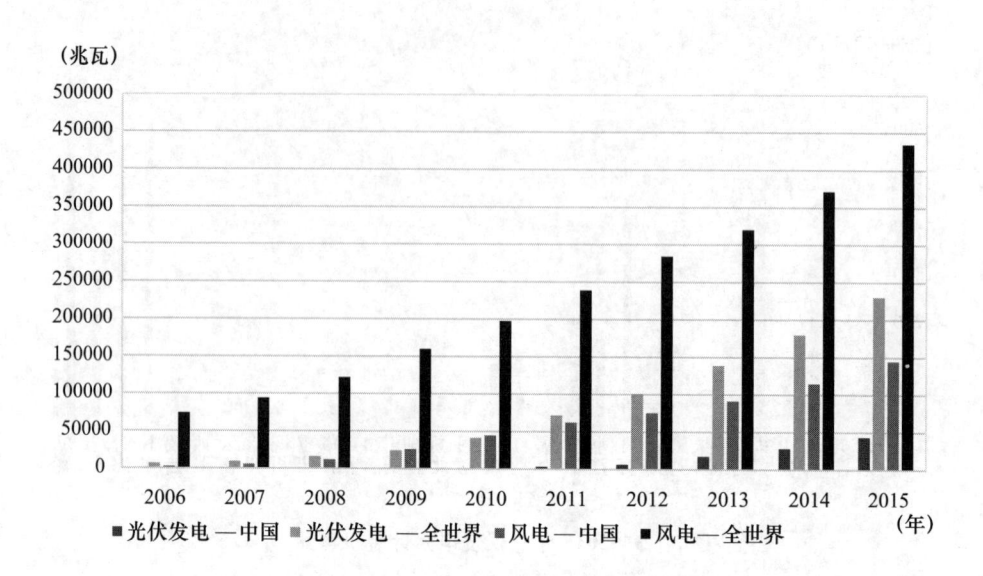

图 3-4 光伏发电和风电的装机容量

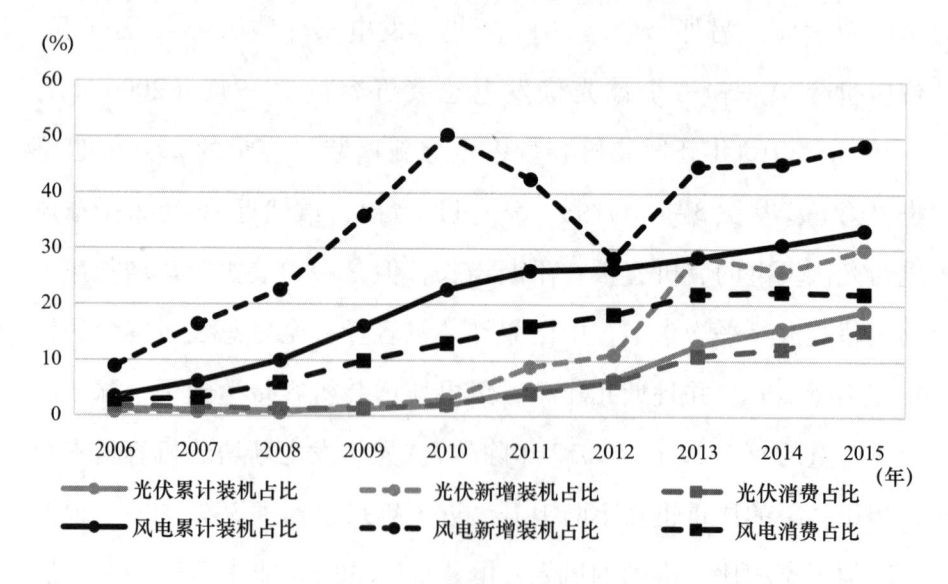

图 3-5 中国装机占全球比重

数据来源：*BP Statistical Review of World Energy June 2016*。

最近几年来发展速度非常之快。

◇◇ 三 发展中存在的问题

装机容量增长本身并不是问题，相反有可能是行业发展的表现。中国新能源发电能在短期取得如此成就，相关部门的努力是值得肯定的。但是当装机容量增长与电网建设、电力消纳能力不匹配时，就会导致不平衡发展以及产能过剩，从而引起一系列问题。

（一）弃风弃光严重

虽然中国风电与光伏发电装机容量已经达到世界第一，但设备利用小时数不高。从图3-5可以看出，虽然中国风电与光伏发电的装机占全球比重不断上升，但是风能与太阳能的消费比重低于装机比重。2013—2015年，中国风电累计装机占全球装机比重从28.5%上升到33.4%，但是风能消费比重基本保持在22%的水平不变。光伏发电装机与太阳能消费占全球的比重在2013年前差距不大，但2013年以后差距也开始拉大。说明近年来，中国风电与光伏电站的设备利用效率低下。

图3-6是中国2005年以来6000千瓦及以上发电设备利用小时数，可以看到风电设备利用小时数在2009—2011年、2013—2015年经历了两次明显的下滑。2015年全国风电设备利用小时数达到了近

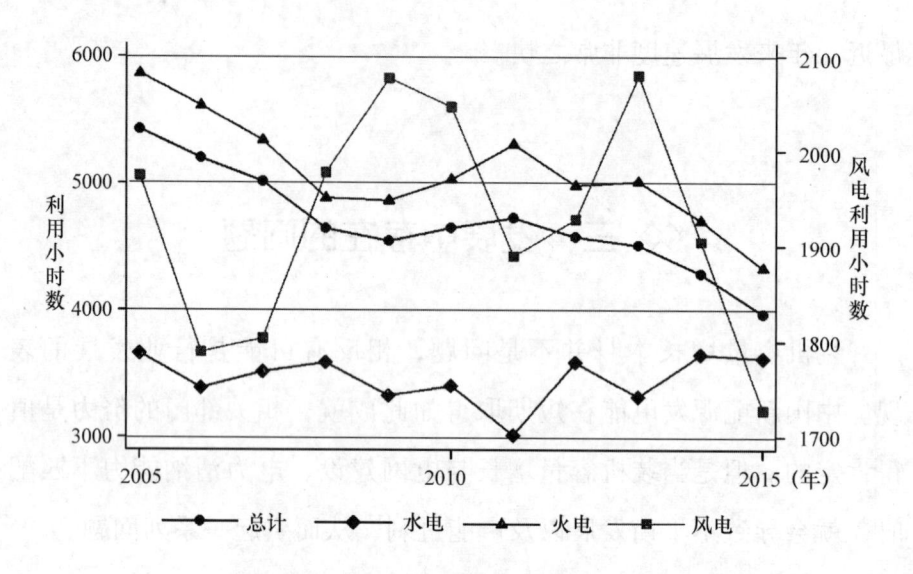

图 3-6　中国各年 6000 千瓦及以上发电设备利用小时数

数据来源：国家能源局网站公布的各年全国 6000 千瓦及以上电厂发电设备平均利用小时情况。

10 年的最低点，仅为 1728 小时，其中甘肃只有 1184 小时，贵州 1199 小时，吉林 1430 小时。值得注意的是在 2009—2011 年，虽然风电设备利用小时数在下降，但总设备利用小时数及火电利用小时数都略有上升。从课题组实际调研的情况来看，这一时期风电设备利用小时数下降主要是风电建设与电网通道建设不同步，或者是来风量下降引起的。而 2013—2015 年，总设备利用小时数和火电利用小时数都显著下降，在 2014 年、2015 年两年连续创下 1978 年以来最低点，从实际调研的情况来看，这一时期风电利用小时数下降则主要是装机容量过快增长以及经济下行①导致消纳能力不足引起的。

---

①　全社会用电量 2013 年同比增长 7.3%，2014 年同比增长 3.8%，2015 年增长率仅有 0.5%。

从弃风弃光率来看，中国东北和西北的众多省份都发生了严重的弃风现象，并且弃风率呈上升趋势（见表3-1）。2014年，全国平均弃风率为8%，2015年上升到15%，2016年上半年达到了21%。有的省份自2014年以来就出现了较严重的弃风现象，并且情况逐年恶化，比如甘肃、新疆、吉林2014年的弃风率就达到了10%以上，到2016年上半年弃风率分别高达47%、45%、39%。另外，像宁夏和山西2014年并没有弃风现象，2016年弃风率分别达到了22%和12%。说明随着各省装机容量的增长，弃风现象越来越普遍。

表3-1　　　　　　　　中国部分地区近三年弃风率[①]

地区	2014年（%）	2015年（%）	2016年上半年（%）
全国	8	15	21
甘肃	11	39	47
新疆	15	32	45
吉林	15	32	39
内蒙古	9	18	30
黑龙江	12	21	23
宁夏	0	13	22
辽宁	6	10	19
河北	12	10	12
山西	0	2	12

数据来源：国家能源局：《2014年风电产业监测情况》《2015年风电产业发展情况》《2016年上半年风电并网运行情况》《2014年光伏发电统计信息》《2015年光伏发电相关统计数据》《2016年第一季度光伏发电建设和运行信息简况》《2016年上半年西北区域新能源并网运行情况》。

① 只包括某年弃风率在10%以上的省份。

相比风电而言，光伏发电运行状况稍好，但 2015 年西北部分地区出现了较为严重的弃光现象，甘肃弃光率为 31%，新疆弃光率达 26%。2016 年第一季度，弃光现象有所恶化，其中，甘肃、新疆弃光率分别达到了 39% 和 52%。2016 年上半年，甘肃弃光率为 32.1%，新疆为 32.4%。

在如此严重的弃风弃光情况下，政府出台了一系列政策来缓解现状，其中包括 2016 年 5 月 27 日出台的发改能源〔2016〕1150 号文件。文件规定了部分弃风、弃光地区风电与光伏发电应该保障的最低年收购小时数，然而对于弃风弃光严重地区，该文件保障的小时数根本无从做到。如文件规定甘肃省风电最低保障收购年利用小时数为 1800 小时，光伏发电为 1500 小时，但实际上 2016 年上半年甘肃风电设备利用小时数只有 591 小时（还包括了参与市场交易的电量，不少市场交易的上网电价为零电价，并不是全额收购），光伏发电设备利用小时数只有 540 小时。新疆 2016 年上半年风电设备利用小时数 713 小时，光伏发电 486 小时，离最低年保障收购小时数 1900 小时与 1500 小时也相差甚远。① 东北地区，如吉林上半年风电设备利用小时数为 677 小时②，而最低年保障收购小时数为

---

① 甘肃Ⅱ类光资源区的光伏发电最低年保障收购小时数为 1400 小时。新疆Ⅲ类风资源区的风电最低年保障收购小时数为 1800 小时，Ⅱ类光资源区的光伏发电最低年保障收购小时数为 1350 小时。上半年发电小时数来源于西北能源监管局公开数据（http://guangfu.bjx.com.cn/news/20160810/760614.shtml）。

② 国家能源局：《2016 年上半年全国 6000 千瓦及以上电厂发电设备平均利用小时情况》（http://www.nea.gov.cn/2016-07/26/c_135540902.htm）。

1800。在下半年经济形势并未出现明显好转迹象,以及冬季要保证电热联产供热机组最小出力的情况下,不少地区风电与光伏发电的年最低保障收购小时数实在难以完成。

保障性收购政策能够督促地方政府推动新能源的消纳,但是由于风电与光伏发电的不稳定性,弃风弃光本身有着技术层面的原因,部分地区的最低保障年收购小时数从技术上来说也无法完成。以甘肃省为例,截至2016年6月末,甘肃省总装机容量为4722万千瓦,其中水电853万千瓦,火电1930万千瓦,风电1262万千瓦,光伏发电678万千瓦。但是2016年上半年,全网最大用电负荷才1214万千瓦,比风电的装机容量还要低。为了促进新能源消纳,甘肃省在保证电网安全的情况下安排火电轮停,并通过安排新能源大用户直供电交易、企业自备火电厂置换替代等方式为新能源增加发电空间,同时通过多种方式加强电网调峰能力。2016年7月5日,火电发电量仅占总发电量的28.17%,当日新能源发电量占到了30.87%。2016年上半年,在总发电量下降了6.11%的情况下,水电和火电发电量都同比下降,但是风电与光伏发电量各上升了4.28%与9.24%,风电与光伏发电量占总发电量的比重达到了20.4%。[1] 但是即便如此,甘肃省上半年弃风率仍然达到了47%,弃光率达到了31%,新能源最低年保障收购小时数1800小时与1500小时实在无法完成。

---

[1] 2016年上半年发电量为516.31亿千瓦时,其中水电、火电、风电与光伏发电量分别为125.96亿千瓦时、284.98亿千瓦时、73.45亿千瓦时、31.92亿千瓦时。数据由国网甘肃省电力公司调度控制中心提供,可能只考虑可调度电量。

（二）补贴资金缺口增大

根据规定，可再生能源发电项目上网电价高于当地脱硫燃煤机组标杆上网电价的部分，通过向农业生产以外的电力用户征收可再生能源电价附加的方式来进行补贴。随着可再生能源装机容量的增长，对补贴资金的需求也越来越大。2014年风力发电量为1534亿千瓦时，光伏发电量约为250亿千瓦时，若按风电补贴0.2元/千瓦时，光伏发电补贴0.5元/千瓦时保守估计，对风电与光伏发电的补贴金额约为432亿元。2015年风力发电量增长为1863亿千瓦，光伏发电量增长为392亿千瓦，按同样的补贴标准保守估计，对风电和光伏发电的补贴约为568亿元。

为了更准确估计2015年对风电与光伏发电的补贴，我们用《关于降低燃煤发电上网电价和工商业用电价格的通知》（发改价格〔2015〕748号）规定的2015年4月20日以后实施的燃煤发电上网标杆电价，陆上风电项目的上网标杆电价按2015年以后核准项目的标准计（各类资源区分别为0.49元、0.52元、0.56元、0.61元），2015年对风电的补贴约为387亿元；光伏发电的上网标杆电价按2016年前备案项目的标准计（各类资源区分别为0.90元、0.95元、1.0元），2015年对光伏发电的补贴约为233亿元。① 因此2015

---

① 以2015年各省风力发电量加权，对陆上风电的补贴平均为0.2076元/千瓦时。光伏发电没有各省的发电量数据，用各省装机容量进行加权，对光伏发电的补贴平均为0.5953元/千瓦时。

年对风电与光伏发电的补贴约为620亿元。而实际上，更早建设的风电与光伏发电项目补贴标准会更高。另一方面，2015年可再生能源电价附加收入决算数为514.87亿元，但是补贴资金缺口还是比2014年增加了260亿元，也就是2015年可再生能源发展基金的支出需求超过了775亿元。由于可再生能源发展基金的补贴对象还包括生物质能发电、地热发电、接网工程项目等，我们估计2015年对风电与光伏发电的总补贴约为600亿—700亿元。

补贴资金的需求随装机容量增长而增加，然而由于工业用电量下滑，可再生能源电价附加的收入不增反降，导致补贴资金缺口不断扩大。2015年可再生能源电价附加收入预算数为577亿元，但"各省扣除农业生产用电后的销售电量增长低于预期"，收入决算数仅为514.87亿元。若不考虑其中从一般公共预算调入的70亿元，仅为444.87亿元[①]，比2014年的491.38亿元还低。根据国家能源局的统计，截至2014年度，可再生能源补贴资金缺口累计已超过140亿元。2015年，可再生能源补贴资金缺口再创新高，累计约400亿元。补贴资金缺口大，加上补贴目录审核周期长，导致对可再生能源发电企业补贴拖欠严重，引起企业现金流困难。以甘肃为例，2013年至2016年7月末，累计欠付补助资金78.35亿元，其中未列入补助目录项目的补助资金达70.88亿元。[②]

为缓解补贴资金困难，可再生能源电价附加从2006年征收以来

[①] 《2015年全国财政决算》（http://yss.mof.gov.cn/2015js/201607/t20160712_2354351.html）。

[②] 数据为课题组实地调研时，由当地相关部门提供。

经历了5次调整，从最初的0.001元/千瓦时上升到0.019元/千瓦时。另外，风电上网标杆电价和光伏发电上网标杆电价都适当下调。2015年1月1日，陆上风电项目上网电价每千瓦时约下调了2分。2016年又再次下调，并设定了2018年的标杆电价。光伏发电标杆电价分别在2013年9月1日及2016年1月1日进行了两次下调。但是可再生能源补贴资金缺口继续扩大，截至2016年上半年，缺口累计达到550亿元。

根据《风电发展"十二五"规划》，2020年中国风电装机目标为2亿千瓦，风电年发电量达3900亿千瓦时。根据《能源发展战略行动计划（2014—2020年）》，2020年光伏发电装机目标为1亿千瓦，若按年发电小时数1500小时估计，光伏发电量为1500亿千瓦时。假设还按现有标准补贴，每年补贴额度将近1530亿元。补贴资金来源于向电力用户征收的可再生能源电价附加，日益沉重的补贴负担势必会增加全社会的用电成本。此外，中国2015年中央财政专项扶贫资金才463亿元，2015年对风电与光伏发电项目的补贴已经超过了扶贫资金。高额的补贴不仅给可再生能源发展基金带来资金缺口压力，同时也不得不让人思考风电与光伏发电是否能够带来与此相当的环境收益，以及社会资金的使用是否是有效率的。

◇◇ 四 补贴政策问题探讨

通过对以上现象的分析，我们认为目前风电与光伏发电的补扶持政策存在以下值得探讨的问题。

（一）补贴额度偏高

首先，爆发式的装机容量是市场对价格的反应，说明行业有利可图，补贴偏高。2009年确定风电标杆上网电价以来，风电装机容量经历了井喷式增长。光伏发电装机容量也在2013—2015年间经历了快速增长。虽然从地方政府角度，为追求GDP有很高的上项目热情，但最终做投资决策的主体是企业。不管是出于什么样的目的上项目，投资收益都是企业必须考虑的因素之一，尤其是对于行业中的民营企业，获利能力是最重要的考虑因素。据在甘肃的调研了解，风电行业约有25%的民企，而光伏发电行业民企约占75%。企业争夺指标，"跑马圈地"的背后，根本原因是行业利润或者是预期的未来利润偏高。在目前弃风弃光严重，企业利润难以保证的情况下，不少国企都反映不愿意在弃风弃光严重地区上新项目，这也侧面反映了他们之前在上项目时必然会考虑利润因素。其次，目前的弃风弃光，就是市场通过价格规律调节的结果：上网价格偏高，风电或光伏发电的供给大于需求，最后供给过剩，表现出来的就是弃风弃光。

随着成本的下降，中国风电与光伏发电的标杆电价没有及时下调，或者下调幅度不够，相对历史价格目前的上网电价也偏高。图3-7显示了2009—2014年中国风机成本与光伏发电成本。在风力发电项目中，风电机组成本占了初始投资成本的64%—84%[1]，因

---

[1] 国网能源研究院：《中国新能源发电分析报告（2015）》，中国电力出版社2015年版。

(元/千瓦)

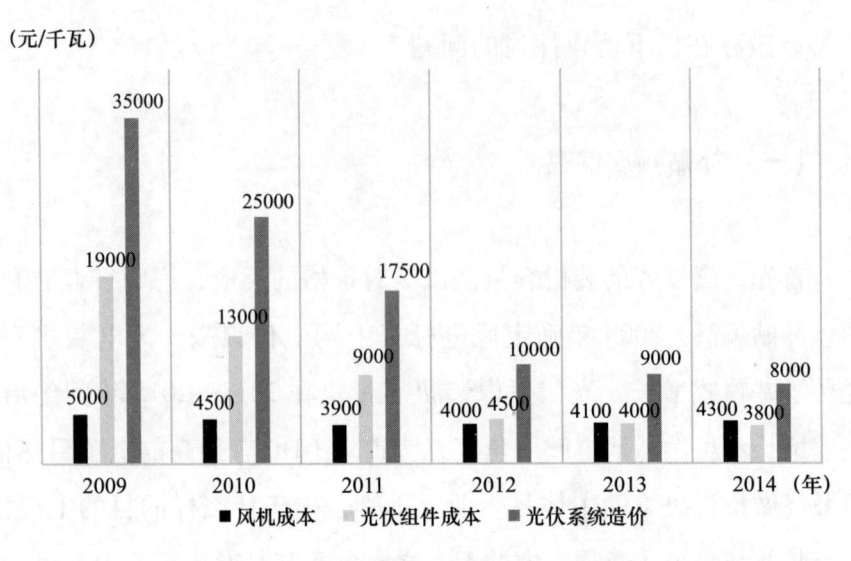

图 3-7　风电与光伏发电成本变化趋势①

此风机成本能够较好地反映风力发电成本的变化。2009—2011 年，风机成本从 5000 元每千瓦下降到 3900 元每千瓦，尽管之后略有反弹，2014 年风机成本比 2009 年仍然下降了 14%。然而中国风电上网标杆电价自 2009 年确定以来，直到 2015 年才进行了第一次调整。也就是 2009 年 8 月 1 日到 2014 年 12 月 31 日之间核准的风电项目，都享受同样的上网电价。

光伏电站的成本则下降得更加明显，2009—2014 年中国光伏组件成本下降了 80%，光伏系统造价下降了 77%。根据中国设立的光伏标杆上网电价，2011 年 7 月 1 日以前核准的项目是 1.15 元每千

---

① 国内风电机组平均价格来自：http：//news.bjx.com.cn/html/20140828/541371.shtml。光伏组件及系统造价来自：http：//www.solarbe.com/topnews/201510/28/2398.html。

瓦时，一类资源区2013年9月1日以后核准的项目为0.9元每千瓦时，标杆价格仅下调了22%，与光伏造价下降了77%相差甚远。以全球多晶硅太阳能电池组件价格做参考，组件的价格基本每个星期都在下降，尤其是在中国执行1元/千瓦时的光伏发电上网标杆电价期间，组件价格下降了约40%，但光电上网价格却一直没有变。从2011年8月到2016年8月，组件价格下降了约60%（2011年8月3日为1.21美元/瓦，2016年8月3日为0.467美元/瓦），一类资源区光伏发电标杆电价从1元/千瓦时下降到0.8元/千瓦时，只下降了20%，标杆价格下降远远赶不上组件价格下降的幅度。

在偏高的风光补贴中，光伏发电补贴偏高更加严重。一个表现就是光伏行业有大量的民营企业。国有企业可能会由于要完成特定考核目标（如实现新能源配额[①]），也更容易受政府影响，在做投资决策时对获利能力没有民企敏感。民企投资的直接动机就是盈利，民企大量进入反映出行业有利可图。此外，在调研中也发现有光伏指标买卖现象，据了解在有的地区一个50MW的指标，市场价可以达到2000万元左右，这2000万元的租金反映的就是过高的价格补贴导致预期未来利润偏高。

其次，从利润空间上来看，光伏发电补贴也偏高。根据IRENA统计数据，2014年中国风电项目度电成本约为0.05—0.10美元/千瓦时（人民币0.31—0.62元/千瓦时），平均度电成本约为0.06美

[①] 2007年《可再生能源中长期发展规划》规定，权益发电装机总容量超过500万千瓦的投资者，所拥有的非水电可再生能源发电权益装机总容量占其权益发电装机总容量的比例在2010年应达到3%以上，2020年应达到8%以上。

元/千瓦时（人民币 0.37 元/千瓦时）。① 2014 年四类风资源区的风电标杆电价分别为 0.51 元、0.54 元、0.58 元、0.61 元。若按 0.37 元的平均成本，0.54 元的电价来算，每度电约获利 0.17 元。2014 年，中国大型光伏电站平均度电成本为 0.11 美元/千瓦时（人民币 0.68 元/千瓦时）。② 2014 年中国三类光资源区的光伏发电标杆电价分别为 0.9 元、0.95 元、1 元。若按 0.68 元平均成本，0.95 元的电价来算，每度电获利约 0.27 元，比风电约高 1 毛钱。

山西和内蒙古的光伏"领跑者"计划报价也说明现行的光伏发电标杆电价偏高。在《2016 年光伏发电建设实施方案的通知》（国能新能〔2016〕166 号）中，国家能源局下达 2016 年全国新增光伏电站建设规模 1810 万千瓦，其中，普通光伏电站项目 1260 万千瓦，8 个光伏领跑技术基地建设规模 550 万千瓦，并明确规定"光伏领跑技术基地应采取招标、优选等竞争性比选方式配置项目，而且应将电价作为主要竞争条件"。8 月底，山西阳泉及芮城光伏领跑技术基地完成了竞标。阳泉项目中，协鑫新能源报出了 0.61 元/千瓦时的最低价；芮城项目中，协鑫报出了 0.65 元/千瓦时的最低价。属于三类光资源区的阳泉和芮城目前执行的光伏发电上网标杆电价是 0.98 元/千瓦时，最低报价在此基础上分别下降了 37.8% 和 33.7%。

---

① The International Renewable Energy Agency, *Renewable Power Generation Costs in 2014*. 汇率用 2014 年汇率：1 美元 = 6.2166 元人民币。
② 国网能源研究院：《中国新能源发电分析报告（2015）》，中国电力出版社 2015 年版。

9月内蒙古包头采煤沉陷区光伏领跑技术基地也组织了竞标,共56家企业给出了报价。[①] 昌盛日电公司和华电公司都报出了0.52元/千瓦时的业内最低价。包头属于一类光资源区,光伏发电上网标杆电价为0.8元/千瓦时,最低报价在此基础上下降了35%。另外,一共有19家公司的报价都在0.6元以下,56家公司的平均报价为0.63元/千瓦时。三次竞价结果都说明了现行的光伏发电标杆电价是远高于市场价的。

最后,理论上而言,之所以要补贴风电与光伏发电,是因为它们对环境有正的外部性,补贴的是它们带来的环境效益。实际上,光伏发电制造过程中多晶硅的生产可能会产生有毒物质,没有任何证据表明光伏发电比风电更清洁环保。即使光伏发电成本确实比风电成本高,也不应该给光伏发电远高于风电的补贴。特别是在目前弃风弃光严重,行业产能过剩的情况下,大可降低光伏发电补贴,回归到补贴其环境效益的初衷。同时通过低上网电价可以倒逼行业通过技术进步、改善企业管理水平等来降低成本。对可再生能源发电的补贴资金来自向电力用户征收的可再生能源电价附加,是全社会在埋单。在发展可再生能源,保护环境的过程中,不应该是不计成本的。

目前的形势是,一方面补贴资金缺口,补贴补不起;另一方面弃风弃光严重,反映了风电与光伏发电供给侧过剩。在积极寻求消纳途径的同时,我们建议应该适当降低补贴。根据调研发现,虽然

---

① 中国储能网新闻中心:《0.52元/千瓦时:包头领跑者计划招标开标》,2016年9月29日,中国储能网(http://www.escn.com.cn/news/show-349959.html)。

现在由于弃风弃光，不少风电、光伏发电项目发生亏损，但特许权项目由于不限电，即使价格普遍低于标杆电价，仍然处于盈利状态，受访企业表示更喜欢特许权项目。这也侧面反映风电与光伏发电在价格上其实是有优势的，如果能够保证其设备利用效率，价格适当下调企业是能接受的。

目前的制度设计下风电与光伏发电就像是吃"大锅饭"：上网价格是固定的，为保证电网安全风电与光伏发电占总发电量的比例必须控制在一定范围，风电与光伏发电的总空间也是相对固定的。而在限电情况下发多少电是按装机容量分配的，因此项目上得越多，盘子越大，能发的电就越多。即使新上项目对行业而言是不理性的，企业还是会有动力上项目。这就是经济学上典型的公地悲剧问题：一群牧民在公共草场上放牧，即使牧民知道草场上羊数量已经太多，再增加羊会使草场质量恶化，但是每个牧民从自己利益出发，为了能够多获得一只羊的收入，还是会增加牧羊的数量，于是草场质量持续恶化。从这个角度而言，我们也建议降低新上项目的补贴，让行业回归理性发展。

（二）补贴资金到位不及时

风力发电与光伏发电初始投资成本高，对于企业而言现金流问题非常重要，然而目前补贴款拖欠非常严重，导致风电与光伏发电企业资金状况紧张。尤其是在甘肃省，风电与光伏发电企业参与电力市场交易中，大部分电量以"0"上网电价成交，意味着风电与光伏发电企业只能拿到补贴电价。补贴资金难以及时到位，对这些企业的生产经营造成很大影响。民企资金实力没有国企深厚，融资能力也有限，日子尤其难过。据调研了解，甚至有光伏发电民企负责人被私人债主暴力逼债的现象。补贴拖欠不仅会影响到发电企业的经营，还会产生发电企业、设备企业、零部件企业之间的三角债问题，对整个产业链的健康发展极为不利。

补贴拖欠的一个很大原因是补贴资金缺口问题，但也有制度设计上的原因。2012年以前，可再生能源电价附加收入的管理部门为国家发改委、电监会。各省级电网企业将收取的可再生能源电价附加计入本企业收入，首先用于支付本省（区、市）可再生能源电价补贴，差额部分国家不定期公布电价补贴和配额交易方案，全国平衡。2012年以后，可再生能源电价附加改为基金管理，管理部门为财政部、国家发改委和能源局。根据《可再生能源电价附加补助资金管理暂行办法》，可再生能源发电企业在申报目录时需要向财政、价格、能源主管部门提出申请，三个部门审核后才能进入目录。电网企业申请补贴预拨款时，也要经所在地省级财政、价格、能源主管部门审核后，再报财政部、国家发展改革委、国家能源局。由于基金管理涉及多个部门，审批程序非常烦琐，补贴支付周期长。

改为基金管理后，约一年内公布了前四批补贴目录（见表3-2）。但第五批补贴目录2013年9月才开始申报，目录名单2014年8月公布，申报到最后公布目录历时约一年之久。第六批补贴目录2016年1月才开始申报，2015年2月底前并网的项目才有资格申请，目录名单2016年8月底公布。也就是截至2016年8月，2013年8月底以后建成投产的电站都未进入目录，没拿到一分钱补贴。而2015年2月底以后建成并网的电站，仍然无缘第六批目录，拿到补贴更是遥遥无期。

表3-2 补贴目录时间表

目录	目录公布时间	备注
第一批	2012年6月	/
第二批	2012年9月	/
第三批	2012年12月	/
第四批	2013年2月	/
第五批	2014年8月	2013年9月开始申报，2013年8月底前投运的项目才能申报
第六批	2016年8月	2016年1月开始申报，2015年2月底前并网的项目才能申报

资料来源：财政部网站。

除了审批程序烦琐外，另一个问题是补贴多头管理，在补贴资金缺口的情况下，各部门之间难以做到有效沟通，有时甚至互相推诿。2012年前实施配额制时，补贴管理主要由国家发改委牵头。2012年改为基金管理制后，主要由财政部牵头。由于资金缺口，2012年前仍然有拖欠补贴。相关职能转移到财政部后，财政部决定用可再生能源发展基金优先结算2012年之后的补贴，导致2012年前拖欠的补贴处于无人认领的尴尬境地。另外，可再生能源补贴的预拨资金原本是拨给省财政厅，后来调整为直接拨给电网公司，这次调整也导致了省财政与省电网公司关于补贴由谁出的纠纷。在甘肃调研了解到，2013年6月前补贴资金由省财政厅负责直接结算到厂，2013年6月后由省电力公司负责。据发电企业反映，2013年省财政厅拨付了2012年度可再生能源补贴的85%，并告知发电企业余款由甘肃省电力公司支付。但是省电力公司对余款15%不予认可，导致发电企业该年度可再生能源补贴应收账款长期挂账。

一方面政府承诺了对新能源发电企业的高额补贴，另一方面又设立了复杂的补贴审批程序，补贴迟迟不能到位。这给现有企业的生产经营造成了很大的现金流困难，债务负担加重。并且企业为了拿到拖欠补贴，需要在多个管理部门之间来回跑，带来了无谓成本。对于想要进入的企业，这也是不利的。目前补贴制度下，补贴资金到位的不确定性大，企业难以对未来现金流做出准确预期。因此在解决补贴资金缺口问题的同时，也应该简化补贴审批手续，多个管理部门之间做到权责分明，尽量降低制度成本，使符合条件的企业能够更快更及时地拿到应有补贴。

（三）补贴调整机制不灵活

自核定风电上网标杆电价以来，风电标杆电价经历了两次下调（见表3-3）。2014年12月31日发布的发改价格〔2014〕3008号规定前三类风资源区2015年1月1日后核准以及2015年1月1日前核准但于2016年后投运的风电项目上网电价下调0.02元/千瓦时。发改价格〔2015〕3044号进一步下调了2016年1月1日后核准及2016年前核准但2017年底前仍未开工建设的风电项目的上网电价，并提前公布了2018年的风电上网电价。光伏发电的上网电价也经历了几次调整（见表3-4）。《关于完善太阳能光伏发电上网电价政策的通知》（发改价格〔2011〕1594号）规定2011年7月1日以前核准建设且2011年12月31日前建成投产的光伏发电项目上网电价为1.15元，之后的为1元。《国家发展改革委关于发挥价格杠杆作用促进光伏产业健康发展的通知》（发改价格〔2013〕1638号）又将全国分为了三类光资源区，上网电价分别为0.9元、0.95元及1元。《国家发展改革委关于完善陆上风电光伏发电上网标杆电价政策的通知》（发改价格〔2015〕3044号）将2016年1月1日以后备案以及2016年以前备案但2016年6月30日以前仍未全部投运的光伏电站上网电价进一步下调，分别为0.8元、0.88元、0.98元。

表3-3　　　　　　　　　陆上风电上网标杆电价调整

文件	发布日期	适用项目	上网电价（元/千瓦时）
《国家发展改革委关于完善风力发电上网电价政策的通知》（发改价格〔2009〕1906号）	2009/7/20	2009年8月1日后核准	各类资源区分别为0.51、0.54、0.58、0.61
《国家发展改革委关于适当调整陆上风电标杆上网电价的通知》（发改价格〔2014〕3008号）	2014/12/31	2015年1月1日后核准以及2015年前核准但于2016年后投运	各类资源区分别为0.49、0.52、0.56、0.61
《国家发展改革委关于完善陆上风电光伏发电上网标杆电价政策的通知》（发改价格〔2015〕3044号）	2015/12/22	2016年1月1日后核准以及2016年前核准但2017年底前仍未开工建设的	各类资源区分别为0.47、0.50、0.54、0.60
《国家发展改革委关于完善陆上风电光伏发电上网标杆电价政策的通知》（发改价格〔2015〕3044号）	2015/12/22	2018年1月1日后核准	各类资源区分别为0.44、0.47、0.51、0.58

资料来源：国家发展和改革委员会网站。

表 3-4　　　　　　　　　光伏发电上网标杆电价调整

文件	发布日期	适用项目	上网电价（元/千瓦时）
《关于完善太阳能光伏发电上网电价政策的通知》（发改价格〔2011〕1594号）	2011/7/24	2011年7月1日以前核准建设且2011年12月31日前建成投产	1.15
《关于完善太阳能光伏发电上网电价政策的通知》（发改价格〔2011〕1594号）	2011/7/24	2011年7月1日及以后核准以及2011年7月1日之前核准但截至2011年12月31日仍未建成投产	1
《国家发展改革委关于发挥价格杠杆作用促进光伏产业健康发展的通知》（发改价格〔2013〕1638号）	2013/8/26	2013年9月1日后备案（核准），以及2013年9月1日前备案（核准）但于2014年1月1日及以后投运的光伏电站项目	0.90、0.95、1.0
《国家发展改革委关于完善陆上风电光伏发电上网标杆电价政策的通知》（发改价格〔2015〕3044号）	2015/12/22	2016年1月1日以后备案以及2016年以前备案但2016年6月30日以前仍未全部投运的	0.8、0.88、0.98

资料来源：国家发展和改革委员会网站。

电价调整存在的一个很大问题是断崖式下调，然而电站的投资成本并不像这样断崖式地下降。比如2015年12月31日和2016年1月1日建成投运的风电站，在成本上应该是非常接近的，甚至2015年下半年与2016年上半年建成投运的风电站成本相差也不会特别大，但是上网电价却相差了0.02元/千瓦时。以一个小型的5万千瓦的风电场为例，若每年发电小时数按1800小时算，每年发电量为

9000万千瓦时，上网电价下调导致的每年收入变动为180万元。以20年生命周期计，贴现率按4%算，对整个项目预期收入影响达2544万元。对于一个在二类光资源区的光伏电站，假设装机容量为3万千瓦，年发电小时数为1500小时，电价下降0.07元/千瓦时导致的项目预期收入变动为4452万元。断崖式电价下调导致特定日期之后项目预期收入剧降，就会引发"抢装潮"。

以最近的光伏电价调整为例。2015年12月22日发布的《国家发展改革委关于完善陆上风电光伏发电上网标杆电价政策的通知》（发改价格〔2015〕3044号）规定，2016年1月1日以后备案以及2016年以前备案但2016年6月30日以前仍未全部投运的光伏电站上网价格下调，其中一类光资源区下调了0.1元/千瓦时，二类光资源区下调了0.07元/千瓦时，三类光资源区下调了0.02元/千瓦时。对于一、二类光资源区而言，下调幅度较大。即使文件是12月22日才发布的，仅有几天准备时间，某些省份12月31日备案的光伏电站项目数量还是显著上升。根据陕西省发改委的网站公示①，陕西省在12月25日备案了9个光伏电站项目共31万千瓦，12月31日备案了23个项目共78万千瓦。然而陕西省2014年光伏电站累计装机才52万千瓦，2015年新增装机才60万千瓦，仅2015年12月31日一天的备案项目装机容量就超过了2015年新增装机容量。

2016年6月30日的投运节点更是引发了全国的"630抢装

---

① 陕西省发改委（http：//www.sndrc.gov.cn/newstyle/pub_newchannel.asp?chid=100345&nf=2015）。

潮"。中国电力企业联合会公布的数据显示，2016年上半年，太阳能投产1760万千瓦。中电联统计的数据仅包括6000千瓦及以上的发电厂，因此1760万千瓦应该指光伏电站而不包括分布式光伏。中国2015年全年光伏电站新增装机容量才1374万千瓦，截至2015年底累计装机容量才3712万千瓦。也就是2016年上半年新增装机容量就比2015年全年的新增装机容量还要多。

"抢装潮"使得电站建设过快，与电网通道建设速度难以匹配。光伏电站建设可以在半年甚至更短的时间建成，然而电网通道从规划到建成周期更长。"抢装潮"很可能导致因为通道不足而发生限电。此外，经济下行的情况下，本来用电需求增长就慢，如此快速的建设会使得电力无处消纳。2016年1—6月，全国全社会用电量27759亿千瓦时，同比增长2.7%；全国规模以上电厂发电量27595亿千瓦时，同比增长1.0%。但是全国6000千瓦及以上电厂装机容量15.2亿千瓦，同比增长了11.3%[1]。发电量只增长了1%，但装机容量却增长了11.3%，必然会导致设备利用小时数低迷。

"抢装潮"引起的另一个问题是对电站质量的担忧。第三方检测机构北京鉴衡认证中心曾对国内32个省市的425个光伏电站所用组件进行检测，发现这些电站中有30%建成3年的电站都出现了不同程度的质量问题，其中有些电站设备衰减率甚至高达68%。"抢装潮"加剧了对质量问题的担忧。首先，赶工期时施

---

[1] 中电联规划发展部：《2016年1—6月份电力工业运行简况》，2016年7月19日，中国电力企业联合会网（http://www.cec.org.cn/guihuayutongji/gongxufenxi/dianliyunxingjiankuang/2016-07-19/155834.html）。

工容量出现质量问题,还会发生项目调试匆忙,或者在设备验收时有关人员对于输出电压等级、电压穿越保护等审核不够的现象。在实地调研中,电网公司工作人员也反映"抢装潮"给电网公司的工作压力特别大,且存在安全隐患,"许多企业都集中在6月30日并网,这几天十多个项目在批,给我们的工作压力特别大。不说现场(并网验收等),就说新能源企业走这个流程,一个月都走不完。这两个月所有新能源企业都在跑手续,矛盾特别大,安全隐患也特别多。去年(风电)为了抢年底电价,大冬天的还有30号还在施工的。"其次,在赶工期过程中,没有足够时间对组件质量进行筛选,往往能买到什么就用什么。这也导致了伴随光伏电站的大规模建设,光伏组件行业出现了劣币逐良币现象,组件整体质量下降。

电站质量问题首先是埋下了安全隐患。国内外都发生过各种原因引起的光伏电站火灾事故,例如2012年德国慕尼黑的一个光伏电站起火,2013年天津生态城服务中心屋顶的光伏电池组件自燃,2015年苹果公司在亚利桑那Mesa的工厂屋顶的光伏组件被烧毁。可见光伏发电的安全性不得不谨慎对待。电站质量还决定了光伏的生命周期,对光伏的投资收益非常关键。根据《中国电子报》的报道,杜邦光伏材料市场部经理付波表示,"以我国西部地区20兆瓦左右的地面光伏电站来计算,如果组件寿命能够达到25年,那么投资的内部收益率可以达到甚至高于11%;如果组件寿命只有10年,那么收益率会锐减至4.8%;如果组件质量出现问题,同时功率衰减加速，从正常的每年0.8%增加到5%，那么收益率就只剩下2%"①。光伏电站的质量风险还可能会导致金融和保险机构不敢进入该行业，使得行业融资困难。可见"抢装潮"对行业健康发展带来的影响不容忽视。

目前补贴调整机制的另一个问题是风电与光伏发电的上网标杆电价不会随着燃煤发电上网标杆电价的调整而调整，导致燃煤发电上网电价下降时，补贴反而上升。《国家发展改革委关于降低燃煤发电上网电价和一般工商业用电价格的通知》（发改价格〔2015〕3105号）规定了2016年1月1日以后的燃煤发电标杆电价，全国燃煤发电上网电价平均每千瓦时下调约3分钱，这就意味着2016年1月1日以后，对可再生能源发电补贴每千瓦时需要增加3分钱。我们用2015年各省的风力发电量简单预测了此次燃煤发电上网电价下调对可再生能源发电补贴总额度的影响。由于发改价格〔2015〕3105号文件未涉及新疆和西藏的燃煤发电上网电价调整，不考虑新疆和西藏两个省份，此次燃煤发电上网电价下降会使得每年对风电补贴增加41亿元左右。另外光伏发电上，中国2015年太阳能发电总量为392亿千瓦时（包含分布式光伏），2015年底光伏电站装机容量3712万千瓦，分布式光伏发电装机容量606万千瓦，按比例来算光伏电站发电量约为337亿千瓦时。按每千瓦时补贴增加3分钱来算，光伏发电补贴约增加

---

① 赵晨：《光伏电站抢装引发质量担忧》，2014年10月31日，中国电子报（http://epaper.cena.com.cn/content/1/2014-10/31/12/2014103112_pdf.pdf）。

10亿元。也就是以2015年的发电量来算,此次燃煤发电电价下调约使可再生能源发电补贴增加51亿元。

考虑到伴随可再生能源装机容量的不断上升,可再生能源发电量也在上升,实际对每年可再生能源发电补贴支出的影响会远远高于51亿元。2015年中国可再生能源电价附加收入决算数才514.87亿元,其中还包括从一般公共预算调入的70亿元。燃煤发电上网标杆电价的下降会大大增加可再生能源发展基金的压力。目前对风电与光伏电站补贴的预期是20年,在这20年中,可能会发生多次的燃煤发电上网标杆电价的调整,每一次燃煤发电标杆电价的调整都会带来可再生能源发电补贴额度的变动,随着可再生能源发电装机容量的扩大,这对于可再生能源发展基金的规划也提出相当大的挑战。

(四)可再生能源电价附加征收力度不足

在补贴资金来源上,存在的一个问题是可再生能源电价附加征收力度不足,实际征收额度不到理论征收额度的70%(见表3-5)。以2015年为例计算可再生能源电价附加理论征收金额,根据中电联在《2016年度全国电力供需形势分析预测报告》公布的2015年电力消费情况,2015年全社会用电量为55500亿千瓦时,其中一、二、三产业用电量分别为1020亿、40046亿、7158亿,居民消费电量为7276亿。根据《国家发展改革委关于调整可再生能源电价附加标准与环保电价有关事项的通知》(发改价格〔2013〕1651号),2013年9月25日以后"将向除居民生活和农业生产以外的其他用电征收的可再生能源电价附加标准由每千瓦时0.8分钱提高至1.5分钱"。将二、三产业的用电量按0.015元/千瓦时的征收标准,居民消费用电量按开征时的0.001元/千瓦时的征收标准来计算,2015年可再生能源电价附加理论征收额度为715.34亿元。而根据财政部公布的2015年全国财政决策情况,2015年可再生能源电价附加收入决算数为514.87亿元,其中从一般公共预算调入70亿元,也就是来自可再生能源电价附加的收入只有444.87亿元,实际征收额只占理论征收额的62%。

若自2012年以来,可再生能源电价附加能够按规定的标准全额征收,那么2012—2015年可再生能源电价附加的收入应该比实际征收到的收入分别多148.98亿元、151.47亿元、225.20亿元、270.47亿元,累计收入增加796.11亿元。截至2016年上半年,可再生能源补贴资金缺口累计为550亿元。也就是若能够按规定向电力用户全额征收可再生能源电价附加,目前应该是没有资金缺口的。可以看出补贴资金存在缺口除了是装机容量过快,新能源占比不断上升导致的之外,另一个重要的因素是可再生能源电价附加无法按规定全额征收。这就导致对某些电力用户,不用缴纳可再生能源电价附加。但是对于其他用户,可再生能源电价附加在不断上升,从0.1分上涨到了现在的1.9分,有缺公平性。环保是整个社会的责任,应该按照规定,加大可再生能源电价附加的征收力度,对应该征收的电力用户要全额征收。

表 3-5　　可再生能源电价附加征收情况

	2015 年	2014 年	2013 年	2012 年
全社会用电量（亿千瓦时）	55500	55233	53200	49591
第一产业	1020	994	1016	1031
第二产业	40046	40650	39129	36669
第三产业	7158	6660	6272	5690
居民消费	7276	6928	6788	6219
可再生能源电价附加（元/千瓦时）				
征收标准（居民均为 0.001）	二、三产业 0.015	二、三产业 0.015	二、三产业 9 个月 0.008，3 个月 0.015	二、三产业 0.008
理论征收金额（亿元）	715.34	716.58	449.45	345.09
实际征收金额（亿元）	444.87	491.38	297.98	196.11
征收比例	62.19%	68.57%	66.30%	56.83%
理论与实际差额（亿元）	270.47	225.20	151.47	148.98
若居民按二、三产业标准征收				
理论征收金额（亿元）	817.20	813.57	508.84	388.62
理论与实际差额（亿元）	372.33	322.19	210.86	192.51

资料来源：用电量数据来自中国电力企业联合会，其中 2013 年各产业及居民消费用电量是在 53200 亿千瓦时的总量上按各类用电量的占比计算得出。可再生能源电价附加实际征收额来自财政部公开的各年度全国财政决算数据，其中 2015 年的可再生能源电价附加收入在决算数 514.87 亿元的基础上扣除了从一般公共预算调入的 70 亿元。

另外，在可再生能源电价附加调整过程中，对居民用电量征收的附加没有同步上涨（可再生能源电价附加的调整过程见表3-6）。根据《关于调整华北电网电价的通知》（发改价格〔2006〕1228号）、《关于调整南方电网电价的通知》（发改价格〔2006〕1229）、《关于调整华东电网电价的通知》（发改价格〔2006〕1230号）、《关于调整东北电网电价的通知》（发改价格〔2006〕1231号）、《关于调整西北电网电价的通知》（发改价格〔2006〕1232号）和《关于调整华中电网电价的通知》（发改价格〔2006〕1233号）规定，居民生活用电同样征收每千瓦时0.1分钱的可再生能源电价附加。2008年7月1日起，可再生能源电价附加提高到0.2分/千瓦时，但对居民生活用电和化肥生产用电仍然维持原标准。2011年、2013年、2016年的三次调整也将居民生活用电排除在外。但是在2009年11月20日的调整中，《关于调整华北电网电价的通知》（发改价格〔2009〕2919号）、《关于调整东北电网电价的通知》（发改价格〔2009〕2920号）、《关于调整西北电网电价的通知》（发改价格〔2009〕2921号）、《关于调整华东电网电价的通知》〔2009〕2924号）、《关于调整华中电网电价的通知》（发改价格〔2009〕2925号）和《关于调整南方电网电价的通知》（发改价格〔2009〕2926号）指出，"将可再生能源电价附加标准提高到每千瓦时0.4分钱"，并未明确说明对居民生活用电的征收标准是否同步提高。《关于调整华北电网电价的通知》（发改价格〔2009〕2919号）公布的华北销售电价表中说的是"表3-5所列价格，除农业生产用电外,均含可再生能源电价附加,其中:居民生活用电0.1分钱,其余类别用电0.4分钱"。《关于调整西北电网电价的通知》(发改价格〔2009〕2921号)公布的宁夏销售电价表中说的是"表3-5所列价格,除居民生活、农业生产用电外,其他用电均含可再生能源电价附加0.4分钱"。也就是说2009年11月20日调整后,大部分地区对居民生活用电的可再生能源电价附加征收标准仍然是0.1分每千瓦时,甚至有的地方对居民生活用电是不征收的。

表3-6 可再生能源电价附加调整过程

调整日期	附加(元/千瓦时)	详细规定
2006年6月30日	0.001	向有关省(区)电网除农业生产(含贫困县农排)用电外的全部销售电量、自备电厂用户和向发电厂直接购电的大用户收取每千瓦时0.1分钱的可再生能源电价附加
2008年7月1日	0.002	可再生能源电价附加提高到每千瓦时0.2分钱,其中,对居民生活用电和化肥生产用电仍维持原标准
2009年11月20日	0.004	将可再生能源电价附加标准提高到每千瓦时0.4分钱
2011年12月1日	0.008	对除居民生活和农业生产以外的其他用电征收的可再生能源电价附加提高至每千瓦时0.8分
2013年9月25日	0.015	对除居民生活和农业生产以外的其他用电征收的可再生能源电价附加提高至每千瓦时1.5分
2016年1月1日	0.019	对除居民生活和农业生产以外的其他用电征收的可再生能源电价附加提高至每千瓦时1.9分

如若居民生活用电的附加标准同步上涨，中国2012—2015年理论征收可再生能源电价附加累计为2528.24亿元，比按每千瓦时0.1分的标准可多征收301.79亿元，比实际征收额度累计可多征收1097.90亿元，完全可以弥补现在的缺口550亿元（见表3-5）。出于其他多方面因素考虑，我们认为居民生活用电的可再生能源电价附加标准也应该同步上涨。首先，居民也应该承担相应的环保义务，不应该把环保的社会责任只附加在企业身上。环保的直接受益者是居民，根据谁受益谁付费的原则来说，居民也应该承担相应的环保成本。其次，中国居民用电本身就比工业用电要便宜。然而居民用电量相对较小，电压低，输配成本更高。国外一般是工业用电比居民用电便宜，例如在美国，家庭、商业和工业在2015年的平均价格分别为每度电12.67美分、10.59美分和6.89美分[①]，工业电价只有将近居民电价的1/2。而中国一直是工业用电在补贴居民用电。在这样的情况下，还让企业用电单独来承担可再生能源电价附加，给企业的成本压力太大。再次，目前经济下行，工业用电量在下滑，比如2015年第二产业用电量同比下降了1.4%，但是居民用电量2015年同比上升了5.0%。让居民用电一起承担可再生能源电价附加的义务可缓解经济下行压力带来的补贴资金缺口。最后，从居民角度来看，大部分家庭应该是能够支付得起可再生能源电价附加的。根据《中国统计年鉴2015》，2013年中国居民的人均电力消费为515千瓦时，若按0.019元的可再生能源电价附加标准计算，平均每个人每年缴纳的附加为

---

① 数据来源：https：//www.statista.com/statistics/200197/average-retail-price-of-electricity-in-the-us-by-sector-since-1998/。

9.785 元。对于低收入家庭，很可能用电量低于平均水平，附加征收的金额会更小。当然实际操作过程中，对于贫困家庭可以免征可再生能源电价附加，或者用其他转移支付的方式来补偿。

在同步调整居民用电的可再生能源电价附加、加大征收执行力度的同时，政府也应该承担收支透明、公开的义务。目前，财政部只是在年度决算中公开可再生能源电价附加的收支年度决算额，但是对于具体的收支情况并未公布：每个省份收上来多少，哪些该交的用户却没有交，支出的详细去向是什么。政府应该对每一笔征收上来的资金负责，让老百姓和企业知晓资金的去向，这样才能使补贴资金得到更高效的利用，才能对得住电力用户支付的每一度电费中包含的可再生能源电价附加。

（五）指标管制，乱象丛生

风电与光伏发电项目在能享受上网电价补贴及保障性收购的同时，也要接受项目开发建设及并网运行等一系列管理。2011 年 8 月，《国家能源局关于印发风电开发建设管理暂行办法的通知》（国能新能〔2011〕285 号）提出了对风电项目建设实行年度开发计划管理：国家能源局根据各省（区、市）上报的风电规划和年度开发方案，下达拟核准风电项目计划，各地区按下达的计划和项目核准权限开展核准工作，未列入年度开发计划内的项目不能享受国家电价补贴。2013 年 5 月，《国务院关于取消和下放一批行政审批项目等事项的决定》（国发〔2013〕19 号）将风电项目的核准权由国家发改委下放到地方政府投资主管部门。2014 年 7 月，《国家能源局关于加强风电项目开发建设管理有关要求的通知》（国能新能〔2014〕357号）明确了"国家能源局负责调控全国风电年度开发的规模和布局。各省（区、市）能源主管部门负责落实各省（区、市）年度开发的具体项目"。

光伏发电自2014年起，就实行了"年度指导规模管理"。2013年8月，《国家能源局关于印发〈光伏电站项目管理暂行办法〉的通知》（国能新能〔2013〕329号）决定实行光伏电站年度计划管理，"国务院能源主管部门负责编制全国太阳能发电发展规划，确定全国光伏电站建设规模、布局和各省（区、市）年度开发规模"，在年度指导性规模指标内的项目备案后才可以享受补贴。2014—2016年，国家能源局共下达了三批光伏发电年度新增建设规模的通知。

在高额的补贴下，风电与光伏发电预期利润大，投资需求旺盛。年度开发计划管理相当于又加了一层指标管制，使得投资机会供不应求。例如2016年，湖北省普通光伏电站新增建设规模只有60万千瓦，但是申报项目的规模超过了600万千瓦[1]，这就意味着九成项目难以拿到建设指标。风电在2014年前虽然并不是由国家能源局下达年度开发规模，但是项目核准掌握在政府手中，项目建设权依旧是稀缺资源。例如在发布"十二五"第一批拟核准风电项目计划时，各地上报的总共约有6000万千瓦，但是实际安排的只有2683万千瓦。[2] 究竟谁能通过核准，以及谁能拿到建设指标，并没

---

[1] 邹汉青：《我省光伏电站建设指标"粥少僧多"》，2016年6月7日，湖北日报（http://hbrb.cnhubei.com/html/hbrb/20160607/hbrb2915526.html）。

[2] 国网能源研究院：《2013中国新能源发电分析报告》，中国电力出版社2013年版。

有明确的规定。

指标管制会导致有些项目没法按计划建成，或者建成后由于拿不到指标没法获得补贴，甚至是上不了网。比如调研中有一个企业反映2014年时有一个光伏发电项目"路条"给的是100MW，本来都是按照100MW来做的，但是拿到的指标只有30MW，给企业的项目建设造成了很大影响。还有的项目建成后，由于拿不到指标没有补贴甚至是无法上网，建成后还要一直跑指标，给企业带来了额外成本。也有地方相关部门的工作人员反映因为指标问题，把电价弄得特别乱，"本来20MW的项目给你10MW的指标，那怎么办？人家已经在并网发电了总得给人家电价。只能是10MW享受国家的补贴，剩下10MW还没有补贴，等到下批指标来了以后我们再给他把电价重新弄"。

更为严重的是，在补贴偏高的情况下又加指标管制，容易滋生寻租腐败行为。光伏行业的补贴额度更高，利润空间更大。另外，光伏电站规模一般较小，需要的资金规模比风电小，行业的投资主体更加多样化，寻租现象在光伏行业可能会更加严重。据业内人士反映，光伏行业"路条"买卖现象一直存在。2013年发布《国家能源局关于印发〈光伏电站项目管理暂行办法〉的通知》（国能新能〔2013〕329号）将光伏电站项目由核准制改为备案制。虽然实施了备案制，但指标是有限的，谁能够备案还是政府说了算。为了拿到所谓的"路条"，企业需要对各部门进行公关工作。也产生了利用资源拿到"路条"从而倒卖"路条"的掮客。由于是在黑市买卖，"路条"的价格难以找到公开的数据，可以从媒体报道中了解大致行情："最初 10MW、20MW 项目，中间人收取项目费用 100 万—200 万元，折算'路条'成本 0.1—0.2 元/瓦。随着总投资上了一个数量级，中间费用也大幅上涨至千万。到了 2013—2014 年上半年，特别是 2013 年底，恰逢光伏上网电价调整前夕，有的项目路条费甚至高达 0.6—0.7 元/瓦"。①

我们课题组在调研中也了解到 5 万千瓦的光伏项目，指标约能卖 2000 万元，约 0.4 元/瓦。"（5 万千瓦的项目）指标转让价格差不多 2000 万元，但人家拿回来也是有成本的，可能花了 500 万元"，这也说明分配指标的背后存在巨大的利益交易。在"路条"价格 0.4 元/瓦的情况下，每千瓦指标的成本为 400 元，若以 0.5 元/千瓦时的补贴计，政府对光伏发电 20 年的补贴中，有 800 小时的补贴其实是转移给了不该补的对象。风电虽然指标倒卖现象相对较少，但是只要行业利润超过市场平均利润，在指标管制下的核准过程中就会存在利益买卖，拿到"路条"的过程中公关费用在所难免。

国家能源局也出台了相关政策来整顿风电和光伏发电产业中的投机乱象，比如《国家能源局关于下达 2015 年光伏发电建设实施方案的通知》（国能新能〔2015〕73 号）规定"未经备案机关同意，实施方案中的项目在投产之前，不得擅自变更投资主体和建设内容"，《国家能源局关于下达 2016 年全国风电开发建设方案的通

---

① 姜隅琼：《光伏业顽疾：路条奇货可居，溢价最高达几十倍》，2015 年 9 月 9 日，上海证券报（http://news.xinhuanet.com/fortune/2015-09/09/c_128211089.htm）。

知》（国能新能〔2016〕84号）也明确规定了"严禁发生不具备开发实力的企业获取资源后倒卖批文等行为"。然而政府虽然能够出台文件禁止项目投资主体变更以及批文倒卖，但是上有政策下有对策，只要有利可图，市场总能找到政策的漏洞。

最为关键的一点是，指标倒卖并不是问题的症结。企业之所以愿意在黑市上买指标，是因为这样比自己去争取指标更经济。黑市的存在是在现有制度安排上，按比较优势进行市场分工的结果，让有人脉资源能够拿到指标的人去专注拿指标，真正想投资发电项目的企业如果没有能力以更低的成本拿到指标就可以去黑市购买。最关键的问题并不是指标倒卖本身，而是分配指标过程中不可避免的寻租行为。只要高额补贴与指标管控并存的局面不打破，谁能够拿到指标的权力还是掌握在政府手中，企业在拿到指标的过程中，公关行为的花费难以避免。这样一方面承诺了新能源高额补贴，另一方面部分补贴又在寻租过程中被转移，补贴了不该补的对象，与原本扶持新能源产业的初衷背道而驰，同时也滋生了腐败行为。

（六）激励不相容，重建设轻消纳

目前中国在打造多个千万千瓦级风电基地（甘肃酒泉、新疆哈密、河北、吉林、内蒙古东部、内蒙古西部、江苏、山东等），然而看了首个千万千瓦级风电基地酒泉的建设过程，不禁让人唏嘘。《风起酒泉》里详细记录了这段历史。除了酒泉，其他地方也存在严重弃风弃光的情况。例如新疆在2014年弃风率就达到了15%，但2015年依然新增了风电并网容量842万千瓦，以至2015年弃风率达到了42%，2016年上半年弃风率更是达到了45%之高。

对于地方政府来说，的确有自己的难处。经济下行过程中，GDP增速放缓，政府面临着财税、就业、民生等压力。可再生能源电站的建设能够拉动固定资产投资，同时可以带动上游的设备及零件制造业。并且可再生能源发电清洁环保，符合目前向绿色经济转型的需求，确实是比较好的新的经济增长点。尤其是对于风光资源丰富地区，经济一般也比较落后，刺激GDP增长的意愿更为强烈。同时，在国家层面已经把能源发展提升到战略高度，提出了到2020年非化石能源占一次能源比重达15%的目标。千万千瓦风电基地的地方政府不得不卖力加速建设，早日兑现对国家的承诺。

然而疯狂的风电与光伏发电建设最后导致的是电站建设与电网通道能力不匹配、与消纳能力不匹配，从而发生严重的弃风弃光现象，导致设备利用效率低，企业经营绩效差。也许电站建设在短期能够拉动经济增长，提高就业。但是一旦建成后，如若电网通道与电力消纳问题不能解决，风机就处于闲置状态，又给经济带来了新的问题。短期的经济拉动换来的是长期的行业恶化，这是得不偿失的。但是政府领导人任期有限，做决策时难免会短视，为追求一时的经济增长，而忽视了行业的长期健康发展需要。

地方上项目热情冲动，究其原因，还是在于地方政府激励不相容：上项目的激励大，消纳新能源的激励小，地方政府的利益最大化行为与全社会的利益最大化不一致。由于补贴由中央埋单，地方政府发展新能源发电几乎是没有成本的。项目建设在短期能够拉动固定资产投资、推动就业、刺激 GDP 增长，对于任期有限的政府领导人来说是较好的追求短期经济增长的手段。与项目建设相比，地方政府消纳新能源电力的激励反而较弱。对于风电与光伏发电都有相关的税收优惠政策，比如增值税实行即征即退 50% 的政策，所得税实行"三免三减半"政策，即从项目取得第一笔生产经营收入所属纳税年度起，第一年至第三年免征企业所得税，第四年至第六年减半征收企业所得税。另外，地方留存的税收比例也有限。比如据玉门市国税局工作人员反映，"增值税的分成比例是，75% 归中央，10% 归省级，15% 归当地；所得税的分成比例是，60% 归中央，20% 归省级，20% 归当地"[1]。因而风电与光伏发电的电力消纳给地方带来的财政收入有限，尤其是在项目建成运行的前几年。这就导致地方政府容易盲目地上项目，而忽视了电力消纳问题，最终导致弃风弃光以及资源配置无效率。

◇ 五 总结

《可再生能源法》颁布以来，中国风电与光伏发电取得了迅速发展，在其发展过程中补贴政策扮演了非常重要的作用。然而偏高的补贴、地方政府上项目激励大、电价断崖式调整引发"抢装潮"等都使得装机的增长与电网通道或电力消纳能力不匹配，从而引起

---

[1] 张静：《"油城"玉门转型之惑：风电产能利用不足 贡献地方财税仅两成》（http://www.nbd.com.cn/articles/2014-03-07/814836.html）。

弃风弃光现象。在弃风弃光情况下，虽然装机容量上去了，但是设备利用小时数不高，导致资源配置无效率，同时也使得风电与光伏发电无法带来与其装机容量相当的环境收益，其节能减排的作用无法最大限度发挥。

随着装机容量的增长，对补贴资金的需求增加。在经济下行压力下，工业用电量增速下滑，补贴资金来源上又没法做到"应收尽收"，可再生能源发展基金收入增长缓慢，导致补贴资金缺口逐渐增大。再加上补贴审批手续复杂，因此虽然承诺了偏高的补贴，但是补贴资金不及时到位，给企业现金流问题带来困难。指标控制引起的寻租行为更是使得部分补贴被转移给不该补的对象，给企业带来无谓成本。

面对弃风弃光与补贴资金缺口暴露出来的问题，我们应该对补贴政策进行反思与调整，以使风电与光伏发电行业恢复健康、理性地发展。

专题报告四

中国风电和光伏发电企业参与电力市场交易：甘肃省的案例[*]

近年来，随着新能源装机规模的迅速扩大和电力需求减速，以甘肃省为代表的新能源发电资源丰富和装机规模偏大的省份出现了严重的弃风弃光现象。自2015年起，甘肃省开始试点新能源参与电力市场化交易，将风电和太阳能发电企业纳入直购电范围，取得了一定的成效。本报告总结甘肃省在大用户直购电、自备电厂发电权交易和跨省电力外送这三种交易方式的运营方式、交易情况、主要存在问题和交易各方的意见反馈。最后，报告从经济学角度分析了甘肃问题背后的主要原因。

◇ 一 案例背景

以化石燃料为主的能源为人类社会的快速发展提供了强大动

---

[*] 本章执笔：夏凡和黄卓。

力，但也带来了环境污染和气候变化等问题，不仅影响了人类的健康，也威胁到人类经济社会的可持续发展（参见专题报告五"可再生能源与燃煤发电的环境成本对比"）。相比高污染的传统能源，可再生能源，特别是风能、太阳能这样的新能源，不会枯竭，污染排放小，且生态友好，而电力作为能源利用的主要部门，可再生能源发电成为各国"能源转型"的主战场。从欧美国家推动可再生能源电力发展的经验来看，电力市场的设计和政府基于市场的政策手段，对扩大可再生能源发电的装机规模、提高可再生能源电力在总消费电量中的比例都至关重要。目前，中国的电力部门正在经历着重要的转折，促进清洁电力的发展也是电力体制改革的主要目标之一。随着电力市场自由化的进程不断深入，风电和光伏发电在其中如何参与，在目前的市场化改革探索中遇到哪些问题，如何建立适合风电、光电发展的电力市场，都是值得关注的话题。

　　传统上，中国电力部门实行的是计划用电的原则，由各级政府制订发用电计划，发电、供电、用电均按计划分配。电网公司制订电网建设与改造计划，也需与政府进行对接，通过政府部门审批，纳入城市的总体规划。电力平衡以省为单位，各省由经信委和电网公司根据全年预测消费电量，制订省内发电机组的发电计划，省内发电计划的分配主要是根据发电容量按比例分配。当省内发电无法满足省内用电需求时，缺电省份会向其他电力富余省份购电。实际运行过程中，电网要遵循"公开、公平、公正"的"三公"调度原则，也基本按照装机容量大小将实际负荷分配到各发电机组。除了发电量管制以外，原有电力体制下价格也是管制的，尽管中国从

2003年就开始电价改革，实施标杆上网电价、煤电价格联动等机制，但电价管理仍以政府定价为主，并未形成市场化的定价机制。上网电价由政府决定，同一电网内同一种电源生产的电价相同；销售电价也是由省级价格主管部门制定，同一电网内同一电压等级、同一类别的用户实行相同的价格；供销两侧的差值即是电网的供电价格。在这种计划用电的模式下，缺乏交易机制，电价不能反映供求关系，资源配置缺乏效率，投资激励受到扭曲。

2015年，《中共中央国务院关于进一步深化电力体制改革的若干意见》（中发〔2015〕9号）明确指出要"加快构建有效竞争的市场结构和市场体系，形成主要由市场决定能源价格的机制"。按照"管住中间、放开两头"的体制架构，全国各地开始了各种各样的电力市场化改革，逐步开展核定输配电价试点，放开发电企业与用户直接交易，建立电力交易机构等工作。但在从传统电力体制转向电力市场交易体制的过渡期，电力市场仍受到发电量计划和价格管制的约束和影响，政府干预依然存在。

大用户直购电是目前"放开两头"的主要手段之一，大用户可以与发电企业直接交易。直购电试点工作早在2004年就开始起步，但试点规模都很小，且一些交易变成了变相的电价优惠，2010年政府叫停了以直购电名义对高耗能企业实行电价优惠的行为。2010年全国全社会用电量中只有约0.2%是通过大用户直购电的方式成交的，交易电量仅为80.4亿千瓦时。[1] 直到2013年，国务院取消了

---

[1] 马建胜：《2002—2015大用户直购电研究报告》，2016年1月6日，中国电力网（http://www.chinapower.com.cn/information&yjbg/20160106/8392.html）。

直购电试点的行政审批，直购电又重新放开，目前试点的省份有24个，主要交易方式是双边协商。9号文出台以后，各地的直购电规模不断增加，也开始探索交易平台集中竞价模式。

9号文中明确提出要建设相对独立的电力交易机构，2016年3月1日，北京电力交易中心和广州电力交易中心两个国家级的交易中心成立，随后31家省级电力交易中心相继正式注册。其中，广东电力交易中心已组织了多次集中竞价，2016年3月以来，实行月度集中竞价交易，3月至9月分别成交电量10.5亿、14.5亿、14.0亿、18.7亿、26.6亿、35.5亿、40.0亿千瓦时，平均让利125.55厘/千瓦时、147.93厘/千瓦时、133.28厘/千瓦时、93.89厘/千瓦时、58.871厘/千瓦时、43.379厘/千瓦时、37.421厘/千瓦时[①]，成交量逐渐增加，成交让利逐渐下降，参与主体也逐渐增多。江苏电力交易中心也在9月13日开展了首次集中竞价的电力直接交易，达成交易量50亿千瓦时，平均让利21.5厘/千瓦时[②]。其他省交易中心组织的直购电大部分采用双边交易的形式，例如贵州组织了356.7亿千瓦时的年度双边交易电量[③]，山东完成了两批次共500亿千瓦时的直接交易[④]，安徽达成年度交易电量394亿千瓦时[⑤]。

跨省跨区的电力交易则由国家级电力交易中心负责。北京电力

---

① 广东电力交易中心（https://pm.gd.csg.cn）。
② 江苏电力交易中心（https://www.jspec.com.cn）。
③ 贵州电力交易中心（https://www.gzpx.csg.cn/mh/mh.do）。
④ 山东电力交易中心（https://pmos.sd.sgcc.com.cn）。
⑤ 郑莉：《我省电力直接交易电量达到394亿千瓦时》，《安徽日报》2016年6月26日。

交易中心由国家电网组建,首个业务是银东直流跨区电力用户直接交易,交易中心组织了山东30家电力用户与陕西、甘肃、青海、宁夏824家发电企业开展直接交易,最终达成交易量90亿千瓦时,用户降低购电成本5.4亿元①。广州电力交易中心由南方电网控股66.7%,自2016年初成立以来,分别在3月、5月、6月组织了三次云南送广东的跨省区市场交易,3月交易电量5亿千瓦时,落地价低于广东火电标杆电价0.07元/千瓦时,5月、6月分别交易电量6亿和5.5亿千瓦时,成交价格降低0.1元/千瓦时。2016年8月、9月,广州电力交易中心还开展了云南送广东月内临时挂牌交易,分别完成交易12.0亿、10.0亿千瓦时,成交价均为174.26厘/千瓦时。②

电力市场化交易方面,大部分省份参与交易的发电机组必须为火电机组,只有新能源装机规模很大的内蒙古、新疆和甘肃开展了新能源的电力交易。2015年11月底,内蒙古自治区将23家风电企业纳入蒙西电网交易试点准入名单,2016年3月下旬批复了全区40家风电企业参加蒙西地区的风电交易,计划新能源交易电量不低于30亿千瓦时。6月29日,蒙西电网首次开展了无限价挂牌交易,共有40家火电企业、16家风电企业参与,交易总电量8.42亿千瓦时,火电让利118.8厘/千瓦时,风电让利227.2厘/千瓦时。③新疆在3月中旬首次将风电、光伏发电纳入了电力直接交易范围,68

---

① 数据来源:北京电力交易中心(https://pmos.sgcc.com.cn)。
② 数据来源:广州电力交易中心(https://www.gzpec.cn)。
③ 数据来源:内蒙古经济和信息委员会。

专题报告四　中国风电和光伏发电企业参与电力市场交易：甘肃省的案例

家风电、光伏发电企业完成交易量5亿千瓦时。此外，新疆还在外送交易、电力援疆交易中分别打捆交易新能源电力1.92亿、1.95亿千瓦时，并通过新能源替代自备电厂交易完成交易61.2亿千瓦时，共计交易新能源约70亿千瓦时。①西北地区的风电、光伏发电企业也参与了跨区电力交易，在北京电力交易中心组织的银东直流电力直接交易中，824家售电方发电企业中有272家风电和482家光伏发电企业，风电、光电成交电量为18亿千瓦时，占总成交量的20%。②

中国西北地区拥有丰富的可开发风能资源和太阳能资源，作为"风光无限"的西北地区的典型代表，甘肃省风光资源丰富，未利用地面积广袤，非常适合发展风电和光伏发电，建设起了千万级的风电基地和多个百万级的光伏发电基地。同时甘肃省也在积极推进着电力体制改革，开展了多种形式的电力交易，并努力促进风电、光电的消纳。

在国家对发展新能源的鼓励和支持政策下，近年来，甘肃的风电、光电装机规模增长十分迅速。③截至2016年上半年，甘肃省的电源总装机容量达到4660万千瓦，其中：水电装机容量851万千瓦，占比18.26%；火电装机容量1929万千瓦，占比41.40%；风电装机容量1262万千瓦，占比27.08%；光伏发电装机容量617万

---

① 董玉平：《新疆市场化交易成交新能源电量70亿》，2016年9月22日，中国电力报（http://www.solarpwr.cn/m.php?id=27811）。
② 北京电力交易中心（https://pmos.sgcc.com.cn）。
③ 下文关于甘肃省电力数据均为调研数据，由甘肃电网、甘肃省发展和改革委员会、甘肃能源局、调研企业等提供。

千瓦，占比13.24%。甘肃的光伏发电装机规模保持全国第一位，风电装机容量居全国第三位。光伏加上风电已经占总装机容量的41%，装机规模已与火电相当，新能源成了甘肃省的第二大电源。

随着新能源装机规模的迅速扩大，甘肃省积极保障新能源电力的上网和消纳，新能源发电量也迅速增加。2015年，甘肃省总发电量1242亿千瓦时，完成新能源发电量185亿千瓦时，占总发电量的15%，其中风电126.3亿千瓦时，同比增长10%，而光伏发电增速更为迅猛，发电量为58.5亿千瓦时，同比增长了49%。2016年上半年，在总发电量同比下降6.11%的形势下，风电发电量仍同比增长了4.28%，光伏发电量同比增长9.24%，风电和光伏发电在全省总发电量的占比进一步提高到18%。

尽管甘肃省的新能源电力在用电量中的占比已经在全国处于较高水平，但近年来弃风弃光现象仍十分严重。甘肃的用电结构以有色化工冶炼高耗能为主，约占据总用电量的半壁江山，2015年初伴随着大宗商品价格下滑，甘肃省的用电需求下降，省内消纳空间不足，加之外送有限，一边供应规模迅速增长，另一边需求规模难以维系，新能源电力的消纳愈加困难。2015年，甘肃弃风率达到39%，弃光率31%，是全国弃风弃光最为严重的省份。2016年上半年，甘肃弃风弃光的形势更为严峻，风电利用小时数仅为591小时，弃风率高达46.6%，位居全国第一；光伏利用小时数也只有540小时，弃光率高达32.1%。

为了推进电力体制改革，甘肃从2014年起开始了电力市场交易的试点，拿出一部分电力让发电企业和用户直接交易，但交易规模十分有限。2015年，甘肃发改委出台《甘肃省发展和改革委员会关于开展2015年新能源直接交易试点的通知》（甘发改商价〔2015〕674号），将新能源发电企业也纳入直购电范围。2016年，甘肃省出台了直接交易的实施细则，要求火电全电量参与市场交易，新能源增量部分参与市场交易。

甘肃省的新能源装机规模位于全国前列，且是为数不多的将新能源发电企业纳入电力交易主体的省份之一，以高耗能企业为主的用电结构又使得经济形势对其电力部门利益格局的影响明显，在经济下行的大背景下，深入研究甘肃省新能源发电企业参与电力交易所凸显出的问题，对全国各地理顺新能源发展与电力市场建设的关系、建立更完善更有利于清洁能源的电力市场、促进新能源行业健康发展都具有重要的借鉴意义。

甘肃省的风电、光电参与电力交易主要分为大用户直购电、自备电厂发电权交易和跨省电力外送三大举措，因此我们从这三个方面展开讨论。

◇◇ 二　大用户直购电和自备电厂发电权交易

（一）运营方式

甘肃省发展和改革委员会会同省工信委、省环保厅、甘肃能源监管办、省能源局研究制定的《甘肃省 2016 年电力用户与发电企业直接交易实施细则》①（以下简称《实施细则》），规定了直购电的交易主体准入、交易原则、交易方式等具体操作方案。以下从交易主体准入条件、交易流程、安全校核、交易结算，以及自备电厂发电权交易五个方面具体介绍《实施细则》所制定的直购电的交易运行规则。

1. 交易主体准入条件

交易主体分别是电力用户和发电企业，其中电力用户主要集中在高耗能工业、高新技术企业和用电大户，具体包括："（1）省内符合政策的电解铝、铁合金、碳化硅、电石等企业；（2）用电容量在 315kVA 及以上且年用电量 100 万千瓦时以上的高新技术企业和战略性新兴产业骨干企业；（3）兰州新区容量在 315kVA 及以上且年用电量 200 万千瓦时以上的工业企业；（4）在全年电力电量平衡基础上，上述行业用电量超过上年同期电量的企业。"② 发电企业方面，"除省内全部的统调火电、水电企业以外，全省范围内发电出力不受网架和时段限制的、符合国家政策、具有独立法人资格、已并网发电的集中式光伏、风力发电企业（但特许权新能源企业、分布式新能源企业、临时接入电网的新能源企业除外）也都具备交易主体的资格"。此外，为建立起一定的信用机制，"2015 年交易合

---

① 《关于印发〈甘肃省 2016 年电力用户与发电企业直接交易实施细则〉及组织实施 2016 年直购电工作的通知》（甘发改商价〔2015〕1189 号）。

② 来自《甘肃省 2016 年电力用户与发电企业直接交易实施细则》，简称《实施细则》。

同未履行的企业、合同责任方不得参与2016年直购电交易"。

交易主体的资格审查需经由省发展改革委组织省工信委、省环保厅、省能源局、甘肃能源监管办、省电力公司五个部门在五个工作日内完成，并将最终审核结果公示在甘肃省电力市场交易平台和甘肃省电力公司网站。

2. 交易流程

直购电交易的方式分为双边自主协商交易和集中撮合交易两种。双边自主协商交易是指"电力用户与发电企业自主协商确定直接交易意向，提交交易平台，经甘肃电力调度控制中心安全校核后形成交易结果"。集中撮合交易是"电力用户与发电企业通过电力交易平台进行直接交易意向申报，由电力交易平台按规定计算方法进行出清计算，确定无约束出清结果，经甘肃电力调度控制中心安全校核后形成交易结果"[①]。

交易主体向电力公司申报交易电量时，电力用户申报量为企业生产用电量，发电企业申报量为上网电量，新能源企业按用户用电量的1/5参与交易，也就是说原则上新能源与火电要按1∶4的比例捆绑参与交易，捆绑交易由省电力公司负责组织实施。发电企业按交易周期分月申报，电力用户需根据捆绑比例将年度用电量拆分成新能源交易电量、火电水电交易电量两部分。

交易的周期以年度为主，2016年的年度交易在2015年12月底之前完成。对于未参加年度交易且符合准入资格的企业、用电量超

---

① 来自《甘肃省2016年电力用户与发电企业直接交易实施细则》。

过上年同期电量的企业、需要调整年度交易合同的合同主体，可以组织参与季度交易。

双边协商或集中撮合后，都需要经过省电力调度控制中心进行安全校核。安全校核的原则将在下一点中详细说明。

电力交易机构发布最终交易结果后，即可签订交易合同，包括电力用户和发电企业的双方合同《电力用户与发电企业直接交易购售电合同》，以及电力用户、发电企业与电网企业的三方合同《电力用户与发电企业直接交易输配电服务合同》。合同中的交易计划周期应以月份为单位，应根据交易结果、分月电量等信息形成分月交易计划，由交易中心在月度交易计划中予以安排执行。实际运行中，在确保电网安全运行的条件下，将优先安排参与直接交易的企业发电，力争完成月度计划。调增电量确认方法由调控中心确定。

3. 安全校核

安全校核是为了校核发电企业申报电量的可行性，根据交易周期分年度和季度进行。

首先，《实施细则》中规定最大交易电量按售电侧的预测需求电量确定，省电力公司需以预测电量为基础，依据年度电力电量平衡原则编制年度发用电计划，明确电网安全的约束电量、"以热定电"电量等，明确有关边界条件、最小开机方式、交易上限及安全校核注意事项，并在交易组织前发布。其次，校核时优先考虑可再生能源发电，火电机组应全电量参与直接交易。

2016年1月8日，甘肃电力调度控制中心根据首次安全校核结果，公布了《2016年电力用户与发电企业直接交易安全校核原则》

《2016年甘肃省电力用户与发电企业年度直接交易补充公告》（以下简称《补充公告》）等。电力调控中心根据预测用电量，除去必保的总电量（水电、热电联产、自备电厂）后，给出了省内电力用户与发电企业直接交易137.5亿千瓦时的交易电量上限，火电与新能源的比例按10:1划分后，火电企业与电力用户直接交易电量上限为125亿千瓦时，新能源企业与电力用户直接交易电量上限为12.5亿千瓦时左右。此外，新能源企业通过参与市场化交易电量的最高发电利用小时数不得超过同类电源平均小时数300小时。

4. 交易结算

交易结算由电网企业统一负责，交易电量以合同约定的计量点计量电量为准，交易价格按"电力用户到户电价与发电企业上网电价购销两侧价差等额传导方式确定"。交易合同中的交易价格以让利幅度的形式确定，电网与发电企业结算的价格为：标杆上网电价－让利幅度，电网与电力用户结算的价格为：到户价格－让利幅度。

在《补充公告》中，明确规定新能源企业申报交易价格（让利幅度）原则上不应改变国家可再生能源电价附加补贴资金使用方向，即让利幅度最大为标杆上网电价0.2978元/千瓦时。

5. 自备电厂发电权交易

风电和光伏发电企业替代自备燃煤电厂发电是甘肃省加大省内新能源消纳力度的另一个主要措施。自备电厂发电占甘肃省社会总用电的相当一部分比例，2015年，甘肃省用电量975亿千瓦时，其中有212亿千瓦时来自自备电厂，占到了21.7%。如果能将燃煤自备电厂的发电权转让给新能源,将为新能源电力带来更大的消纳空间。

一方面,自备电厂发电权置换交易从 2015 年开始,交易前已事先计划好哪些自备电厂交易多少电量。另一方面,全省范围内已并网发电的集中式光伏、风力发电企业(特许权新能源企业、分布式新能源企业、临时接入电网的新能源企业除外)都具备交易资格。各交易主体签署双边合同,并将电量分解至各月;电能交易输电服务合同由甘肃省电力公司牵头签订。

交易组织以双边协商为主,如双边协商交易未达总电量规模,可再通过电力市场交易平台进行集中撮合交易。交易结算由甘肃省电力公司负责,每月按实际调出电量进行结算,当月实际电量与合同电量偏差在次月滚动安排,全年交易结束后总清算。

(二) 基本交易情况

1. 大用户直购电的交易情况

参与电力市场交易的购电方是电力用户,多为电解铝、铁合金、碳化硅、电石等高耗能企业,既有国有企业、省属企业,如中国铝业兰州分公司、中国铝业连城分公司等,也有民营企业,如甘肃鸿丰电石有限公司。发电侧包括火电、水电、风电和光伏发电企业,除大部分光伏发电企业属民营企业外(如浙江正泰新能源开发有限公司甘肃分公司),其余类型的发电企业多属五大电力集团,是国有企业,包括龙源风电(属国电集团)、甘肃电投、华能甘肃、华电甘肃、国投甘肃新能源、中广核等。

电力用户参与方面，交易中心组织交易时，按照"保主保重"原则，"新能源企业优先与电解铝及年用电量10亿千瓦时以上的大用户达成交易，鼓励火电企业与电解铝、符合条件的兰州新区、高新技术企业和战略性新兴产业骨干企业等其他符合准入条件的用户达成交易"①。行业上铝厂、钢厂优先，企业性质上国企、央企、省属企业优先于民企（通常民企的用电规模小些）。

大用户直购电交易于2016年年初组织了一次，新能源电厂和用户通过交易平台交易，87家新能源企业与95家电力用户共交易电量12.39亿千瓦时。其中风电企业成交44家，成交电量9.41亿千瓦时，光伏发电企业成交43家，成交电量2.98亿千瓦时。下半年的新能源直购电季度调整工作，还计划增加20亿千瓦时的新能源电量和80亿千瓦时的常规能源电量。6月29日至7月8日，又组织了中国铝业连城分公司（连铝）的24亿千瓦时新能源直接交易，但最终成交量不到6亿千瓦时。直购电交易的成交电价基本均为零电价，即新能源企业的让利额度为全部的标杆上网电价，发电收入仅为国家对新能源的补贴部分。在连铝的新能源直接交易中，大部分成交电价仍接近零电价，成交价格为0.03—0.05元/千瓦时。

2. 自备电厂发电权交易情况

2015年，在甘肃电力交易平台的组织下，中铝兰州分公司、酒泉钢铁公司、金川公司、玉门石油管理局等四家企业的自备电厂与

---

① 来自《甘肃省2016年电力用户与发电企业直接交易实施细则》。

新能源发电企业开展了发电替代交易，交易电量 16.5 亿千瓦时。

2016 年初，根据甘肃能监办安排，中铝兰州分公司、玉门石油两家企业自备电厂再次与新能源发电企业开展替代发电交易，其中中铝兰州分公司自备电厂替代电量 19 亿千瓦时，玉门石油管理局自备电厂替代电量 1.3 亿千瓦时。4 月底，根据省能源局安排，又组织了金川公司自备电厂的替代发电交易，替代电量 4.5 亿千瓦时。至此，合计达成替代电量计划 24.8 亿千瓦时。2016 年自备电厂置换交易的成交价格均为接近零电价，即让出全部火电标杆电价。

尽管成交价格似乎十分有利于用电企业，但现实中由于对自备电厂有一系列的制度要求，自备电厂置换未必能为企业带来很高收益。以甘肃省某用电企业为例，其燃煤自备电厂一度电的发电成本为 0.23 元，此外自备电厂并网也需缴纳过网费，并且参与电网的调峰。自备电厂买电时价格为 0.45 元/千瓦时，卖电的价格为 0.2465 元/千瓦时（对自备电厂的单独定价，低于火电标杆电价），调峰完全听从电网调度安排。参与新能源与自备电厂发电权置换交易后，2015 年 6—12 月交易电量约为总用电负荷的 10%，形成的交易价格为新能源让利 0.315 元/千瓦时。尽管看似电费让利很多，但扣掉自备电厂的固定费用、折旧、财务、人工、检修等费用后，该企业一度电大概只挣到了 1—2 分钱。

（三）主要存在的问题和参与各方的意见

由于甘肃省开展大用户直购电试点正值中国经济调整的阶段，

专题报告四 中国风电和光伏发电企业参与电力市场交易：甘肃省的案例

制造业用电需求下降造成全省电力供大于求，而且市场交易机制不够完善，造成了一些问题。

1. 零成交电价影响风电和光伏发电企业继续参加电力市场交易的积极性

直购电交易开展初期，由于处于买方市场，电力供大于求，风电和光伏发电企业为了抢占发电权，均以让出全部火电标杆价的方式与用户成交，即新能源企业的让利额度为全部的标杆上网电价，发电收入仅为国家对新能源的补贴部分。在个别极端情形下，甚至出现了负电价成交。

这种现象背后主要有两个原因。首先，甘肃省的交易规则实际上把风电和光伏发电与火电分割在不同的交易市场中，无法进行公平的市场竞争。由于风电和光伏发电是单独参与省内电力市场交易，不跟火电在同一个市场上集中竞价。这里，相当于政府划了省内火电交易和省内风电光伏发电交易两个分离的市场，而每个市场的总交易量也划定了。这样风电和光伏发电相对于火电的零边际成本优势就没法显现出来。[①] 其次，新能源发电企业反映最多的问题，在于电网未明确新能源的年度保障基础电量，在大用户直购电交易中，无法确保市场交易电量为增量的需求，担心参与市场交易越多，剩余的保障发电量越少。存在"参与市场交易，影响经济效益；不参与市场交易，有可能被限发调停"的顾虑和风险。

---

① 与此形成对比的是，我们调研发现，银东直流的交易形式受到风电和光伏发电企业的普遍好评和欢迎。在银东直流交易中，火电、风电和光伏发电是在一个市场里头或者说一个平台上集中竞价的，再按价格和风光发电比例，从高到低完成交易。

进入 2016 年第二季度以来，电价让渡较多、现金流紧张、发电增量存量无法区分、合同签订之后调度并不能正常调出等因素使风电和光伏发电企业参加市场交易的积极性受到严重挫伤。5 月国家能源局出台了保障新能源收购的《关于做好风电、光伏发电全额保障性收购管理工作的通知》（发改能源〔2016〕1150 号），对弃风弃光比较严重地区核定最低保障收购年利用小时数，风电和光伏发电企业参与市场交易的积极性明显下降，特别是在 7 月开展的连铝 24 亿千瓦时直接交易、黄河干流水电站弃水 15 亿千瓦时组织新能源与大用户直接交易时表现较为明显。

在自备电厂发电权交易中也存在类似的问题。由于甘肃省自备电厂发电权交易主要采用双边协商的方式，形成少数几家很大的自备燃煤电厂与多家风电和光伏发电企业进行谈判的局面。发电权置换交易的成交电价基本均为零电价，即新能源企业的让利额度为全部的标杆上网电价，发电收入仅为国家对新能源的补贴部分。

2. 由于电源结构和调度技术限制，风电和光伏发电的本地消纳能力有限

电力的生产和需求需要实时平衡，国家电网作为大用户直购电交易的主要组织和实施者，更为关注整个电网调度系统的安全性和稳定性。而受制于自然条件，风电和光伏发电却天然带有很强的间歇不稳定性。在储能技术没有突破性进展、储能成本还相当昂贵的背景下，解决风电和光伏发电间歇不稳定的唯一办法是，通过电力调度调整电网内火电机组实时出力。但对于区域电网而言，为保障电网的安全稳定运营，网内所能消纳的间歇不稳定电源发电占比有

上限比例。目前，甘肃的风电和光伏发电已创下占全省发电量的18.24%、可调电量的20%的历史纪录，这一水平已经与德国相当，要进一步依靠省内市场大幅度提高风电和光伏发电占比，空间极为有限。

电网公司反映，目前的环境下，中央和各级地方政府的新能源政策规定存在一定的冲突和缺乏可执行性，加剧了交易参与各方之间的矛盾。例如国家规定，风光水、电热联产有优先发电权，可再生能源发电需要全额消纳，而甘肃省的优先发电的装机容量已经远远超过了甘肃用电水平，在跨省外送受限的情况下，不可能做到全额消纳。政府主要从保增长和扶持用电企业的角度考虑，并不考虑发电平衡，实际上由于电源结构的限制，新能源发电上限是固定的。另外，虽然交易合同上有规定违约惩罚，但实际难实现，问题通常出在用电侧的用电量达不到。

发电企业建议，加快完善调峰辅助服务补偿与交易机制。随着新能源装机比例不断增大，电网对调峰辅助服务的需求日益增加，作为调峰辅助服务的主要提供者，火电机组的调峰能力是否得到充分调动，将直接影响到系统对风电的接纳能力。因此，应尽快完善调峰辅助服务补偿与交易机制，以激励火电机组的调峰积极性。另外，在风光发电资源富集的地区，应加快开发蓄能调峰电站，为风电和光伏发电稳定输送提供调峰服务。

发电和用户企业都认为国家电网的输配电价格过高，应该加快配套的输配电改革，合理降低输配电价格，在完成输配电价格核定的地区可采取逐年有序放开的方式开展直购电交易；未完成输配电价核定并采取价差等额传导的地区，应严格限定和控制直接交易电量比例，避免中间收购环节形成隐性收益。

3. 市场交易机制规定不清楚，对民营企业存在差别对待

部分发电企业认为，甘肃省开展的新能源电力市场交易，出发点偏离了促进风电和光伏发电消纳的主线，主要的目的在于通过从新能源发电企业让利减低电价来包增长，大用户直购电成为变相补贴扶持高耗能企业的手段，而中小企业被排除在直购电市场外，未能享受电价下降的收益。在具体交易实施过程中，存在地方政府干预交易谈判过程，以及对不同的参与者存在差别对待现象，比如在让利上，主要受益者铝厂等高能耗企业；政策执行中，国企优先于民企。在全省交易总量给定的情况下，重点企业或者国企先交易优先，有剩余再让符合条件的企业交易，民企能够参与的交易电量非常有限。由于交易机制的问题，成交量和成交价格并不是完全市场竞争的结果。例如，交易时间基本都安排在周五开展，公告一般周四下午发出，为市场主体留出的准备时间极短。例如，自2015年兰铝替代交易后，每次都是强调以双边协调优先，利用发电企业的恐慌压低价格。

部分发电企业反映，直购电交易电量安全校核政策过程不透明，具体增发多少电量，在什么时段的发电量算作增发电量，并没有公开信息，企业缺乏应有的知情权。交易结算与调度各行其是，交易电量结算完全按照交易电量的月度平均数执行，与调度实际执行情况脱节，导致发电企业在平台的交易电量与校核后电量偏差较大。同时，交易缺乏约束力和惩罚机制。例如，有企业反映，连城

铝厂的电力交易合同有10个亿并没完成,但这10亿的交易指标却不能再转让,占了其他用户的份额,也使发电厂遭受损失。龙源风电反映,电网公司在电量结算中存在先结算后调度的问题,截至2016年6月底,公司已结算57%的市场电量,而省电网公司5月10日才开展市场电量差异化调度,根据公司自己统计仅调发出不到20%的市场交易电量。

三 跨省外送交易

(一) 基本交易情况

甘肃省参与的电力外送交易主要分为两种:西北五省之间的跨省交易和输送到西北电网范围以外省份的跨区交易。

2016年上半年,甘肃省电力跨省和跨区净外送交易电量总计71.39亿千瓦时,约占总发电量的16%;其中新能源外送25.9亿千瓦时,约占新能源总交易电量的33.7%,平均让利0.1659元/千瓦时。外送范围涵盖了青海、西藏、华中和银东,其中,与青海交易电量11.107亿千瓦时,交易价格[①]0.06元/千瓦时;外送西藏0.8亿千瓦时,交易电价0.1992元/千瓦时;外送华中0.801亿千瓦时,

---

① 交易价格指用户传导到新能源发电企业的价格。

电价 0.1903 元/千瓦时；银东外送 13.2 亿千瓦时，成交价格 0.1848 元/千瓦时。[①]

1. 跨省电力输送

中国的电力平衡都是以省为单位，每年由各省经信委和电网公司根据全年预测消费电量，制订省内各发电机组的发电计划，只有当省内发电无法满足省内用电需求时，缺电省份才会向其他电力富余省份购电，出现省间电力交易。总的外送额度一方面来自与消费省份的长期合同，属于计划发用电范畴；另一方面来自短期临时交易，由国家发改委和国网公司根据实际用电需求决定。甘肃省的跨省外送电量在各风力发电企业之间、各光伏发电企业之间基本按照装机容量平均分配。

甘肃电网地处西北电网中心，是西北电网功率交易枢纽，目前通过 16 条 750kV 和 8 条 330kV 线路与新疆、青海、宁夏、陕西联网运行，发挥着跨省功率交换的重要作用。在实际调度过程中，西北五省之间的跨省交易有实时交易和主控区置换交易两种形式，跨省交易的平台是西北电网电力交易中心。

实时交易的"实时"指的是调度台实时决定调度量，例如 9 点 30 分可以做 9 点 40 分的交易，一般提前 10 分钟。而交易价格和总的计划交易量是由各省交易中心的框架协议确定的，框架协议里的电价与购入电价差不多，但是如果超计划用电，要用 1.3 倍买入，如果超计划供电，就要打七折。

---

① 数据来源：调研获得资料。

由于西北五省新能源的实时性并不一致,且火电开机量都偏小,西北电网采取主控区置换交易的方式,来尽可用新能源调峰。主控区置换在西北很普遍,当出现调峰需求时,会尽量压低火电发电量,去其他省购进新能源电,以实现在西北区域跨省调峰。这部分电量之所以被称为"置换交易",是因为没有价格,购进的电量需要"还回去",在其他省出现需求时,同样会将本省的新能源电力调出,月底需要清零。甘肃省2016年上半年合计实现置换交易701笔,在总外送电量保持不变的条件下,新能源大发时送出,少发时购入。

2. 跨区电力交易

跨区直流由国家电网统一调度。2016年上半年,国家电网调度中心开展了西北地区新能源日前跨区外送华中、华东。目前,跨区交易也开展了电力直接交易试点,由国家级电力交易中心组织开展。甘肃省参与的跨区外送是由北京电力交易中心组织的将电力外送至山东的银东直流跨区电力交易。

2016年2月,北京市电力交易中心发布了《2016年度银东直流跨区电力用户直接交易试点公告》①,交易的购电方为山东省政府确认的电力用户,售电方为银东直流配套的三个电源企业,以及陕甘青宁的煤电企业、风电、光伏发电企业,输电方为国家电网公司、国网西北分部、山东电力公司、陕西电力公司、甘肃电力公司、青海电力公司、宁夏电力公司。交易分两阶段开展,第一阶段

---

① 公告内容:http://www.escn.com.cn/upfiles/201602/29/201602290941052673.pdf。

所有准入的售电方与购电方集中竞价交易，交易上限50亿千瓦时；第二阶段，配套的三个电源企业与购电方开展双边和集中交易，交易上限40亿千瓦时。其中，新能源成交比例不超过40%，即总成交电量不超过36亿千瓦时，新能源发电企业成交电量上限参照西北区域同类发电机组平均利用小时数的30%确定，风电为361小时，光伏发电为315小时。集中竞价首先由购电、售电主体自行申报购电量、购电价差和售电量、售电电价，采用边际电价法出清，得到初步交易结果，再经由调度机构安全校核后，形成最终交易结果。交易结果执行时间从3月到12月。

山东省内的30家电力用户和824家西北发电企业（70家火电企业、272家风电和482家光伏发电企业）开展了直接交易，尽管最终成交电量为交易上限90亿千瓦时，但售电方共申报电量1500亿千瓦时，成交比率仅为6%。其中新能源最终成交18亿千瓦时，占成交电量的20%。通过此次交易，山东电力用户共降低购电成本5.4亿元，平均每度电让利0.06元。

（二）主要存在的问题和参与各方意见

1. 跨省外送交易存在省际壁垒和地方保护主义

发用电平衡的计划一直以来都是以省为单位的，各地的电力市场都倾向于尽量消纳本地发电。即使发电企业和省外用户存在交易意向，由于行政干预，发电企业也无法通过市场竞价或双方协商的方式获得跨省的发电权资源。因此市场规模基本局限在各省省内，电网主要还是依靠省内调峰，在风电、光伏发电装机容量巨大的省份，大量高波动、高不确定性的新能源电力使得电网的运行难度增加，资源优化配置能力下降。

各地方政府对 GDP 和省内发电企业利益的考虑是省际交易的主要壁垒。购买甘肃省的风电、光电，势必会挤占当地的发电空间，但各省都将 GDP 放在首位，尤其是在各省电力基本都出现富余的情况下，地方政府更倾向于保护自己省内的火电企业的利益。调研中发现，甘肃某风电发电企业已经与位于另一省份的某火电厂达成了发电权交易的协议，该火电厂与风电企业隶属同一发电集团，但火电厂所在的省电力交易中心在上报省政府时遭到了省政府的反对和问责，最终没有实现外送。尽管从外省购电的成本更低，然而这会影响到本省的发电空间，这不仅触动了火电企业的利益，更影响到煤炭的产、储、运、销整个产业链，低电价带来的利益远比不上地方政府对 GDP 的考量。

2. 局部分割的电力交易市场损害了新能源发电的消纳能力

对于区域电网而言，为保障电网的安全稳定运营，网内所能消纳的间歇不稳定电源发电占比有上限比例。因此大规模的风电和光伏发电需要大电网、大市场来消纳。

自 2015 年以来，以放开售电侧、促进电力直接交易为主要内容的新一轮电力体制改革开始启动，各省纷纷成立了自己的电力交易中心，截至目前，已经有 31 家省级电力交易中心成立。

尽管成立了旨在促进电力跨省交易的北京电力交易中心和广州电力交易中心两个国家级的交易中心，但由于发电权的分配依旧控制在各省手中，以省为界的局面没有发生任何变化。仅因为山东和广东两省用电较为紧张，才得以组织西北省份向山东、云南向广东的电力跨省交易。交易中心组织的市场交易还是避不开政府的行政干预，电力跨省交易困难重重。尤其是在经济下行，各省电力都出现富余的背景下，电力跨省交易阻力更大，难以破除的省际壁垒也就将中国电力市场切割成30多个独立的省级电力市场，割裂的市场极大地限制了电网吸收消纳间歇性能源的能力。

在甘肃的案例中，西北电网有五省调度的权限，装机规模在20万千瓦以上的风电在西北电网调度，但是随着宁夏、新疆、青海的风电、光伏发电装机规模都在迅速扩大，各省之间的利益冲突加剧，从2014年9月开始，西北电网调度中心将调管权下放至省级电网，对西北五省进行省级联络线考核，跨省的交易权限进一步被限制，除了计划好的外送电量总量，何时外送、送多少也受到控制。大电网拆分成小电网，这导致了负荷峰谷互补能力有所降低、备用容量和调频需求增加、电网运行难度增加、资源优化配置能力下降等问题。实行联络线考核后的弃风限电比例大幅上升。分割且交易受限的市场，加上省际壁垒，甘肃电力只能主要在省内进行调峰，而不是在西北网或更大范围内调峰，大大损害了新能源发电的消纳能力。

◇ 四 分析问题背后的原因

面对新常态经济形势下电力需求减少，新能源装机容量过剩，弃风弃光率持续增加的新形势，甘肃省积极保障新能源电力的上网和消纳，主动探索利用市场交易的机制来配置发电权，降低用户的用电成本，鼓励风电和光伏发电取代燃煤发电，取得了积极的效果，但同时产生了一系列的问题。这些问题的产生，有些是中国能源体制的长期弊端造成的，有些是由于风电和光伏发电本身的技术限制和缺乏相关配套政策，还有部分是由外部宏观经济环境的变化引起的。系统地总结甘肃省试点中的问题和分析问题背后的深层次原因，将为中国电力交易的市场化改革和新能源发电产业的可持续发展提供宝贵的借鉴意义。我们总结了如下三个方面的原因。

（一）国家未能及时调整过高的新能源装机补贴，导致甘肃省新能源装机容量过剩，而本省的消纳能力不足

中国经济进入新常态和结构调整，制造业减速导致电力供应总体过剩，本地消纳能力不足。据甘肃省统计局披露，2015年全省用电量持续下降，其中铁合金、电石、碳化硅、电解铝等是甘肃省传统的高载能产业（用电量约占45%的全省社会用电量，58%的工业用电量），同时也是甘肃的支柱行业，它们的用电量降速更为明显。例如位于兰州的中铝连城分公司，在2015年10月就因亏损而全面停产。

在国家对发展新能源发电的高额补贴政策鼓励下，甘肃的新能源装机规模增长十分迅速。截至2016年上半年，甘肃省光伏发电加上风电已经占总装机容量的41%，装机规模已与火电相当，成为甘肃省的第二大电源。由于风电和光伏发电的间歇不稳定性，需要调整电网内火电机组实时出力来保障电网的稳定性。从这个意义上来讲，甘肃省的风电和光伏发电装机容量已经呈现严重的结构性过剩。如果没有跨省电力外送，仅靠甘肃省内的火电进行调峰，从技术上来讲，目前甘肃省内的光伏发电和风电占总发电量18%左右的占比再进一步提高的空间已经很小。因此，甘肃省的大规模风电和光伏发电需要大电网和大市场来消纳。但从甘肃省的交易试点情况看，跨省外送交易受到各省地方保护主义的影响，难以发挥全国或者区域性大电网的实质性作用。

（二）地方政府主要把电力市场交易作为压电价、保增长的工具，未能充分发挥市场的价格发现和调节需求的能力，交易机制还有待完善

甘肃省电力市场化交易试点的出台正逢中国经济减速和结构调整，制造业整体疲软，用电需求急剧下降。在当前GDP仍为地方主要考核指标的大环境下，地方政府的首要目标自然在于补贴高耗能企业的用电成本，鼓励其恢复生产，保障就业。因此，电力交易市场很容易异化为地方政府"降电价、保增长"的工具，特别是铝厂这类对电价极为敏感和拥有自备燃煤电厂的国有企业成为电力市场交易的主要受益者。

另外，目前的甘肃电力市场交易并没有包含全部的装机容量，

而是仅仅包含定义模糊的"新增可再生能源发电量"和与之相配比的火电，加上地方政府的干预和缺乏其他配套机制等因素，未能发挥价格发现和调节需求这两个最基本的市场功能，市场交易中的"零电价"难以充分反映不同发电技术的边际成本和发电能源的清洁成本。甘肃的电力交易试点在具体实施过程中，还存在交易规则不透明、政府干预过多，使得风电和光伏发电企业无法做出合理的交易决策。传统能源和新能源发电企业、国有企业和民营企业在交易安排中的不同待遇也进一步扭曲市场价格的形成。

(三) 各级政府的新能源装机和发电补贴政策缺乏协调性和可操作性

一方面，国家对风电和光伏发电的上网电价补贴过高，未能根据实际的装机成本和发电成本进行调整，造成甘肃省风电和光伏发电装机容量过快增长，国家财政补贴缺口太大，难以按期兑现，长时间拖欠的发电补贴给企业带来沉重财务负担，影响了企业的正常运营。

另一方面，国家可再生能源补贴政策和甘肃省的电力交易规则存在不一致的地方。国家《可再生能源法》要求对风电和光伏发电进行全额保障性收购。但实际的情况是，在用电需求疲软、输电线路建设滞后、电力市场分割、保障电网安全运行等诸多因素的影响下，以行政命令要求所有地区实现全额收购既不可能，也做不到。国家发改委和能源局在2016年上半年出台《关于做好风电、光伏发电全额保障性收购管理工作的通知》[1]，对弃风弃光比较严重地区核定最低保障收购年利用小时数，并鼓励风电和光伏发电核定小时数以外的发电量通过电力市场交易的方式进行消纳。甘肃省的风电和光伏发电企业最低保障收购年利用小时数分别为 1800 小时和 1500 小时，但是，这一数字并不符合甘肃的实际情况。2016 年上半年甘肃风电和光伏发电设备利用小时数分别只有 591 小时和 540 小时，距离国家能源局制定的最低保障收购小时数甚远。但是受电网稳定性的技术原因和甘肃省的实际能源供需现状的限制，在甘肃省实际上无法兑现。因此，从某种意义上讲，甘肃省的电力交易规则已经违反了国家的规定。这样不一致的政策严重损害了公共政策的公信力和执行力，使得国家政策成为一纸空文，同时产生寻租空间，给参与企业增加了经营和交易决策的不确定性，而且会加剧电力市场交易各参与方之间的利益冲突。

---

[1] 《关于做好风电、光伏发电全额保障性收购管理工作的通知》（发改能源〔2016〕1150 号）。

专题报告五

可再生能源与燃煤发电的环境成本对比[*]

随着经济的发展，中国的电力行业也得以迅速发展。2015年，中国的发电装机总量、用电量以及电网规模均位列世界第一，而且随着经济水平的持续增长，中国的用电总量和人均用电量还将继续上升。但是，从长期来看，以煤为主的发电方式将难以持续保持，因为煤电是空气污染和温室气体排放的重要来源，而中国日益突出的空气污染已经成了目前最严峻的社会问题之一。另外，为解决温室气体排放问题，中国在2014年签署的《中美气候变化联合声明》中承诺，将在2030年将化石能源占一次能源消费的比重降低到80%以下。为了达到这一目标，中国必须调整现有的能源结构，以风能、太阳能等可再生能源替代煤炭、石油等化石能源。以此为背景，为迅速发展可再生能源，中国政府对风电、光伏发电出台了一系列支持性政策。但是，风电、光伏发电相比传统的煤电，电本身

---

[*] 本章执笔：郭巍和谢伦裕。

是同质的,其可能的优势仅在于环境友好。因此,合理的补贴价格应该恰好等于使用新能源发电替代燃煤发电的环境收益。过高的补贴价格不仅会给政府带来沉重的财政负担,还会导致新能源发电行业过热和装机过多,带来消纳困难和"弃风、弃光"等产能浪费问题,以及各种寻租问题。因此,本报告旨在对比煤炭发电和风电、光伏发电的环境成本,以确定合理的补贴价格区间。

一 中国大气污染和二氧化碳排放形势

(一) 中国空气污染问题凸显

清洁的空气是人类健康和福祉的基本需求,但随着经济的发展、工业化进程的加深,空气污染问题在中国逐渐凸显。根据中国环保部发布的《2016 中国环境状况公报》,在中国 338 个地级以上的城市中,超过 250 个城市的环境空气质量未能达标[1],达标率不足 25%。[2] 根据美国耶鲁大学发布的《2016 年环境绩效指数报告》,

---

[1] 空气质量达标:参与评价的污染物(PM2.5、PM10、SO_2、NO_2、O_3 和 CO 六项指标,以及 AQI)浓度均达标,即为环境空气质量达标。
[2] 中华人民共和国环境保护部:《2015 中国环境状况公报》,2016 年(http://www.zhb.2gov.cn/gkml/hbb/qt/201606/W020160602411685220884.pdf)。

以 PM2.5 指数的平均值和污染超标[①]所影响到的人口比例衡量，中国的空气质量水平在全世界排名倒数第二，而以 PM2.5 指数的平均值衡量，中国更是排名倒数第一。[②] 表 5-1 给出了 2015 年中国平均空气污染物浓度与世界卫生组织准则值的对比情况[③]，该表显示，中国 PM2.5 和 PM10 的年均浓度比世界卫生组织准则值超标 4—5 倍，SO_2 的年均污染水平也高于准则值。美国健康影响研究所（Health Effects Institute）发布的《中国燃煤和其他主要空气污染源造成的疾病负担》指出，2013 年中国超过 99% 人口的生活地区的空气污染物浓度高于世界卫生组织准则值。[④] 根据世界银行近日发布的《空气污染的成本：强化行动的经济依据》，空气污染是最致命的污染之一，并且是第四大导致劳动年龄人口过早死亡的风险因素。[⑤] 世界卫生组织的研究显示，长期暴露在 PM2.5 浓度超过空气质量准则值的环境中会导致总死亡率显著增加，其中心肺疾病和肺癌死亡率的增幅最大。

[①] 污染指 PM2.5 指数低于世界卫生组织的准则值（年平均浓度 10 微克/立方米）。

[②] A. Hsu et al., *2016 Environmental Performance Index*, New Haven, CT: Yale University, 2016.

[③] 世界卫生组织在 2005 年依照空气污染与其健康影响相关的科学证据，修订了《空气质量准则》，对于 PM2.5、粗颗粒物（PM10）、二氧化硫（SO_2）和氮氧化物（NO_2）给出了年均浓度准则值。

[④] GBD MAPS Working Group, *Burden of Disease Attributable to Coal-Burning and Other Major Sources of Air Pollution in China*, Boston: Health Effects Institute, 2016.

[⑤] The World Bank, *The Cost of Air Pollution: Strengthening the Economic Case for Action*, Washington D. C.: World Bank Publication, 2016.

表5-1 2015年中国年均污染物浓度与世界卫生组织准则值

单位：微克/立方米

	PM2.5	PM10	SO_2	NO_2
中国	50	87	26	30
WHO准则值	10	20	20	40

注：中国数据来源于《2016年环境绩效指数报告》，WHO准则值来自世界卫生组织2005年修订的《关于颗粒物、臭氧、二氧化氮和二氧化硫的空气质量准则》。

以煤炭为主的能源结构是中国空气污染问题的主要原因之一。美国航天局利用新一代极地轨道卫星上的"可见光红外成像辐射仪"分析了中国上空的大气状况后指出，笼罩在中国上空的雾霾成分主要是硫酸盐气溶胶，中国雾霾的罪魁祸首是煤炭燃烧。[1] 美国健康影响研究所进一步利用卫星数据和污染监测网络数据进行研究，发现中国大气中接近40%的PM2.5污染来自燃煤的排放。[2] 根据自然资源保护协会（Natural Resources Defense Council）发布的《煤炭使用对中国大气污染的贡献》，中国接近80%的二氧化硫污染来自煤炭的直接燃烧，燃煤对其他大气主要污染物（NO_x、烟粉尘、

---

[1] Siwen Wang, Qiang Zhang, Randall V. Martin, Sajeev Philip, Fei Liu, Meng Li, Xujia Jiang, and Kebin He, "Satellite measurements oversee China's sulfur dioxide emission reductions from coal-fired power plants." *Environmental Research Letters*, Vol. 10, No. 11, 2015.

[2] GBD MAPS Working Group, *Burden of Disease Attributable to Coal-Burning and Other Major Sources of Air Pollution in China*, Boston: Health Effects Institute, 2016.

PM2.5 和 Hg）的贡献均超过 50%。①

（二）中国温室气体排放体量巨大

根据 BP 石油公司发布的数据，2015 年全球的二氧化碳排放量为 335.1 亿吨，其中中国的排放量为 91.5 亿吨，占全球总量的 27%。② 中国的人均碳排放量同样保持在较高的水平上，2013 年以来，中国的人均排放量不仅超过了世界的平均水平，更超过了欧盟等发达国家的平均水平。从排放增量角度，中国碳排放增量超过全球的一半，已经成为推动全球碳排放持续走高的主导因素。根据 2014 年发表在《自然》杂志的一项研究，中国能源活动排放的二氧化碳占中国总排放量的 90%。③ 中国煤控项目的研究报告指出，中国煤炭消费的碳排放长期保持在全部能源活动的碳排放总量的 80% 左右。④

---

① 中国煤炭消费总量控制方案和政策研究课题组：《煤炭使用对中国大气污染的贡献》，2014 年 10 月（http://nrdc.cn/Public/uploads/2017 - 01 - 11/5875b318f400d.pdf）。

② BP 石油公司：《2016 年 BP 世界能源统计年鉴》，2016 年 6 月（https://www.bp.com/content/dam/bp-country/zh_cn/Publications/StatsReview2016/BP%20Stats%20Review_2016%E4%B8%AD%E6%96%87%E7%89%88%E6%8A%A5%E5%91%8A.pdf）。

③ P. Friedlingstein, R. M. Andrew, J. Rogelj, G. P. Peters, J. G. Canadell, R. Knutti, G. Luderer, M. R. Raupach, M. Schaeffer, D. P. van Vuuren & C. Le Quéré, "Persistent growth of CO_2 emissions and implications for reaching climate targets." *Nature geoscience*, Vol. 7, No. 10, 2014, p. 709.

④ 中国煤炭消费总量控制方案和政策研究课题组：《中国"十三五"煤炭消费总量控制规划研究报告（2016—2020）：执行报告》，2016 年 1 月（http://nrdc.cn/Public/uploads/2017 - 01 - 12/58773131e0276.pdf）。

因此,煤炭消费带来的碳排放占中国温室气体排放总量的72%左右。《煤炭使用对中国大气污染的贡献》同样指出,煤炭直接燃烧的排放量在中国二氧化碳排放总量的占比超过60%,是温室气体的主要来源。[①] 若考虑到生产、运输和消费过程中的其他温室气体排放,煤炭在全生命周期的碳排放水平将会更高。

考虑到应对气候变化对于维护生态安全的重大意义,中国政府承诺将2020年的单位GDP二氧化碳排放量降低到2005年水平的60%左右。在2014年11月中美共同签署的《中美气候变化联合声明》中,中国政府正式提出碳减排的强化目标,包括在2030年达到碳排放的峰值以及2030年非化石能源占一次能源消费的比重上升为20%。2030年二氧化碳达峰目标,意味着在2030年之前中国单位GDP碳排放强度的下降率需大于GDP年均增长率;2030年实现20%的非化石能源目标,意味着中国非化石能源需以年均6%以上的速度增长。

(三)中国电力结构以煤电为主

根据BP公司发布的数据,2015年中国原煤的生产量占全球生产量的47.7%,消费量占全球的50%,生产量和消费量均居世界首位。[②]

[①] 中国煤炭消费总量控制方案和政策研究课题组:《煤炭使用对中国大气污染的贡献》,2014年10月(http://nrdc.cn/Public/uploads/2017-01-11/5875b318f400d.pdf)。

[②] BP石油公司:《2016年BP世界能源统计年鉴》,2016年6月(https://www.bp.com/content/dam/bp-country/zh_cn/Publications/StatsReview2016/BP%20Stats%20Review_2016%E4%B8%AD%E6%96%87%E7%89%88%E6%8A%A5%E5%91%8A.pdf)。

根据国家统计局发布的统计数据，2015年原煤在中国一次能源生产构成的占比接近70%，而原煤生产构成的世界平均水平不到中国的一半。

以煤为主的能源结构，决定了中国电力工业以煤电为主的结构特点。根据国家统计局发布的《中国统计年鉴》，中国电力主要是火力发电，火力发电量通常为总发电量的75%—80%。燃煤发电在火力发电中占主导地位，近5年来中国消费的煤炭中接近50%用于发电，2015年燃煤发电消耗的原煤总量为16.73亿吨。[①] 根据中国电力企业联合会和国际能源署发布的数据，2015年中国煤电装机9.0亿千瓦，占全国总装机容量的59.02%，占全球煤电装机量的50%。中国全年燃煤发电量3.90万亿千瓦时，占总发电量的67.91%。[②]

中国的人口规模和经济发展水平，决定了中国巨大的发用电规模。根据BP石油公司发布的数据，2015年中国发用电量5.8亿千瓦时，占全球总发用电量的24%，是全球第一大用电国家，远高于美国的4.3亿千瓦时和欧盟的3.2亿千瓦时。同时，中国用电需求高速增长，即便由于经济结构转型导致增速放缓，2010—2015年中国的用电需求仍达到了年均7.5%的增速，其中2010年和2011年的增速非常高，从2012年才开始放缓。但是，

---

① 中华人民共和国国家统计局：《中国统计年鉴2016》，中国统计出版社2016年版。

② 《中国电力年鉴》编辑委员会：《2016中国电力年鉴》，中国电力出版社2017年版。

从人均角度来看，中国的用电水平并不高。2015年中国人均用电量仅为每年4134千瓦时，为美国人均用电量（每年13332千瓦时）的1/3，欧盟人均用电量（每年6334千瓦时）的2/3。在不改变发电结构的基础上，以2016年上半年用电量同比增速2.7%计算，到2020年，中国燃煤发电量将达4.45亿千瓦时，用煤量将增加2.4亿吨。以此增速计算，到2031年中国人均用电水平将与欧盟持平，全年燃煤发电量将至少增加2万亿千瓦时，用煤量至少增加8.9亿吨。

中国的能源资源禀赋条件，决定了中国长期维持以煤炭为主的一次能源消费结构，并且煤电将在相当长的时期内仍将是中国电源结构的主力。但是，调整煤炭在能源结构中的比例、控制煤炭消费总量，对改善煤炭消费所带来的环境污染，抑制碳排放增长过快等目标而言，是必不可少的。压缩火力发电尤其是燃煤发电的生存空间，发展风能、太阳能等新能源发电替代化石能源发电方式，一方面可以有效降低煤炭的消费量，促进中国能源结构的转型；另一方面，通过煤炭消费总量的降低，有助于从源头控制来实现污染物和二氧化碳的减排，进而实现污染物总量控制和低碳发展的要求。

从经济学视角看，燃煤发电在推动中国经济发展的同时，也给生态环境和人类健康造成了危害，然而大部分危害并没有由电力生产者承担，即燃煤发电的负外部性并没有内部化。燃煤发电企业在生产活动中仅考虑能源的成本，忽视环境的污染治理成本，导致环境资源作为公共产品被过度消耗，带来严重的污染问题与生态破坏。经济学家庇古在其1920年出版的《福利经济学》一书中指出,对于引起外部性的活动,应该根据其外部成本征收庇古税。对燃煤发电企业征收污染税,实质上是给环境资源定价,将燃煤的外部环境成本纳入生产要素成本中加以考虑,使得发电行为达到社会最优。[①] 有研究表明,在短期内,对产生外部性的商品的替代品进行补贴等价于对产生外部性的商品征税,并且补贴往往更具有政治上的可行性。[②] 中国长期以来一直以补贴政策支持对环境更为友好的新能源发电,使开发运营成本较高的新能源发电项目能够有长期稳定的合理回报,从而吸引部件、系统和运营商及投资人的积极参与,进而推动整个行业的持续发展,以促进风电、太阳能等新能源发电替代化石能源发电。然而,合理的补贴价格应该恰好等于使用新能源发电替代燃煤发电的环境收益。过高的补贴价格不仅会给政府带来沉重的财政负担,还会导致新能源发电行业过热及各种寻租问题,装机过多导致消纳困难,带来"弃风、弃光"等产能浪费问题(参见专题报告三"辨析中国风电与光伏发电补贴政策存在的问题")。因此,本报告梳理了燃煤发电、风能发电以及光伏发电的外部成本进行科学分析与核算的相关资料与文献,并将燃煤发电和风能光伏发电的外部成本进行对比,以确定合理的补贴价格区间,这对于中

[①] [英]亚瑟·赛斯尔·庇古:《福利经济学》,商务印书馆2006年版。
[②] Dennis W. Carlton, and Glenn C. Loury, "The limitations of Pigouvian taxes as a long-run remedy for externalities." *The Quarterly Journal of Economics*, Vol. 95, No. 3, 1980, pp. 559–566.

国燃煤发电外部性的矫正、新能源行业的可持续发展,以及实现节能减排的愿景,都有着重要的意义。

二 煤电的环境成本

(一)煤电的大气污染物排放

煤电会造成严重的空气污染问题,具体而言,从开采、生产、运输到发电的过程中,煤电会造成空气、水和固体废弃物污染等问题。煤电全生命周期包括燃料开采、基础设施建设和燃烧直接排放三部分。[1][2] 在以上三个阶段里,燃料燃烧阶段是最主要的排放来源,煤炭的燃烧过程中可产生包括总悬浮颗粒物、硫氧化物、氮氧化物在内的多种大气污染物。[3] 这些大气污染将引起人体抵抗力下降和人群发病率提高,诱发呼吸系统和心脑血管系统

---

[1] Roberto Turconi, Alessio Boldrin, and Thomas Astrup, "Life cycle assessment (LCA) of electricity generation technologies: Overview, comparability and limitations." *Renewable and sustainable energy reviews*, Vol. 28, 2013, pp. 555 – 565.

[2] Chao Wang and Dong Mu, "An LCA study of an electricity coal supply chain." *Journal of Industrial Engineering and Management*, Vol. 7, No. 1, 2014, pp. 311 – 335.

[3] Joseph V. Spadaro, Lucille Langlois, and Bruce Hamilton, "Assessing the difference. Greenhouse gas emissions of electricity generation chains." *IAEA Bulletin*, Vol. 42, No. 2, 2000, pp. 19 – 24.

等疾病。①

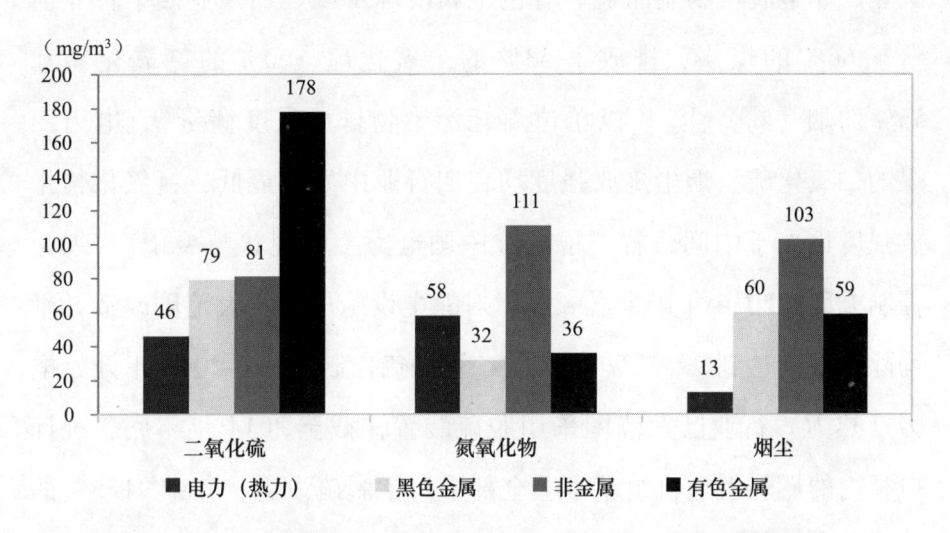

(mg/m³)

	二氧化硫	氮氧化物	烟尘
电力（热力）	46	58	13
黑色金属	79	32	60
非金属	81	111	103
有色金属	178	36	59

图 5-1　四个主要行业的单位煤耗（每万吨）大气污染物排放强度

但是，我们也要认识到，在中国，相比于工业部门和分散式的散煤燃烧，大型煤电厂具有高排放高度、集中性排放、脱硫脱硝技术成熟等优势，且方便监管，因而燃煤的效率更高。② 根据《中国电力工业现状与展望》，中国自 2005 年到 2014 年累计关停小火电机组近 1 亿千瓦。截至 2014 年年底，中国高于 30 万千瓦的火电机组占全部火电机组的比例已经超过了 75%。③ 根据《中国环境统计

---

① 尚琪、邹存国、周少磊：《煤炭的真实成本——大气污染与公众健康》，2010 年，绿色和平（http://www.greenpeace.org/china/Global/china/_planet-2/report/2010/9/coal-airpollution2010.pdf）。

② 董博、刘世宇、杜忠明、张曙光：《煤电与雾霾关系研究》，《中国电力》2017 年第 11 期。

③ 中国电力联合会：《中国电力工业现状与展望》，2015 年 3 月 10 日（http://www.cec.org.cn/yaowenkuaidi/2015-03-10/134972.html）。

年鉴 2015》，电力（热力）生产和供应业、黑色金属冶炼及压延加工业、非金属矿物制品业、有色金属冶炼及压延加工业四个行业消费了 66% 的煤炭，排放了 63% 的二氧化硫、60% 的氮氧化物和 55% 的烟（粉）尘。① 以单位煤耗污染物排放强度衡量②，电力用煤的二氧化硫、烟尘排放强度均在四行业中处于最低，氮氧化物排放强度也处于中间位置。根据《中国电力工业现状与展望》，烟尘控制方面，2014 年以来燃煤电厂对除尘设施进行了大范围改造，平均除尘效率达到 99.77% 以上；二氧化硫控制方面，2012 年开始电力（热力）行业已大范围采用脱硫装置，截至 2014 年年底，统计口径内的燃煤发电机组基本上全部采用了脱硫设施，其中 91.5% 的煤电机组采用了烟气脱硫设施，火电的二氧化硫单位煤耗排放强度在四大主要煤炭消费行业中最低，远低于金属冶炼业、非金属矿物制品业和有色金属冶炼业；氮氧化物控制方面，全国使用燃煤机组的发电厂自 2013 年以来开始执行《国家发展改革委关于扩大脱硝电价政策试点范围有关问题的通知》（发改价格〔2012〕4095 号），至 2014 年年底烟气脱硝机组的占比达到 80%，比 2013 年提高了 22%，比美国 2011 年的水平高 30%。中国目前的燃煤发电除尘、脱硫和脱硝效率能分别达到 99.9%、95% 和

---

① 中华人民共和国国家统计局、中华人民共和国环境保护部：《中国环境统计年鉴（2016）》，中国统计出版社 2016 年版。

② 单位煤耗污染物排放强度是指每消耗 1 万吨煤炭产生污染物的重量，表示该行业对煤炭的清洁化利用水平。

80%以上，污染控制水平远超其他煤炭消费行业。[1] 除此之外，自2014年7月1日以来，全部的燃煤电厂开始执行更为严格的排放控制标准，全国主要地区[2]火电厂燃煤锅炉的排放限值为烟尘30毫克/立方米、二氧化硫100毫克/立方米、氮氧化物100毫克/立方米，重点区域的排放限值更低。中国的火电厂二氧化硫和氮氧化物的排放标准比美国和欧盟更加严格[3]，根据2014年发布的《燃煤发电机组环保电价与环保设施运行监管办法》，中国按浓度小时均值的考核要求比美国的按30天滚动平均值考核以及欧盟的按月均值考核的标准更加严格。

表5-2 一般地区和重点地区主要煤炭消费行业的排放控制标准

单位：毫克/立方米

	二氧化硫	氮氧化物
火力发电锅炉	100（50）	100（100）
钢铁工业	100（100）	300（300）
水泥工业	200（100）	400（320）
铜、镍、钴冶炼	400	无

数据来源：括号里数据代表重点区域的排放标准。钢铁工业、水泥工业和铜、镍、钴冶炼的排放标准分别来自《炼钢工业大气污染物排放标准》《水泥工业大气污染物排放标准》和《铜、镍、钴工业污染物排放标准》。

---

[1] 中国电力联合会：《中国电力工业现状与展望》，2015年3月10日（http://www.cec.org.cn/yaowenkuaidi/2015-03-10/134972.html）。
[2] 主要地区指除广西壮族自治区、重庆市、四川省和贵州省之外的全国所有地区。
[3] 盛青、武雪芳、李晓倩：《中美欧燃煤电厂大气污染物排放标准的比较》，《环境工程技术学报》2011年第6期。

表5-3　中国、美国、欧盟的燃煤发电大气污染物排放标准①

单位：毫克/立方米

	二氧化硫	氮氧化物	考核方法
中国	100	100	小时均值考核
美国	184	135	30天滚动平均值考核
欧盟	200	200	月均值考核

数据来源：欧盟的排放标准来自《大型燃烧装置大气污染物排放限制指令》（Directive 2001/80/EC），排放限值针对2002年之后新建的、热功率大于300兆瓦的燃煤电厂。美国的排放标准来自《联邦法律汇编第40卷第60部分——新建固定污染源的执行标准》（40 CFR Part 60 - Standards of Performance for New Stationary Sources）。中国的排放标准来自《火电厂大气污染物排放标准》（GB 13223—2011）。

根据《中国电力工业现状与展望》，2014年中国燃煤发电的二氧化硫和氮氧化物排放量均为620万吨左右，分别占全国总排放量的31.4%和29.8%。②根据2014年燃煤发电总量4.03万亿千瓦时计算③，燃煤发电的单位排放量为每千瓦时0.24克烟尘、1.54克二氧化硫和1.54克氮氧化物，比2005年和2009年的单位排放数据至少减少了一个数量级④，相比于2011年的水平也至少降低了50%⑤，主要

---

① 根据2002年欧盟出台的《大型燃烧企业大气污染物排放限制指令》，表中欧盟的排放限值针对2002年之后新建的、热功率大于300兆瓦的燃煤电厂。

② 中国电力联合会：《中国电力工业现状与展望》，2015年3月10日（http://www.cec.org.cn/yaowenkuaidi/2015-03-10/134972.html）。

③ 《中国电力年鉴》编辑委员会：《2016中国电力年鉴》，中国电力出版社2017年版。

④ Changqing Xu, Jinglan Hong, Yixin Ren, Qingsong Wang, and Xueliang Yuan, "Approaches for controlling air pollutants and their environmental impacts generated from coal-based electricity generation in China." *Environmental Science and Pollution Research*, Vol. 22, No. 16, 2015, pp. 12384-12395.

⑤ 2011年，中国燃煤发电的单位排放量为每千瓦时3.14克二氧化硫和3.82克氮氧化物。

原因是前面提到的煤炭脱硫、脱硝技术的大规模使用[①]。最新的研究表明，燃煤发电对于全国城市的二氧化硫、二氧化氮和 PM2.5 的贡献率分别为 15.6%、19.6% 和 8.5%。[②] 除了以上的主要大气污染物之外，燃煤发电还会造成其他污染物的排放。中国燃煤发电还会排放大量的汞、砷、硒等有害重金属物质[③]，以上微量元素均被列入美国清洁法案[④]和欧盟的严重空气污染物清单[⑤]。

空气污染的外部影响包括健康损失、医疗费用损失、工作日数损失、建筑物损害及农业收成减少等影响。[⑥] 对美国空气污染的研究表明，空气污染的社会成本中 94% 以上来自健康影响，其中死亡损失占全部健康成本的 75%—90%，占全部外部成本的 68%—85%。[⑦]

[①] Xiaoye Liang, Zhihua Wang, Zhijun Zhou, Zhenyu Huang, Junhu Zhou, and Kefa Cen, "Up-to-date life cycle assessment and comparison study of clean coal power generation technologies in China." *Journal of cleaner production*, Vol. 39, 2013, pp. 24 – 31.

[②] 薛文博、许艳玲、王金南、唐晓龙：《全国火电行业大气污染物排放对空气质量的影响》，《中国环境科学》2016 年第 36 卷第 5 期。

[③] H. Z. Tian, C. Y. Zhu, J. J. Gao, K. Cheng, J. M. Hao, K. Wang, S. B. Hua, Y. Wang, and J. R. Zhou, "Quantitative assessment of atmospheric emissions of toxic heavy metals from anthropogenic sources in China: historical trend, spatial distribution, uncertainties, and control policies." *Atmospheric Chemistry and Physics*, Vol. 15, No. 17, 2015, pp. 10127 – 10147.

[④] U. S. Environmental Protection Agency, *The Clean Air Act Amendments of 1990*, Washington D. C.: U. S. Congress, 1990.

[⑤] European Environment Agency, *EMEP/EEA air pollutant emission inventory guidebook 2016: Technical guidance to prepare national emission inventories*, Copenhagen: European Environment Agency, 2016.

[⑥] H. Z. Zhang, J. N. Wang, K. Y. Niu, J. Q. Dong, D. Cao, T. Z. Zhang, and Y. M. Luo, "Environmental Damages Assessment: Establishment of System Framework in China." *Environmental Science*, Vol. 35, No. 10, 2014, pp. 4015 – 4030.

[⑦] Nicholas Z. Muller, and Robert Mendelsohn, "Measuring the damages of air pollution in the United States." *Journal of Environmental Economics and Management*, Vol. 54, No. 1, 2007, pp. 1 – 14.

基于中国的研究同样表明，空气污染的死亡成本占全部外部成本的70%—75%。[1] 大量的实证研究表明，减少空气污染可以显著降低人们患中风、心脏病、肺癌、慢性和急性呼吸道疾病的风险。[2]《美国经济评论》发表的一项研究表明，PM2.5、PM10、二氧化硫等空气污染的健康成本为每年702亿美元。[3] 在中国，学界关于空气污染的死亡影响存在严重的分歧。2013年，时任卫生部部长陈竺发表的一项学术研究指出，中国的室外空气污染问题导致的过早死亡人数约为每年35万—50万人。[4] 清华大学与美国健康影响研究所联合发布的《2010年全球疾病负担评估》指出，中国的室外空气污染在2010年导致了123.4万人的过早死亡以及2500万健康生命年[5]的损失。[6] Berkeley Earth的研究报告显示，中国的空气污染导致每年约

---

[1] The World Bank, *Cost of Pollution in China*, Washington D. C.: World Bank Publication, 2007.

[2] Bert Brunekreef, and Stephen T. Holgate, "Air pollution and health." *The Lancet*, Vol. 360, No. 9341, 2002, pp. 1233 – 1242.

[3] Nicholas Z. Muller, and Robert Mendelsohn, "Measuring the damages of air pollution in the United States." *Journal of Environmental Economics and Management*, Vol. 54, No. 1, 2007, pp. 1 – 14.

[4] Zhu Chen, Jin-Nan Wang, Guo-Xia Ma, and Yan-Shen Zhang, "China tackles the health effects of air pollution." *The Lancet*, Vol. 382, No. 9909, 2013, pp. 1959 – 1960.

[5] 健康寿命年是用生命质量来调整生存年数而得到的一个新指标。通过生命质量评价把不正常功能状态下的生存年数换算成有效用的生存年数，使其与健康人处于等同状态。

[6] Stephen S. Lim, Theo Vos, Abraham D. Flaxman, Goodarz Danaei, Kenji Shibuya, Heather Adair - Rohani, Mohammad A. AlMazroa et al., "A comparative risk assessment of burden of disease and injury attributable to 67 risk factors and risk factor clusters in 21 regions, 1990 – 2010: a systematic analysis for the Global Burden of Disease Study 2010." *The lancet*, Vol. 380, No. 9859, 2012, pp. 2224 – 2260.

160万人死于心脏病、肺病和中风。①《中国燃煤和其他主要空气污染源造成的疾病负担》表明，2013年中国PM2.5造成的死亡人数为91.5万，归因于燃煤电厂污染排放的死亡人数为8.65万人，占PM2.5全部死亡影响的9.5%。② 以上研究中，对中国空气污染的死亡人数的估计平均在100万人左右，最低值为卫生部部长陈竺等估算的35万至50万人，最高值为世界银行估算的160多万人。③

目前国际上对生命统计价值的估算，常用的方法有支付意愿法和人力资本法。④ 支付意愿法主要通过问卷调查的方式，询问人们对于降低死亡风险或增加生存概率的支付意愿，统计分析生命统计价值。世界银行在2000年针对江苏省丹阳市、贵州省六盘水市和天津郊区的问卷调查显示，这些地区受访者的平均生命统计价值为79.5万元人民币。中国社会科学院1999年针对北京的问卷调查显示，北京受访者的平均生命统计价值在24万至170万元人民币之间。2006年基于上海和重庆的问卷调查显示，这些地区受访者的平均生命统计价值为140万元人民币。人力资本法使用人均收入贴现估算，如果考虑20年的寿命损失、收入年增长率为7%、年贴现率

---

① Robert A. Rohde, and Richard A. Muller. "Air pollution in China: mapping of concentrations and sources." *PloS one*, Vol. 10, No. 8, 2015.

② GBD MAPS Working Group, *Burden of Disease Attributable to Coal-Burning and Other Major Sources of Air Pollution in China.* Special Report 20, Boston: Health Effects Institute, 2016.

③ 以上关于大气污染对过早死亡的研究均是统计学意义上的分析。大气污染导致过早死亡主要是通过增加罹患慢性病的概率，比如医学研究表明，PM2.5对人体的伤害主要包括肺部损害、心血管系统损害、免疫系统损害以及致癌等。

④ 曹彩虹、韩立岩：《雾霾带来的社会健康成本估算》，《统计研究》2015年第7期。

为8%，使用2015年全国人均收入49228.73元计算，早死导致的生命价值损失约为100万元人民币。

为避免低估燃煤发电的健康成本[①]，我们以最高值170万元人民币计算生命统计价值，每年由于燃煤发电造成的早死人数为8.65万人，因此，燃煤发电带来的死亡损失约为每年1470.5亿元人民币；以空气污染的死亡损失占全部外部成本最低70%的比例进行计算，中国每年燃煤发电直接造成的空气污染外部成本约为2100.7亿元人民币；以2015年燃煤发电总量3.9万亿千瓦时计算，中国每千瓦时燃煤发电量全生命周期的大气污染成本最高值为人民币5.4分。

（二）煤电的温室气体排放

根据中国国家发展和改革委员会2014年发布的《节能低碳技术推广管理暂行办法》，中国每吨标煤的二氧化碳排放系数为2.64，根据国家能源局发布的用电量数据[②]，2015年中国平均电厂供电标准煤耗为每千瓦时315克，由此计算得出，中国每千瓦时燃煤发电量的二氧化碳排放量为832克。各国的温室气体排放强度普遍为每千瓦时800—1200克，其中美国、英国、德国、日本、荷兰等发达

[①] 根据课题组成员的研究，因空气污染早死的人群主要为65岁以上的老年人，使用生命统计价值估算其死亡成本实际上也是高估的。

[②] 国家能源局：《国家能源局发布2015年全社会用电量》，2016年（http://www.nea.gov.cn/2016-01/15/c_135013789.htm）。

国家的燃煤电厂的碳排放水平普遍为每千瓦时837—974克之间。①以中国2015年燃煤发电总量3.9万亿千瓦时计算，中国燃煤发电产生的二氧化碳总量为32.43亿吨，占中国二氧化碳排放总量的35.4%。

关于全球变暖的社会成本，学术界存在很大争议。2014年，联合国政府间气候变化专门委员会（Intergovernmental Panel on Climate Change，IPCC）发布了一项关于气候变化对人类和生态系统影响的报告，该报告指出衡量温室气体对人类社会的影响存在很大的不确定性，包括二氧化碳浓度变化会对气候造成什么样的影响，气候系统的正、负反馈循环，不同社会经济环境下温室气体排放的增速，损失函数能否准确衡量灾难性损失、天气易变性等方面的特征，以及如何将未来的损失进行货币化贴现等方面。② 根据对全球变暖社会成本的不同估计，研究者对应对气候变化的建议包括以下三种措施：一是采取积极的应对措施，现在增加投资进行减排；二是采取相对温和的应对措施，现在不减排，在未来增加适应气候变化方面的设施投资；三是采取消极的应对措施，现在不减排，等未来技术成熟、成本大幅度下降后，再投资进行大规模减排。世界银行前首席经济学家尼古拉斯·斯特恩的《斯特恩回顾：气候变化经济学》以国际视角衡量了碳的社会成本，采用成本收益分析方法并根据联

---

① Roberto Turconi, Alessio Boldrin, and Thomas Astrup, "Life cycle assessment (LCA) of electricity generation technologies: Overview, comparability and limitations." *Renewable and sustainable energy reviews*, Vol. 28, 2013, pp. 555–565.

② Working Group II of the IPCC, *Climate Change 2014: Impacts, Adaptation, and Vulnerability*.

合评估模型（IAM）进行估算。① 斯特恩指出，如果将2035年地球大气二氧化碳浓度的目标定在450—550ppm当量，那么每吨二氧化碳的社会成本介于25—30美元，由此他建议采取积极的应对政策缓解全球气候变化。然而，另外两位经济学家指出，斯特恩的研究结果依赖于极低的贴现率（1.4%）和气候变化的不确定性，导致未来的气候变化损失贴现到今天依然很高。②③ 因此，应对气候变化应采取积极果断的措施还是应该采取温和渐进的措施仍有待商榷。

为应对全球变暖，联合国的两个重要公约——《联合国气候变化框架公约》和《京都议定书》——通过表决并陆续出台，促进了以二氧化碳排放权为主的市场交易机制。美国芝加哥气候交易所是全球第一家自愿减排的碳交易市场，成立于2003年，首次实现了碳排放权配额期货的交易模式。随后，欧盟的碳排放交易体系于2005年成立，现已发展为全球最大的碳排放权交易市场。2013年，中国的第一个碳排放权交易试点在深圳正式启动。同年年末，碳交易试点在广东、上海、北京等地陆续开展。根据世界银行的报告，2015年全球碳排放权交易市场的平均成交价格在每吨1美元至130美元之间，其中超过85%的碳排放权的成交价格

---

① Nicholas H. Stern, *The Economics of Climate Change: The Stern Review*, Cambridge, UK: Cambridge University Press, 2007.

② William D. Nordhaus, "A review of the Stern review on the economics of climate change." *Journal of economic literature*, Vol. 45, No. 3, 2007, pp. 686 - 702.

③ Martin L. Weitzman, "A review of the Stern Review on the economics of climate change." *Journal of economic literature*, Vol. 45, No. 3, 2007, pp. 703 - 724.

在每吨10美元以下。① 以大型交易市场为例，欧盟的平均成交价格为每吨9美元，加州的平均成交价格为每吨13美元。中国的成交价格处于国际上较低水平，至2015年12月31日，全国7个碳排放交易试点累计成交配额6758万吨，累计成交额约23亿元人民币，平均成交价格为34.40元/吨。如果采用已有研究中对二氧化碳外部性成本估计的平均值（每吨12美元），以2015年燃煤发电用煤量122.29亿吨进行计算，中国每年由于燃煤发电造成的温室气体排放总量为32.43亿吨，每千瓦时发电量的外部成本为6.9分人民币。

即便考虑到二氧化碳外部性成本的高度不确定性，每吨12美元的数字可能会趋于保守，以中国风电和光伏发电补贴政策的成本收益实现自我平衡作为计算依据，二氧化碳外部性成本应在每吨40美元左右，高于美国政府进行项目评估时所采用的36美元。考虑到2015年91.5亿吨二氧化碳总排放量，若以每吨二氧化碳成本40美元进行计算，中国全年二氧化碳排放成本为2.5万亿元，占2015年GDP总量的3.7%。无论从哪个角度来看，二氧化碳每吨40美元的外部性成本都是极大可能被高估的数字，中国风电和光伏发电补贴政策的成本收益因此难以平衡。

以上两节的计算结果显示，在采用较为激进的算法，以最高值进行估计的情况下，包含空气污染和二氧化碳排放在内的燃煤发电每千瓦时的外部成本最高为0.12元人民币。对于新能源发电的合理

---

① The World Bank, *State and Trends of Carbon Pricing*, Washington D.C.: World Bank Publication, 2015.

的补贴价格，应该恰好等于使用新能源发电替代燃煤发电的环境收益，因此，即使新能源发电的外部环境成本为零，对于风电和光伏发电的补贴价格应该不高于每千瓦时 0.12 元人民币。

◇◇ 三 风电和光伏发电的环境成本

风能作为新能源重要的一部分，具有技术相对成熟、运行过程中不直接产生污染和废物排放以及资源永不枯竭等优势。①② 然而，从整个生命周期来看，风电场生产设备的材料冶炼、制作、维修及更换等过程都会产生少量的空气污染和温室气体排放。③④ 污染物的排放主要来自风机制造所需的钢铁和水泥的生产，排放量相比于燃煤发电几乎可以忽略。⑤ 但是，风电场对生态环境存在一定的负面影响，主要体现在风机的视觉污染、噪声、电磁干扰等方面。⑥ 风电

---

① 俞海淼、周海珠、裴晓梅：《风力发电的环境价值与经济性分析》，《同济大学学报》（自然科学版）2009 年第 5 期。
② 陈雷、邢作霞、李楠：《风力发电的环境价值》，《可再生能源》2005 年第 15 期。
③ 冯亚娜：《LCA 对风电产业发展的启示》，《科技资讯》2009 年第 24 期。
④ 王悦、郭森、郭权：《基于 IO - LCA 方法的我国风电产业全生命周期碳排放核算》，《可再生能源》2016 年第 7 期。
⑤ G. Q. Chen, Q. Yang, and Y. H. Zhao. "Renewability of wind power in China: a case study of nonrenewable energy cost and greenhouse gas emission by a plant in Guangxi." *Renewable and Sustainable Energy Reviews*, Vol. 15, No. 5, 2011, pp. 2322 - 2329.
⑥ 徐涛：《中国海上风电现状》，《中国农业机械工业协会风能设备分会 2013 年度论文集》（上），2013 年。

场在运转过程中，会产生一定的噪声①，江苏省的《风电场工程建设项目环境影响报告表》指出，风机周边350米内为噪声防护距离，应该避免建设居民住宅、学校和医院；在有风和阳光的条件下，阳光照在旋转的叶片上产生晃动的阴影，在一定范围内会造成光污染；风力发电项目在运行的过程中会产生电磁污染，主要表现为电磁辐射和电磁信号干扰，其中电磁辐射主要集中于分散安装的风力发电设备和输电线路上，电磁干扰主要表现为对电视和通信方面的影响。②另外，噪声、光和电磁污染会对周围居民的正常生活产生不利影响。旋转的叶片还会对鸟类的飞行、觅食等产生致命的威胁，影响鸟类的栖息与迁徙，从而对生态环境产生负面的影响。③

相比于其他的能源，太阳能资源的主要优势是易于获得。虽然光伏发电不直接产生污染排放，但是在全生命周期中，多晶硅的生产、硅片的制作、电池板的生产、光伏组件的制作等阶段都会产生环境损害。④⑤相比于其他的清洁能源（例如水力发电和风能），太

---

① International Renewable Energy Agency, *Renewable Energy Technologies: Cost Analysis Series, Volume 1: Power Sector, Issue 5/5 Wind Power*, Abu Dhabi: International Renewable Energy Agency, 2012.

② 付哲林、王鹏、李婧、魏晓燕、王忠恩、刘沙宾、昝成功：《风电场电磁辐射污染初探》，《北方环境》2011年第12期。

③ 崔怀峰、杨茜、张淑霞：《鸟类与风电机相撞的影响因素分析及其保护措施》，《环境科学导刊》2008年第5期。

④ 张俊翔、朱庚富：《光伏发电和燃煤发电的生命周期评价比较研究》，《环境科学与管理》2014年第10期。

⑤ 王晓宁：《中国太阳能光伏产业链剖析及其对产业的影响》，《电器工业》2008年第7期。

阳能发电的污染排放和资源消耗最高。[1]

多晶硅的生产是高耗能、高污染的环节,因为多晶硅的还原过程需要在高温条件下完成,而且需要消耗大量的电能。除此之外,多晶硅在生产过程中会产生四氯化硅副产品,如果处理不当还将对环境产生严重的危害。[2]

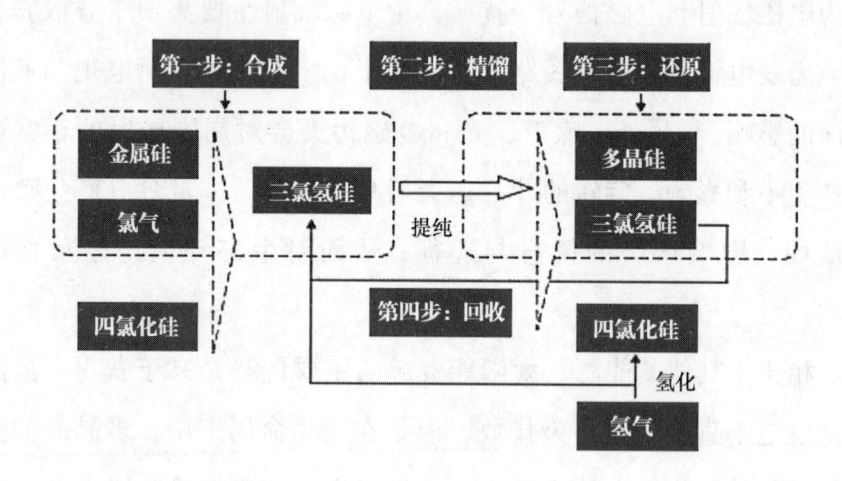

图 5-2　多晶硅生产的流程图

资料来源:李俊峰、常瑜:《中国光伏产业清洁生产研究报告》,2013 年,绿色和平(http://www.greenpeace.org/china/zh/publications/reports/climate-energy/2012/solar-clean-production/)。

硅片的加工是光伏电池生产过程中最重要的环节之一。在制作

---

[1] Roberto Dones, Thomas Heck, Christian Bauer, Stefan Hirschberg, Peter Bickel, Philipp Preiss, L. Int Panis, and I. De Vlieger, *Externalities of energy: extension of accounting framework and policy applications*, Villigen, Switzerland: Paul Scherrer Institute, 2005.

[2] 王新刚:《太阳能级多晶硅生产技术研究现状及展望》,《化工技术与开发》2012 年第 9 期。

硅片前，需要对多晶硅进行分拣挑选并放入坩埚中清洗，然后进行熔炼并清洗，用金属线进行切割、磨面和倒角之后进行漂洗。在这一环节中，清洗和漂洗的阶段会产生含聚二乙烯①的切割液和清洗剂，并排放含硅和含酸的废水。②

将硅片加工成电池片的环节，是产生污染的主要环节。③ 首先，在硅片上掺杂硼、磷、锑等微量元素并在高温环境进行扩散，这一

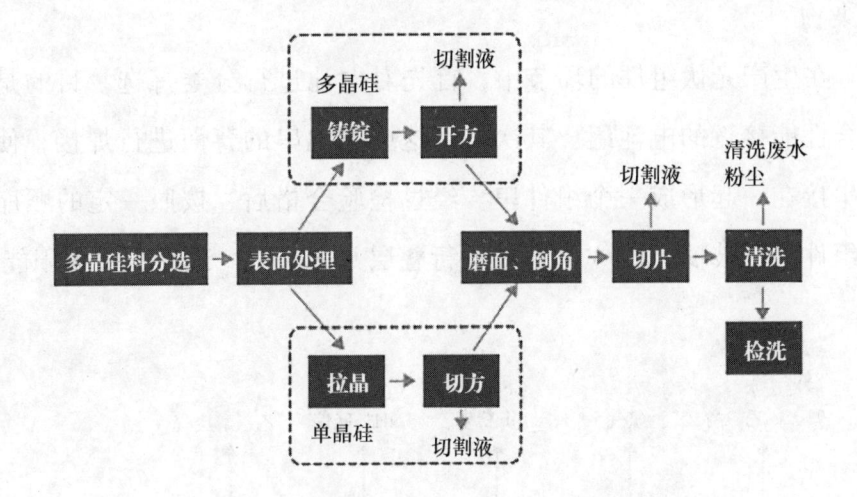

图 5-3　硅片加工的流程图和污染排放情况

资料来源：李俊峰、常瑜：《中国光伏产业清洁生产研究报告》，2013年，绿色和平（http://www.greenpeace.org/china/zh/publications/reports/climate-energy/2012/solar-clean-production/）。

---

① 聚二乙烯是废水化学需氧量的主要来源。
② 郑宣、程璇：《半导体硅片金属微观污染机理研究进展》，《半导体技术》2004年第8期。
③ G. Q. Chen, Q. Yang, Y. H. Zhao, and Z. F. Wang, "Nonrenewable energy cost and greenhouse gas emissions of a 1.5 MW solar power tower plant in China." *Renewable and Sustainable Energy Reviews*, Vol. 15, No. 4, 2011, pp. 1961–1967.

环节会导致氯气和废水的排放。其次，在硅片上用氢氟酸清洗并进行刻蚀，这一环节会产生含氢氟酸和氟离子的废水、废气和固体废弃物的排放。最后，使用丝网印刷法在硅片上涂上导电银浆，在硅片的表面制作栅线及电极，经过烧结并印刷铝浆之后在有栅线的一面涂覆减反射膜，减少光能在表面的反射。这一环节会排放含有残余硅烷的废气，并排放氨气和挥发性有机物等气体污染物。①

在生产光伏组件的环节中，首先对电池进行分类拣选，目的是组合性能接近的电池组。其次，将这些电池串的背面进行焊接，使其串接在一起形成一个组件串。经过检验合格后，按照一定的顺序将组件串、玻璃、EVA和背板进行叠层并次层压。最后，将太阳能

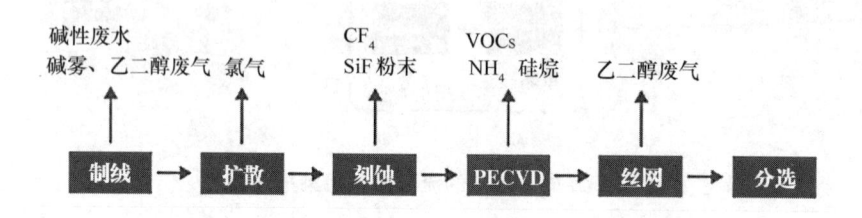

图5-4 太阳能电池板的生产流程和污染排放情况

资料来源：李俊峰、常瑜：《中国光伏产业清洁生产研究报告》，2013年，绿色和平（http://www.greenpeace.org/china/zh/publications/reports/climate-energy/2012/solar-clean-production/）。

---

① 唐玉萍：《太阳能电池生产项目污染产生与处理措施》，《广东化工》2010年第10期。

电池板进行装框,并将接线盒黏结在电池板外。这一环节会导致清洗玻璃的废水和串焊的废气排放。

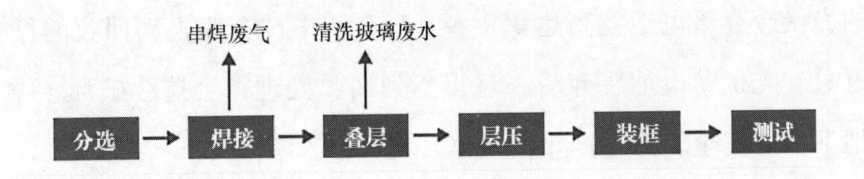

```
分选 → 焊接 → 叠层 → 层压 → 装框 → 测试
        ↑      ↑
      串焊废气  清洗玻璃废水
```

图5-5 太阳能光伏组件生产流程和污染排放情况

资料来源:李俊峰、常瑜:《中国光伏产业清洁生产研究报告》,2013年,绿色和平(http://www.greenpeace.org/china/zh/publications/reports/climate-energy/2012/solar-clean-production/)。

光伏生产过程中可能出现的污染是可以通过清洁生产技术解决的,但是由于中国光伏产业在常规污染控制方面还存在很大的漏洞,监管及统一生产标准的缺位、环境标准的不严格执行、配套污染治理设施落实不到位,使得光伏发电的环境影响更加凸显。2013年,绿色和平组织发布的《中国光伏产业清洁生产研究报告》指出,在中国目前的70多家多晶硅企业中,只有20家企业进入了国家工信部发布的多晶硅行业准入名单,即通过了《多晶硅行业准入条件》,说明中国目前只有不到1/3的多晶硅企业能够达到能耗和环保的基本标准。截至2011年年底,中国光伏组件企业多达700家,其中较大规模的33家企业都已经先后在美国、中国香港或内地上市,但是发布企业社会责任报告、披露能耗水平和"三废"排放情况的企业却寥寥无几。除此之外,在光伏发电机组使用的蓄电池主要是铅酸蓄电池，其内部含有包括铅、锑、镉、硫酸在内的大量有毒物质。根据2011年青海省的一次抽样调查结果，接近80%的用户将光伏废弃物随处乱扔或随生活垃圾丢弃，仅三江源地区产生的光伏废弃蓄电池就高达850多万只，其中被企业主动回收的仅40万只。光伏蓄电池废弃后一旦得不到回收处理，会持续破坏土壤和地下水的安全，产生严重的生态环境问题。

以上分析表明，风电和光伏发电的外部成本并非为零，尤其是光伏发电存在不少环境问题。因此，对于新能源发电的补贴额度应该低于煤电的外部成本，而对于光伏发电的补贴价格应该更低。

◇◇ 四 政策建议

习近平总书记在党的十九大报告中指出："坚持节约资源和保护环境的基本国策。"在这样的时代背景下，推动能源转型、加强可再生能源的利用，既是顺应发展非化石能源的世界潮流，也对中国形成绿色发展和生活方式至关重要。党的十九大报告提出了"创新、协调、绿色、开放、共享的发展理念"，对于推动中国能源结构的改革、树立能源安全的观念，具有极其重要的意义。除此之外，2014年中美共同签署的《中美气候变化联合声明》指出，中国将于2030年达到碳排放的峰值，并将一次能源消费中清洁能源的比例提高到20%左右。中国的可再生能源补贴政策，旨在支持和鼓励新能源行业扩大规模、促进科技创新与技术进步，加速能源结构转型。在政府政策支持和补贴的激励下，截至 2015 年第三季度，中国风电装机 10885 万千瓦，短短 5 年增长 1 倍多，而光伏发电装机 3795 万千瓦，5 年内增长了 6 倍多，风电、光伏发电装机规模均居世界首位，能源供应结构调整得以迅速实现，清洁能源供应的比重得以迅速提高。但是，中国风电、光伏发电产业发展目前面临着两大困难：第一，"弃风""弃光"的问题比较突出，风电、光伏发电的高装机量很难消纳，在甘肃省，即便火电机组全部关停，仍无法保证风电、光伏发电机组按保障小时数运行。第二，财政补贴存在很大的资金缺口，截至 2016 年上半年，风电、光伏发电补贴缺口累计达 550 亿元，原有的补贴模式很难继续维持。

　　补贴风电、光伏发电的一个重要原因是其对煤电的替代。解决燃煤电厂的环境损害，根据污染者付费原则，最优的政策选择是对燃煤电厂征税，征税价格等于燃煤发电的外部环境成本。尽管在短期内，对风电、光伏发电补贴等价于对燃煤发电征税，但从长期考虑，补贴政策提高风电、光伏发电企业的利润，从而降低风电、光伏发电产业的准入门槛，导致风电、光伏发电企业的数量、发电机组的装机容量均高于最优水平[1]，埋下"弃风""弃光"隐患。因此，能源改革的最终目标，应是将能源财政政策从"市场规划手段"逐步还原为"外部性调节工具"，在市场形成的价格基础上实施额外的价格手段，让能源价格真实反映环境、气候等外部成本，

---

[1] Dennis W. Carlton, and Glenn C. Loury, "The limitations of Pigouvian taxes as a long-run remedy for externalities." *The Quarterly Journal of Economics*, Vol. 95, No. 3, 1980, pp. 559 – 566.

逐步取消对风电、光伏发电的补贴,转而对燃煤发电征收合理的环境税和碳税。

当然,在环境税、碳税阻力重重的背景下,对风电、光伏发电补贴不失为短期内的一个有效手段。合理的补贴价格应该真实反映出风电、光伏发电的外部优势。上文的计算结果显示,在使用较为激进的算法,采用最高值进行估计的情况下,包含空气污染和二氧化碳排放在内的燃煤发电每千瓦时的外部成本最高为0.12元人民币。即便新能源发电的外部环境成本为零,对于风电和光伏发电的补贴价格最多为每千瓦时0.12元人民币。当然,如前所述,风电和光伏发电并非零成本,尤其是光伏发电存在一定的环境问题。这说明,对于风电合理的补贴价格应该低于每千瓦时0.12元人民币,而对于光伏发电的补贴价格应该更低。而中国实际的补贴中,风电、光伏发电的保守估计分别为每千瓦时0.5元、0.2元人民币,比合理的补贴价格至少高了1倍。如果考虑巨额补贴欠款,每年应该补贴的金额接近千亿元人民币。而以2015年风力发电量1851亿千瓦时、光伏发电量392亿千瓦时计算,新能源发电的环境总收益最高为270亿元人民币。可以看出,补贴金额比环境收益的最高值还高出数倍。这说明,风电和光伏发电的实际补贴过高,补贴政策的成本收益严重失衡。

从成本的角度来看,新能源发电企业也并不需要过高的补贴来维持正常的利润率。近年来,新能源发电的成本显著下降。根据国际能源署近日发布的《电力发生改变:2025年前太阳能和风能成本下降潜力》(*The Power to Change: Solar and Wind Cost Reduction Po-*

tential to 2025），2008年至2015年全球陆上风电的度电平准成本下降了35%，地面光伏电站的度电平准成本下降了80%，2015年全球光伏发电成本为每千瓦时13美分，中国属于低成本地区，陆上风电的度电成本仅为5.3美分。近年来，伴随着中国光伏发电产业迅猛发展带来的发电效率提高以及各项材料成本、基础设施建设成本和度电价格的不断下降，数据显示，太阳能电厂的绝对效率每年平均提升0.3%，太阳能组件的平均成本自2010年以来已经下降了60%以上，光伏电站的每千瓦平均造价已从2009年的20000元左右降至2015年的9000元以内。新能源发电成本仍有下降空间。根据国际可再生能源署的报告预测，由于经济规模的扩大、产业链上的竞争和技术的不断改进，可再生能源发电的成本将大幅下降，例如，2025年太阳能光伏的平均度电成本预计将比2015年下降约60%，陆上和海上风电的供电成本将分别下降26%和35%。

总之，中国的可再生能源补贴政策加速了中国的能源结构向绿色可再生能源转型的过程。然而，近两年来，西部地区的"弃风""弃光"日益凸显，风电、光电等新能源产业出现了结构性过剩，这与高额补贴不无关系。为走出绿色电力结构性过剩的困局，中国应逐步降低可再生能源补贴，还原补贴的外部性调节属性，并推行可再生能源电力配额和绿色证书交易，借此构建基于可再生能源发电量证券化的市场供求机制和交易体系。

专题报告六

风电和光伏发电补贴政策的国际经验[*]

◇ 一 引言

对中国来说，发展可再生能源具有实现经济上的可持续发展和减少温室气体排放的双重战略属性。然而，由于技术不成熟、成本偏高等原因，可再生能源在发展初期与化石能源相比并不具有市场竞争力，其产业发展高度依赖政府的财政补贴。制定科学的补贴政策是发展可再生能源的关键。与此同时，可再生能源发展也给电网建设的配套升级、电力市场的重新整合带来了巨大挑战，这些问题也正引起世界各国的强烈关注。

目前，对可再生能源发电实行价格补贴是全球主要经济体推动可再生能源发展的重要政策手段。其中，自上而下的固定上网电价

[*] 本章执笔：陈醒。

(Fixed Feed-in Tariff, FiT)是应用最早也最为广泛的补贴政策。早在20世纪90年代初期,德国、丹麦、意大利和西班牙开始实行固定上网电价政策,这一政策促进了欧洲风电装机规模的迅速扩大。截至2015年年底,包括中国,已经有110个国家和地区出台了国家或州/省固定上网电价政策。

税收抵免(Tax Credit)和净计量电价(Net Metering)也受到了政策制定者的欢迎,美国是这一政策的拥趸。凭借丰富的风光资源,美国在联邦层面实行较为保守务实的税收减免,并给予各州较大的自主权,实现了分布式光伏的健康发展。

与此同时,竞标制度势头猛进,并开始挑战固定上网电价的主导地位。截至2015年年底,至少有64个国家举行了可再生能源竞标活动,全球发展中国家的竞标价格和数量均创下新纪录。竞标有力地弥补了固定上网电价制度的缺陷:减轻了政府的财政负担,价格发现机制促进了资源有效配置。欧洲许多国家也将从2017年开始全面采用竞标形式。

在可再生能源补贴的国际经验部分,我们主要探讨德国、美国和巴西的可再生能源补贴政策,希望通过了解三个国家可再生能源发展现状及其补贴政策,总结其补贴政策的效果,理解和探讨各国实行不同补贴政策背后的原因,提出中国在运用价格补贴政策时应该学习的经验。

德国作为欧洲第一大经济体,在固定上网电价方面积累了将近20年的经验。德国从2000年起,制定了《可再生能源法》。在随后的十几年里，德国数次调整这项法律，适时地引导和调控促进了可再生能源市场的良性发展。这一系列法案不仅照顾到了电力市场中广大投资者的利益，同时也避免了因补贴导致的政府巨额赤字。德国是目前欧洲可再生能源市场化最好的国家之一。而中国现阶段的固定上网电价政策与德国一脉相承。在补贴政策急需调整的当下，考察分析德国补贴的制度设计以及未来补贴政策转型方案对中国有重要的借鉴意义。

美国在联邦层面一直采取相对节制、温和的税收抵免政策，同时设立专项资金重点扶持可再生能源的技术创新。在州政府层面，各地因地制宜，采取相对多样化的措施，如加州的净计量电价、得克萨斯州绿色证书等。这些激励使得美国可再生能源的发展成本远低于德国。这背后的成功经验值得我们学习。

在南美，巴西正成为可再生能源竞标制度的领导者。巴西没有大规模地实行传统的固定上网电价制度，而是通过风电竞标，利用价格发现机制引导市场的健康运行。竞标制度正在引起世界各国的关注，即将成为下一阶段各国补贴政策的转型方向。

与此同时，本部分也简单汇总了其他一些国家在可再生能源补贴政策方面的成功经验或面临的问题。如丹麦维持其传统风电强国的措施、西班牙光伏产业泡沫破裂的政策失误、日本高额补贴下光伏反而有序发展背后的原因，希望能对现阶段中国可再生能源补贴政策的调整提供一定的借鉴意义。

专题报告六 风电和光伏发电补贴政策的国际经验 | 213

二 德国

（一）可再生能源发展概况

德国是世界第四、欧洲第一大经济体，其煤炭资源丰富，长期依赖煤电，现在仍有44%的一次能源消费来源于燃煤。① 自20世纪90年代起，德国就推行其能源转型政策。从2000年开始，得益于《可再生能源法》的颁布，德国的可再生能源装机容量开始飞速增长，其中风电和光伏发电装机容量增长尤其迅速。截至2015年年底，风电装机容量已经达到45.16GW，光伏发电装机容量达到38.89GW。② 从发电量来看（见图6-1与图6-2），2015年可再生能源发电占总发电量的1/3左右，其中风电占总发电量的15%，光伏发电占7%，并且近两年来风电与光伏发电占比明显上升。③

在新能源消纳方面，德国完成得较为出色。在装机容量很大的背景下，德国的弃光率仅有1%左右，风电弃风率仅有0.3%。达到如此高的消纳率，主要有两个原因。一是德国十分注意装机容量的增长要与电网建设同步。德国依托欧洲大电网，已经建立了相对完

---

① 数据来源：《BP世界能源统计年鉴》（2015版），下同。
② 各国能源装机数据来源：Bloomberg new energy finance，下同。
③ 各国发电数据来源：Bloomberg new energy finance，下同。

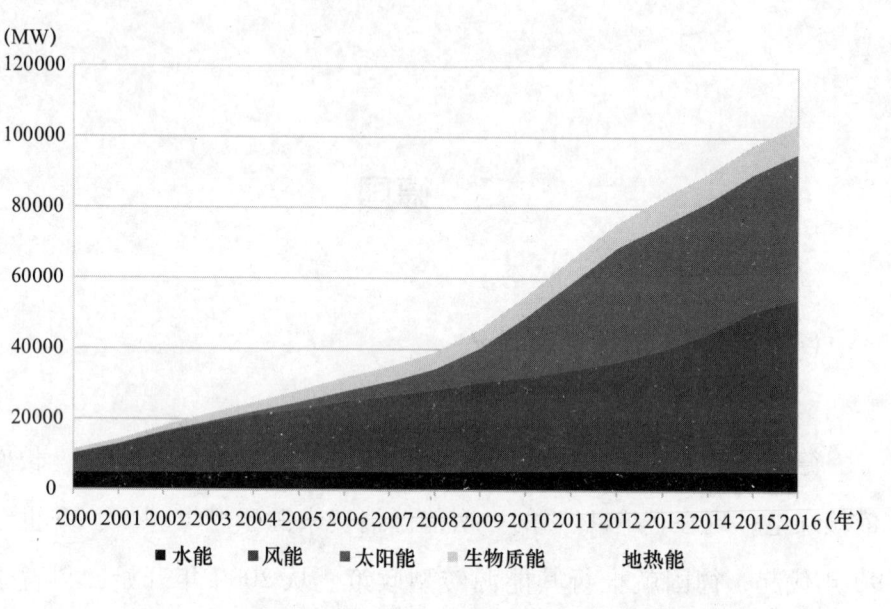

图 6-1 2000—2015 年德国可再生能源装机容量变化趋势

数据来源：Bloomberg new energy finance。

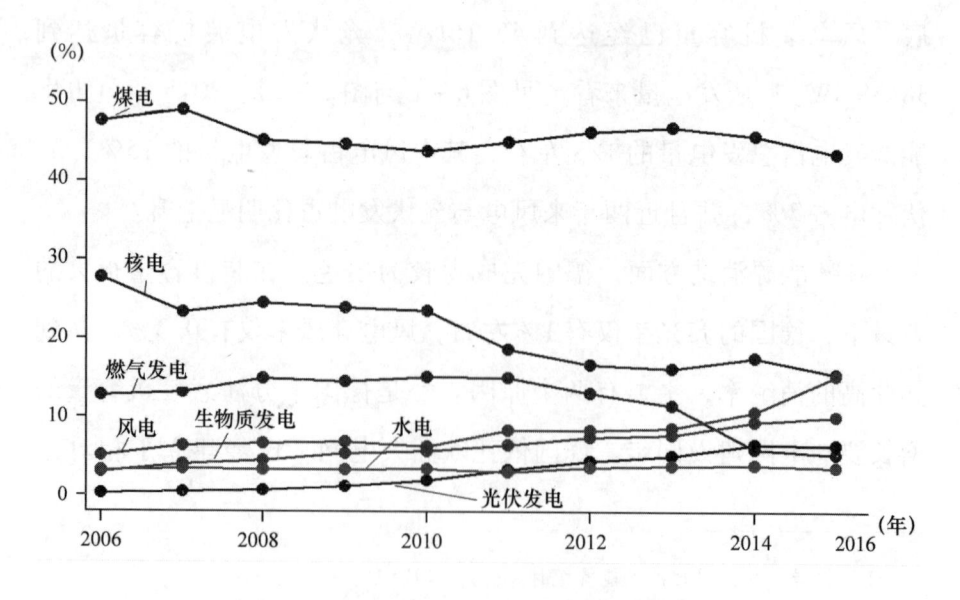

图 6-2 2006—2015 年德国各能源发电占比

善的跨区大电网。二是为应对新能源的不稳定性,德国设立了平衡结算单元和独立调频市场来精准预测风电,避免大规模的弃风。对于新能源电站运营商来说,凡是不能维持区域内发电和用电平衡的,就必须从电网公司那里购买调频调峰电量,保持灵活机动,以适应不够稳定的新能源。

德国设定了明确的能源转型目标。以1990年为基准,核电将于2022年全部关闭,2050年温室气体减排达到80%—95%,可再生能源发电占比要达到80%。依靠可再生能源强势的发展,早在2008年德国已超额完成了《京都议定书》确定的2008—2012年将平均温室气体排放(相比1990年)降低21%的目标。根据德国制定的能源转型目标,结合目前可再生能源的发展速度,预计德国在2025年可以顺利实现2030年的既定目标。

表6-1　　　　　　　　德国可再生能源发展目标

年份	温室气体减排	占终端能源消费比重	占电力消费比重
2020	-40%	18%	35%
2030	-55%	30%	50%
2040	-70%	45%	65%
2050	-80%	60%	80%

数据来源:根据公开资料整理。基准年:1990年。

(二) 补贴政策概述

德国促进可再生能源的相关立法迄今已有20多年历史,早在电力市场自由化改革之前，德国就开始探索如何由传统能源向可再生能源转型。1990年德国颁布了《电力上网法》，规定了可再生能源补贴的相关政策。2000年，该法正式被《可再生能源法》（Erneuerbare Energien Gesetz，EEG）替代，这标志能源转型上升为国家战略重点[1]，自此德国可再生能源的发展进入黄金期。在鼓励风电与光伏发电的政策中，最主要的是固定上网电价。高额补贴和全额上网的保障机制吸引了大量的资金，这大大刺激了风电与光伏发电装机容量的快速增长。

EEG是德国规范和促进可再生能源发展的基础性法律文件。随后，在2004年、2009年、2012年、2014年先后进行过四次修订，补贴规则不断地进行调整和细化。2000年EEG确定实行固定上网电价，统一基础补贴时效为20年。之后历年调整的总体原则是：补贴额度随时间递减；市场溢价（Feed-in Premium）逐步取代固定上网电价，并最终取消电价补贴，实行招标制度。特别是2014年EEG发生了较大转变：引导固定补贴逐渐转变为竞价上网，尽可能将可再生能源纳入常规电力市场，与普通化石能源竞争。同时开始实行光伏拍卖试点，逐步引入招标制度以实现可再生能源产业发展更合理、更完善。就补贴资金的来源来看，德国对可再生能源的补贴来自对终端消费者征收的可再生能源附加费。过高的可再生能源附加费对终端消费者来说是一笔不小的开支，使得德国的电价在欧洲仅次于丹麦，也成为德国继续推进可再生能源政策的一大阻碍。

---

[1] 管文林、廖宇、范征：《〈世界各国电力市场综述〉德国篇》，2016年3月，中国储能网（http://www.escn.com.cn/news/show-304871.html）。

1. 风电补贴政策和具体做法

德国对风电的补贴根据地理位置（分为 陆上风机和海上风机）、风机发电量大小、风机容量、新旧机组替代（repowering）进行不同额度的补贴。从补贴类型来看，德国根据风机运行时间的长短，将补贴分为前5年（陆上风电①）的初始补贴和之后15年的基础补贴。历年补贴额度调整如下：

EEG 2000 规定陆上风电在投运前5年可获得至少9.1② 欧分/千瓦时的初始补贴，期限届满后，能达到参考发电量150%的电站可获得至少6.19 欧分/千瓦时的基础补贴，补贴额度以每年1.5%递减。

EEG 2004 对固定补贴额度和年递减率做了调整：陆上初始补贴下调为8.7 欧分/千瓦时，基础补贴下调为5.5 欧分/千瓦时，递减率上升为2%。同时提出，为了避免风电站在风力不足的地带建设，法律规定获得补贴需要至少达到参考发电量的60%。同时建立了鼓励风机组更新换代的激励机制。对海上风电补贴更为细化，即根据离岸距离和水深设立不同的补贴额度。

EEG 2009 对固定补贴以及补贴额度递减率再次做了调整。陆上风电基础补贴下调为5.02 欧分/千瓦时。海上风电在投入运行前12年可获得的初始补贴大幅提高为13 欧分/千瓦时，之后的基础补贴

---

① 陆上风电的初始补贴为5年，海上风电的初始补贴可维持12年。
② 补贴额度数据来源：根据德国《可再生能源法》整理。

额度为 3.50 欧分/千瓦时。[①] 继续鼓励更新换代，在前 5 年初始补贴的基础上额外奖励 0.5 欧分/千瓦时。

EEG 2012 的重大调整在于压缩了补贴时长，鼓励可再生能源发电厂商尽快回笼资金。电价的递减率从修订前 1% 提高至修订后的 1.5%。针对海上风电还提出了一种压缩模式（Stauchungsmodell）的补贴方式：对于 2017 年年底前投运的海上风电机组，初始补贴额度上调至 19 欧分，但时效压缩至 8 年，压缩补贴时长鼓励风电投资者尽快收回初始投资，从而促进海上风电的发展。

EEG 2014 做了更大的调整改革，最核心的变化是引入了市场化的补贴机制。从 2014 年 8 月 1 日起，固定补贴只限于装机容量在 500kW 的发电设备，其他大型发电运营商需直接采用市场竞价的销售模式。如果交易价格低于政策补贴，差额会作为"市场奖励"补给运营商。同时对新增装机容量作了明确规定：陆上风机每年新增装机容量保持在 2500MW 以下。对海上风机提出了明确的发展目标：海上风机装机量在 2020 年要达到 6500MW，2030 年达到 15000MW。同时，递减率开始从每年调整一次变成每季度调整一次，递减率为 0.4%，相当于每年递减 1.6%。递减率直接与新增装机量挂钩：新增装机越多，递减率越高。同时取消了之前建立的系统服务补贴奖励和更新换代奖励。

[①] 温慧卿：《中国可再生能源补贴制度研究》，中国法制出版社 2012 年版。

表6-2　　　　　德国EEG对陆上风电补贴调整一览　　（单位：欧分/千瓦时）

年份	初始补贴	基础补贴	平均额度
2004	5.5	8.7	6.3
2005	5.39	8.53	6.175
2006	5.28	8.36	6.05
2007	5.17	8.19	5.925
2008	5.07	8.03	5.81
2009	4.97	7.87	5.695
2010	4.87	7.71	5.58
2011	4.77	7.56	5.4675
2012	4.87	8.93	5.885
2013	4.8	8.8	5.8
2014	4.72	8.66	5.705
2015	4.65	8.53	5.62

补贴额度数据来源：根据德国《可再生能源法》整理。

2. 光伏发电补贴政策和具体做法

从2000年到2014年，德国EEG对光伏发电的补贴不断进行调整和细化。与风电类似，德国根据光伏发电的安装地点、容量配置和技术类型，采用差异化、逐年递减的固定上网电价。[①] 总体趋势是：初始补贴额度不断下降，递减率从逐年下降变为逐月下降，并不断提高下降的百分比；其中容量越大的光伏机组初始补贴越低、递减率越高。德国作出这一调整的目的是控制补贴数量、避免光伏发电装机容量过快增长。

---

① 辛颂旭：《国外分布式光伏发展经验及对中国的启示》，《能源与环境》2013年第6期。

表6–3　　　　　德国EEG光伏平均补贴额度一览　　（单位：欧分/千瓦时）

年份	30kW以下	30—100kW	100kW—1MW	1MW以上
2000	28.7	27.3	27	27
2004	28.7	27.3	27	27
2005	27.265	25.935	25.65	25.65
2006	25.9	24.64	24.37	24.37
2007	24.605	23.41	23.15	23.15
2008	23.375	22.24	21.995	21.995
2009	21.505	20.455	19.79	16.5
2010	19.57	18.615	17.615	14.685
2011	14.37	13.665	12.93	10.78
2012	12.215	11.615	10.99	9.165
	10kW以下	10—40kW	40kW—1MW	1—10MW
2012.4	9.75	9.25	8.25	6.75
2013	8.51	8.07	7.2	5.89
2014	6.775	6.425	5.73	4.735

数据来源：补贴额度根据德国《可再生能源法》整理。

平均补贴取的是初始补贴和基本补贴的平均数。

2000年和2004年初始补贴均为45.7欧分/千瓦时；2009年下调至21.11欧分/千瓦时，并且规模在1MW以上的项目初始补贴大幅度降低。在2012年EEG修订版本中，基础补贴额度开始出现明显下降。如基础光伏发电补贴从21.11欧分/千瓦时降到了13.5欧分/千瓦时，下降了13.6%之多。但在光伏电站安装并运行后的一段时间内，补贴会持续发放。所以即使每年补贴递减率不断上升，但补贴的持续性仍可以保障。

2014 年 EEG 在进一步降低额度的同时，宣布在达到 52GW 的光伏总发电量之后，将不再对新安装的光伏装置进行补贴。

（三）主要问题：终端居民用电价格过高

德国政府对可再生能源的补贴来源于居民电费中的可再生能源附加费（EEG LEVY），自 2000 年 EEG 颁发后开始对居民征收，逐年上涨，导致普通用户终端用电价格居高不下。2013 年可再生能源附加费为 5.777 欧分/千瓦时，2014 年为 6.240 欧分/千瓦时[①]，2015 年为 6.17 欧分/千瓦时，2016 年新费率为 6.354 欧分/千瓦时。2015 年全年可再生能源附加费征收总额度为 218 亿欧元，2016 年预计将达到 228.8 亿欧元[②]。其中光伏发电补贴就占据了附加费中的一半，约为 43%。虽然光伏近年来成本下降很快，但由于政策原因，2012 年以前建设的光伏发电设备仍然享受着较高的补贴额度，从而导致光伏发电补贴支出水平较高。德国目前每年对光伏发电的补贴支出约为 100 亿—110 亿欧元。

逐年上涨的可再生能源附加费使德国电费居高不下。从德国居民的电费构成（见图 6-3）可以看出：可再生能源附加费占比是 21.4%，与发电成本（23.6%）基本相当。截至 2011 年下半年，德国平均电价为 25.3 欧分/千瓦时，欧盟范围内仅次于丹麦，比邻

---

① 张斌：《德国能源转型战略及启示》，《中国电力企业管理》2014 年第 8 期。
② 王长尧：《德国 2016 年可再生能源附加费增 3%》，2015 年 10 月 21 日，中国能源网（http://www.cnenergy.org/gj/201510/t20151021_193187.html）。

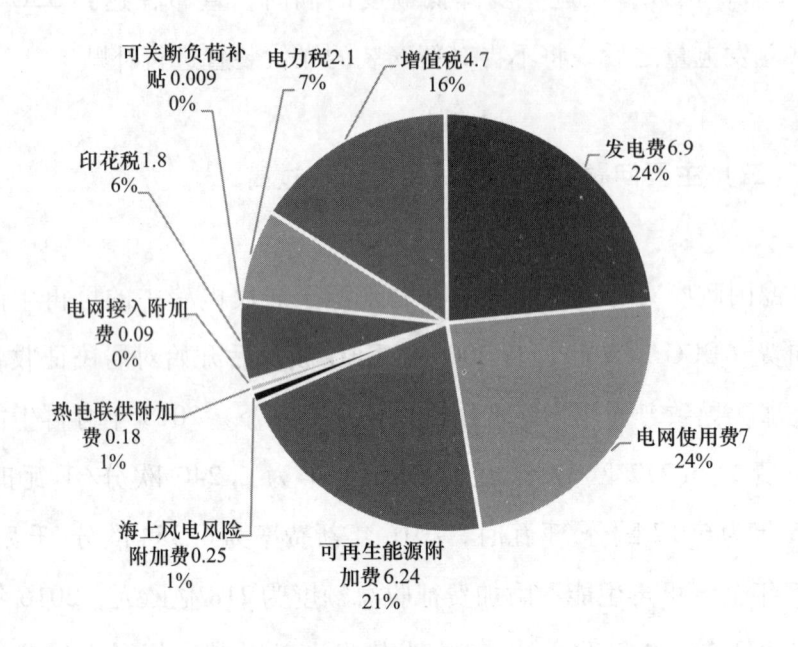

图6-3 德国居民电费构成一览（单位：ct/kWh）

国法国高了将近一倍。[1] 且随着可再生能源发电占比逐渐升高，预期德国电价仍会继续上涨。

值得一提的是，德国将可再生能源补贴的资金来源转嫁给终端普通消费者的同时，对能源密集型工业则采取了相对优惠的政策。如EEG 2012年版规定：对于年耗电量高于10GWh且电力成本占其毛产值高于15%的企业，可以对其90%用电量的可再生能源税减免0.05欧分/千瓦时。[2]《过网费法》规定年用电量高于10GWh的用

---

[1] 饶博、任海军、蓝建中：《美、日、德阶梯电价是这样构成的》,《国际先驱导报》2012年第9期。

[2] 廖宇：《德国电价缘何这么贵?》,《南方能源观察》2014年9月刊。

电大户，可以减免过网费。目前德国有4000多家能源密集型企业可以免于支付可再生能源附加费。[①] 这就形成了德国工业电价比居民电价便宜很多的现象。这就保证了德国工业大用户电价非常有竞争力[②]，进而保障了制造业的竞争力和就业率。

（四）未来政策转向

通过对用户端征收过高的附加费并不是维持补贴的长久之计，德国将于2017年公布最新版本的EEG，计划全面引入可再生能源发电招标制度，逐渐废除固定上网电价补贴，以缓解装机量的爆发式增长和过高的补贴成本。并且计划于2021年实施海上风电拍卖，模仿丹麦之前的模式。德国从2014年就开展了光伏拍卖试点，积累了一定成功经验。

近年来，德国也在积极探索分布式光伏的发展。自2014年德国政府开始鼓励民众在自家屋顶安装太阳能电池板。2017年以后750kW以下的小型屋顶光伏系统（多数为居民自发自用的光伏设备）不必参与竞价，依然遵循原来的上网电价补贴。鼓励分布式光伏的发展也是欧洲目前的趋势，可以更好地解决因为区域电网建设滞后而导致的消纳问题。

与此同时，德国也在面临着下一阶段能源转型战略的重大挑

[①] 曹治国：《德国分布式能源立法及其启示》，《清华法治论衡》2015年第2期。
[②] 廖宇：《德国电价缘何这么贵？》，《南方能源观察》2014年9月刊。

战。可再生能源承担着替代核电的重要任务，但前期投资成本高，德国不得不重新思考这一发展路径的可持续性。从资源禀赋来看，德国煤炭资源很丰富，且在发展新能源过程中煤炭的占比一直没有降低，直到2015年仍有44%的一次能源消费来自燃煤。鉴于减少碳排放已成为国际趋势，煤炭的占比势必要降低。如果可再生能源的发展仍然依赖高额补贴，从周边国家进口相应优势能源反倒会是一个更为经济的选择（如从法国进口核电、从东欧等国进口天然气）。德国可再生能源发展的高昂成本，会给未来能源转型带来不利因素。

（五）可供中国借鉴的经验

德国的补贴政策最大的特点是政策制定有整体规划，每次法案的修正都十分及时。从2000年开始，首先通过补贴方式刺激可再生能源装机容量的增长，随后又通过不断对法案的修正来调整成长速度，以配合电网、储能的发展脚步。

其次，根据地理位置（陆上风机和海上风机）、发电量大小、装机容量等维度给予不同额度的补贴，降低了投资风险，间接推动了技术革新。如在海上风电中，具体补偿期的长短随海上风机安装地点距海岸距离和风机安装海域的海水深度而定[①]：离岸越远、海

[①] 吕俊昌、杨小东、沈又幸：《德国风电发展策略研究及对我国的借鉴》，《陕西电力》2007年第11期。

水越深的风机补贴额度越高，激励了海上风电的技术革新。在光伏产业中，德国对于光伏设备是简单的外置设备还是作为建筑本身的一部分也有规定①。这种细致的划分可以激励光伏产业更为规范化地发展。从 2004 年 EEG 开始，德国就开始出台风电机组更新换代的激励机制，鼓励风电场运营商在风机经济寿命结束之前对其进行更换，推动技术革新，避免风电利用趋于饱和的瓶颈，提高风能利用效率。

再次，对补贴设定了发电量的门槛，避免骗补。德国从 2004 年 EEG 开始要求风机至少达到参考发电量的 60% 以上才能获得相应的输电补贴。而发电量低于参考发电量 150% 的电站，每低 0.75 个百分点，延长初始补贴 2 个月，但是拿不到基本补贴。这种机制就要求企业必须发电，一定程度上避免了骗补的现象。

最后，递减率与新增装机容量挂钩，可以控制装机容量的迅猛增长。2014 年 EEG 要求：陆上风电对于新投运的风电机组固定补贴按季度递减，递减率与过去 12 个月的新增装机容量直接挂钩并每季度调整一次。2014 年以后递减率由每年调整一次变为每月调整一次，一定程度上减缓了装机容量爆发式增长的持续。

德国细致的补贴制度和逐步推进的政策安排值得我们学习。与此同时，德国也在面临着如何解决可再生能源附加费占比过高、居民电费过高的问题。德国从 2017 年开始全面推行招标、拍卖制度，其结果如何仍有待观察。

---

① 内置光伏的建筑能拿到额外的补贴，因为同时对绿色建筑产业做了贡献。

三 美国

(一) 可再生能源发展概况

近10年来,美国的可再生能源发展迅速。从装机容量上看,美国的风电和太阳能发电装机显著上升(见图6-4)。截至2015年年底,美国风电累计装机达到74.5GW,光伏发电装机中分布式光伏为25GW,集中式光伏只有1.8GW。分布式光伏的蓬勃发展是美国光伏的一大特点。从发电量上来看,煤电、燃气发电与核电是美国的主要电源(见图6-5与图6-6),近10年来煤电占比显著下降,燃气发电占比显著上升。风电与光伏发电经历了从无到有的发展,风电占比从约为0上升到了5%,光伏发电占比也上升到了1%,不过与德国的风电、光伏发电占比22%仍然有较大差距。从政策目标来说,美国与德国有很大不同。美国并没有设立要用可再生能源替代核能的能源转型目标,而2000年以来的页岩气革命也使得美国天然气价格非常低廉,因此美国对可再生能源的推动力度没有德国那样强劲。

从投资角度来看,2015年美国清洁能源投资增加了7.5%达到560亿美元,其中光伏发电投资为203亿美元,风电投资为116亿美元。2001年,光伏产业技术公共研发投资量为8141万美元,到了2011年这一数字增长至39.6亿美元,相当于2001年的50倍。

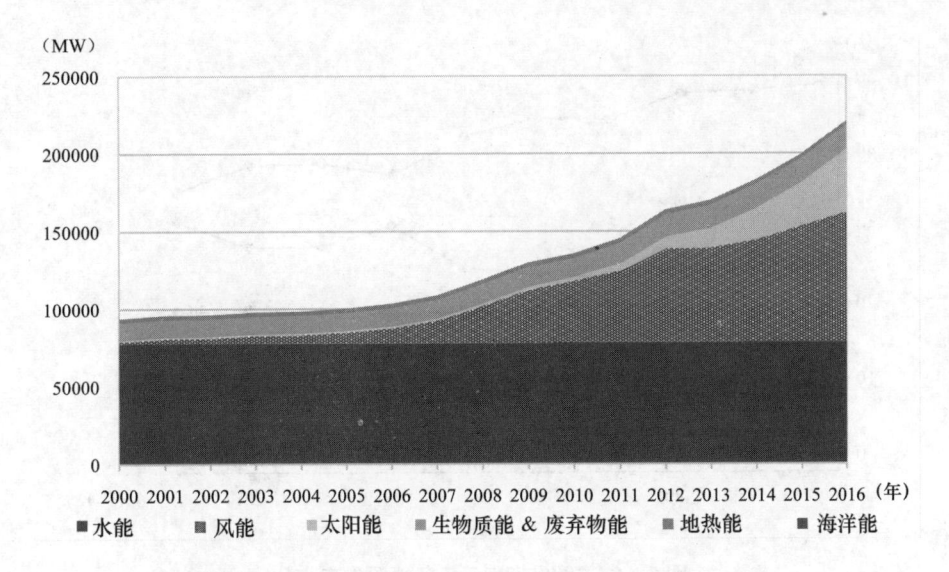

专题报告六 风电和光伏发电补贴政策的国际经验 | **227**

图6-4 2000—2015年美国可再生能源装机容量变化趋势

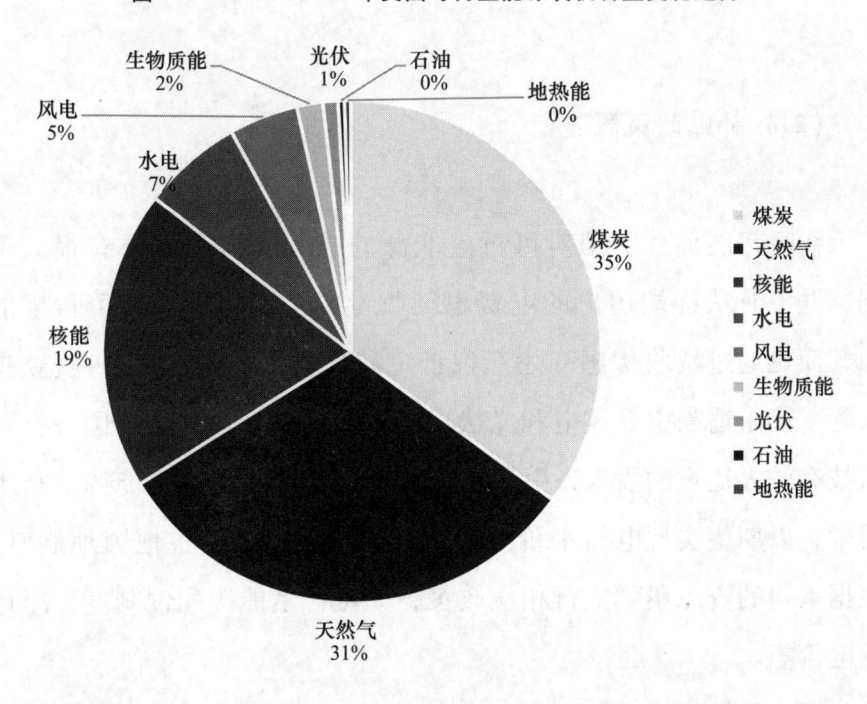

图6-5 2015年美国各能源发电占比

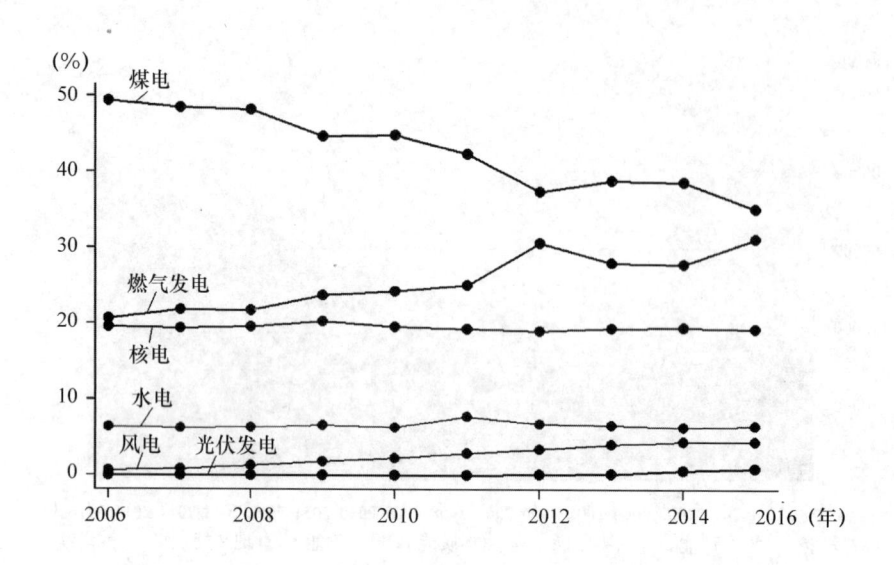

图 6-6 2006—2015 年各能源发电占比

(二) 补贴政策概述

在联邦层面,美国对可再生能源的政策支持和德国有很大不同,并没有从终端用户的电费里征收专门的费用来发展可再生能源,而是通过税收优惠(生产税抵免和投资税抵免)、提供贷款担保等手段来适当引导风电和光伏发电产业的发展。此外美国一贯对科技有较大比重的投入,引导更多的资金流向了可再生能源的技术研发,以期望实现电力平价。在州政府层面,鼓励各地因地制宜,根据本州的资源禀赋实行相应政策,如可再生能源配额制度、净计量电价等。

目前联邦层面主要的激励政策有以下四个:

一是给生产者和消费者提供直接的资金补贴。这是联邦资金

（Federal Funds）促进可再生能源发展的直接手段之一。对被列入《联邦国家补助目录》（Catalog of Federal Domestic Assistance）中的可再生能源项目，直接拨款给予资金补助。

二是税收抵免（Tax Credit），包括生产税抵免（Production Tax Credit，PTC）和投资税抵免（Investment Tax Credit，ITC）。这也是促进风电和光伏发电产业迅速发展的重要政策。

三是鼓励技术研发（Research and Development，R&D）。联邦政府对技术革新的支持力度一直很大，如何提高可再生能源利用、生产、转换、末端使用的效率是技术革新的重点。鼓励技术研发往往不会直接影响到目前能源的消费、生产和价格，但从长远来看，这项发展计划会影响到未来的能源布局。和直接补贴项目一样，技术研发项目也只针对《联邦国家补助目录》中的项目。

四是贷款和贷款担保。由于可再生能源技术风险较高，按照一般贷款途径则很难申请到大额贷款，为此，美国能源部可以为这些新能源技术公司提供直接的贷款或者为他们提供贷款担保。

在解决消纳问题方面，由于美国幅员辽阔，针对电网系统的地区割据和分散的特征，美国能源部提出了"国家利益输电走廊计划"，即通过构建跨州电网来实现跨州的电力传输。在此之后，美国政府开始推行智能电网工程，希望增强电网对于可再生能源电力的调配和吸纳能力。2005年的《国家能源政策法》就对各州的风电发展进行了统筹，鼓励配套电网建设和升级。除了在国家整体地理范围内计划实行大电网建设，美国更鼓励居民自发自用，即实行净计量电价（Net Metering）：对居民在住宅安装光伏发电设备时，如果发电量减去用电量仍有剩余电力,就可以将这部分电力转入下一个月继续自用。在这样自发自用的政策鼓励下,很好地解决了并网消纳问题,节省了大范围建设高压电网的成本。实行净计量也是实现分布式光伏蓬勃发展的重要因素。

1. 风电补贴政策和具体做法

美国有丰富的风力资源。2007 年到 2014 年期间,美国的风电发展迅速,装机容量将近翻了两番。目前美国风机累计装机量最大的州是得州,装机容量有 1811MW,约占全国的一半[①]。此外,美国也在加速海上风电的发展:首个海上风电场——罗得岛海上风电已于 2016 年 11 月正式运营。但与欧洲相比,美国海上风电还处于起步阶段。

美国针对风电的补贴政策主要是三个:

第一是联邦层面的生产税抵免(PTC)和投资税抵免(ITC)。风电投资商可在其中二选一。生产税抵免最早于 1992 年的《能源政策法案》中提出,该法案规定 1993 年 12 月以后安装的风机可享受 1.5 美分/千瓦时的生产税抵免。之后,在 2009 年 6 月发布的 ARRA 1603 补助计划(1603 grant program)、2012—2015 年[②]的相关法案都对 PTC 的额度和有效期进行了调整。PTC 有效期是风机正式

---

① 第二名到第五名分别是:俄克拉荷马州 648MW,艾奥瓦州 511MW,密歇根州 368MW,内布拉斯加州 277MW。

② 几部相关法案分别是:American Taxpayer Relief Act of 2012(H. R. 8,Sec. 407)in January 2013;the Tax. American Taxpayer Relief Act of 2012(H. R. 8,Sec. 407)in January 2013;the Tax Increase Prevention Act of 2014(H. R. 5771,Sec. 155)in December 2014;Consolidated Appropriations Act,2016(H. R. 2029,Sec. 301)in December 2015。

投入运行后的10年间。其额度根据通货膨胀调整,即根据当年美国国家税务局发布的通货膨胀调整系数(inflation adjustment factor)[1],乘以初始额度1.5美分/千瓦时。与其他国家不同,由于美国联邦政府一开始制定的补贴政策务实保守,随着通货膨胀率有不断上调的趋势。例如,2005年为1.8美分/千瓦时(约0.12元),之后一直上调至2013年的2.3美分/千瓦时(约0.15元)。2016年通胀调整系数为1.5556,核算出来的补贴额度也是2.3美分/千瓦时。但根据2015年12月的最新规定,2017年投产的风机所获得的PTC额度将下降20%,2018年下降40%,2019年下降60%[2]。如果维持目前的通胀水平不变,未来几年PTC的额度将变为:1.9美分/千瓦时、1.4美分/千瓦时、0.93美分/千瓦时。ITC在2017—2019年的递减率与PTC相同。凡是2020年以前投入生产的风机项目,可以选择ITC代替PTC的优惠。

第二是加速折旧政策(相当于减免部分所得税)。该政策允许风电场项目资产的折旧期缩短至竣工后的5—6年,在第一年可折旧50%。折旧期的缩短,使得投资商在项目初期需缴纳的所得税大幅降低,相当于给企业在项目投入资金较大的初期提供了一部分无息贷款。[3]

---

[1] 每年4月1日前发布。
[2] 实际数额要根据2017—2019年实际通货膨胀调整系数来决定。若不考虑通胀,2017年PTC额度将变为1.84美分/千瓦时,2018年将变为1.38美分/千瓦时;2019年将变为0.92美分/千瓦时。
[3] 高虎、王红芳:《美国风电购买协议电价缘何低》,《中国能源报》2014年7月7日。

第三是可再生能源配额制政策（RPS）。美国目前有30个州和华盛顿特区实施可再生能源配额制度，即要求电力公司销售的电力中，有一定比例要来自可再生能源。如果没有达到这个比例要求，就需要去购买配额，这些配额通过可再生能源配额证书（REC）进行交易，因而证书价格也是投资运营商的一部分重要收益。不过，由于市场无法提前了解可再生能源市场投放量，REC 价格完全由市场定价，各州 REC 价格随着市场、区域变化较大，收益存在不确定性。

2. 光伏发电补贴政策和具体做法

美国的光能资源相较于风能更为丰富。根据美国国家可再生能源实验室 2012 年发布的报告：美国城市公共事业光伏发电资源每年可提供 2232 亿千瓦时，农村公共事业光伏发电可以提供 28.1 万亿千瓦时，屋顶光伏发电 818 亿千瓦时，集中式光伏发电 11.6 万亿千瓦时，总计储量 40 万亿千瓦时。而 2011 年太阳能消费仅有 3856 亿千瓦时，仅为估计储量的 1%；陆上风电每年可提供 32784 亿千瓦时电能，海上风电 16876 亿千瓦时[1]，总体储量约为光伏发电的 1/10。因此，相较于风能，利用更为丰富的太阳能资源是美国发展可再生能源战略的重点，光伏发电装机容量从 2010 年开始加速发展。大量光伏电站建在南部和西南部等光照资源丰富的州，如加州、内华达州和亚利桑那州，其中加州累计装机容量是全美的 80%。另外，美国光伏发电装机容量的增长主要来自分布式光伏，即居民、商业住宅、政府、学校等自用住宅的安装。

---

[1] 数据来源：https://www.nrel.gov/gis/re-potential.html。

美国针对光伏的补贴政策主要是三个：

第一是投资税抵免。在联邦政府层面，针对光伏的最直接鼓励手段是投资税抵免。2005年的能源政策法案（P. L. 109—58）规定2006—2007年建成的住宅及商业光伏发电项目可享受30%的投资税抵免，即个人或企业可以享受相当于光伏投资总额30%的个人所得税或企业所得税减免。之后，该政策经过了三次延期。[①] 最近一次延期是2015年的综合拨款法案（P. L. 114—113），根据该法案，2019年前建成的光伏发电项目仍可享受30%的投资税抵免，2020年下降为26%，2021年下降为22%。2013年以后，取消了对住宅光伏发电项目的投资税抵免，商用及集中式光伏发电项目的投资税抵免降为10%。

第二是政府直接补助，鼓励技术研发。2008年9月29日美国能源部DOE宣布了阳光美国计划（Solar America Initiative），计划使用1760万美元用于投资早期光伏创新项目；美国能源部还实行了Sunshot计划，致力于在10年间（2010—2020年）将太阳能发电实现电力平价。

第三是贸易管制。近年来，联邦政府转向了贸易管制型政策工具的应用，通过反倾销、反补贴的贸易政策，限制进口，以支持和保护国内绿色制造产业的发展。2012年美国就开始对中国光伏产品（主要是晶体硅）征收"双反"关税，之后几年内力度有增无减，着力于维护美国本土的光伏企业。

[①] 2006年法案（P. L. 109—432）将其延长到2008年，2008年法案（P. L. 110—343）又将其延长到2016年，2015年法案（P. L. 114—113）再次将其延长。

此外，值得一提的还有净计量电价。由于联邦投资税抵免将逐渐取消，净电量电价对于屋顶太阳能的发展将越来越重要。屋顶太阳能发电距离电力消费者更近，这可以缓解电网的输电压力，保持电网的稳定性，还可以节省公共事业公司修建和维护更多输电设施的费用。① 截至 2015 年 3 月，美国至少有 44 个州实行了强制性净计量电价。这在光伏产业较为发达的加州也得到了非常成功的应用，显著增加了分布式光伏的发展。与净计量电价相伴形成的光伏租赁业务、PPA 购电协议（Power Purchase Agreements）、光伏建筑一体化（Building Intergrated Photovoltaics，BIPV）等创新业务模式，使得投资者、业主以及普通消费者都能受益，一些诸如 Solarcity 的创新企业应运而生，促进了分布式光伏产业的良性循环。

（三）资金来源和补贴成本

2013 年，美国政府对包括风电和光伏发电在内的所有可再生能源发电的补贴资金总额 132 亿美元。② 其中，风电补贴总金额 59.36 亿美元，光伏发电补贴总金额 53.28 亿美元。美国对风电和光伏发电产业的主要补贴支出如下：

税收优惠（tax expenditures）：2013 年，美国可再生能源发电的税收优惠总额度达到 37.83 亿美元。其中支持光伏产业发展的投资

---

① 颜会津：《美分布式光伏走在十字路口》，《中国能源报》2013 年 8 月 8 日。
② 补贴数据来源：U.S. Energy Information Administration.（https：//www.eia.gov/totalenergy/data/annual/index.php），下同。

税抵免17.12亿美元（包含投资税抵免在内的光伏总税收优惠20.76亿美元），支持风电产业发展的生产税抵免16.14亿美元。

直接补助支出（direct expenditures）：2013年，财政部、能源部等联邦政府部门对可再生能源发电的直接补助资金高达83亿美元。其中，光伏发电和风电分别获得29.69亿美元和42.74亿美元的直接补助。

技术研发补贴（R&D）：与2010年相比，2013年对可再生能源的研发支出从11.4亿美元下降到了10.5亿美元，其中风电研发支出为4900万美元，光伏发电研发支出为2.84亿美元。但是对于智能电网与传输方面的研发投入从5.34亿美元增加到了8.31亿美元。对可再生能源与智能电网的研发支出共计19.7亿美元。

除了上述的各项财政补贴外，美国政府还为可再生能源发电项目提供贷款和贷款担保。能源部的贷款担保金额绝大部分都提供给了风电和光伏发电。其中给予光伏产业的担保金额总计116.57亿美元（占全部担保金额的35.2%），风力发电项目则有16.88亿美元的担保金额。

可以看出相较于德国，美国发展可再生能源的成本较低。值得注意的是，由于没有在联邦层面实行固定上网电价，美国没有将财政压力施加给终端消费者（所以美国的电费一直很低廉），补贴的成本大多数都是税收优惠和贷款担保方面，而德国的补贴成本则来自实实在在的居民电费。相较于德国，可再生能源的发展在美国没有遭受强烈的反对声音。

（四）未来政策转向

补贴预算将大幅度增加。美国国会通过的2016年政府预算案，将增加对2019年之前及其以后的风能和太阳能项目的补贴。[①] 政府补贴加上规划担保，使得2016—2021年期间对风能和太阳能的投资将增加约730亿美元。[②] 大量资金将投入到这段时间以及之后的美国环保局清洁能源计划之中，这使该行业的前景更加光明。

在补贴政策方面，预计美国在短时间内仍会保持以税收抵免和贷款担保为核心的激励政策，若能继续支持科技研发，以保证可再生能源平稳有序地发展。

但不利因素也在近期出现。随着奥巴马总统任期于2017年1月结束，以新任总统唐纳德·特朗普为首的共和党执政理念与奥巴马政府在可再生能源方面有较大差异。特朗普更偏好于油气资源以摆脱对中东产油国的依赖，而光伏发电由于投资周期长、耗资较大也深受共和党人士的诟病。因此，奥巴马的"清洁能源计划"在未来可能面临搁浅，美国的能源转型道路出现了不确定性。

---

① 彭博新能源财经：《美国新政：到2021年慷慨增加太阳能风电补贴730亿美元》，2016年1月13日，北极星风力发电网（http://news.bjx.com.cn/html/20160113/700758.shtml）。

② 彭博新能源财经：《美国清洁能源政策动态》，2016年1月12日，中国储能网（http://www.escn.com.cn/news/show-295342.html）。

（五）可供中国借鉴的经验

总体而言，生产税和投资税抵免是美国风能发展的主要驱动力。美国并没有仿照德国制定全国范围内的固定上网电价政策，而是只在联邦层面制定了基本的税收抵免政策，同时尊重各州风光资源的禀赋和发展意愿，根据本州经济、财政条件合理制定相应的激励政策。

在联邦层面，美国政府当前给国内所有地区风电提供为期10年每千瓦时0.15元（2.3美分）的固定补贴。美国风电补贴政策不仅补贴年限只有中德两国的一半，补贴额度也远低于后两者。从2017年开始，联邦政府将持续下调风电固定补贴额度。至2019年，美国联邦政府对风电每千瓦时的补贴将只有0.06元。

在低补贴额度、鼓励技术创新的政策引导下，与其他很多国家相比，美国电价很低。以2015年的数据为例：由于技术进步、全球金融宽松带来的低资金成本，让美国风能采购价进一步下降，在2014年的2.35美分/千瓦时的基础上降至2美分/千瓦时左右，加上2.3美元/千瓦时的PTC补贴后，为每度电4.3美分，约相当于人民币0.287元。

与此同时，低补贴额度的政策效果更为稳健。美国装机容量远低于中国，但发电量却高于中国。截至2015年，美国光伏发电累计装机容量只有中国的59%、德国的64%，但光伏发电390亿千瓦时，跟中、德两国392亿千瓦时和384亿千瓦时基本相当；美国风电累计装机容量只有中国的52%、德国的1.66倍,但发电量却是中国的1.04倍、德国的2.2倍。相较于德国、丹麦而言,美国没有花费太多的财政支出就实现了风电的蓬勃发展。

在州政府层面,净计量实际上起到的效果更为明显,在鼓励居民自发自用的前提下,很好地解决了并网和消纳的问题,而不用大举进行跨区域的电网建设,这不失为一个高效的手段。但净计量实现的前提是安装双向电表,这涉及整个电力体制的改革,对中国目前国情而言可能并不适合。

◇ 四 巴西[①]

(一)可再生能源发展概况

巴西拥有丰富的水电、生物质能以及风光资源。水电是巴西的电力支柱,但是近10年来巴西的水电占比明显下降(见图6-9)。由于旱季枯水期容易导致水电不足、水电开发导致热带雨林退化等原因,巴西从2000年左右开始开发风电和光伏发电,希望通过能源多元化来实现能源供应的稳定性。

2000年以来,巴西可再生能源装机容量的增长主要来自生物质

---

① 这部分主要介绍其风电招标和拍卖制度,有关拍卖的详细介绍参见后续子报告。

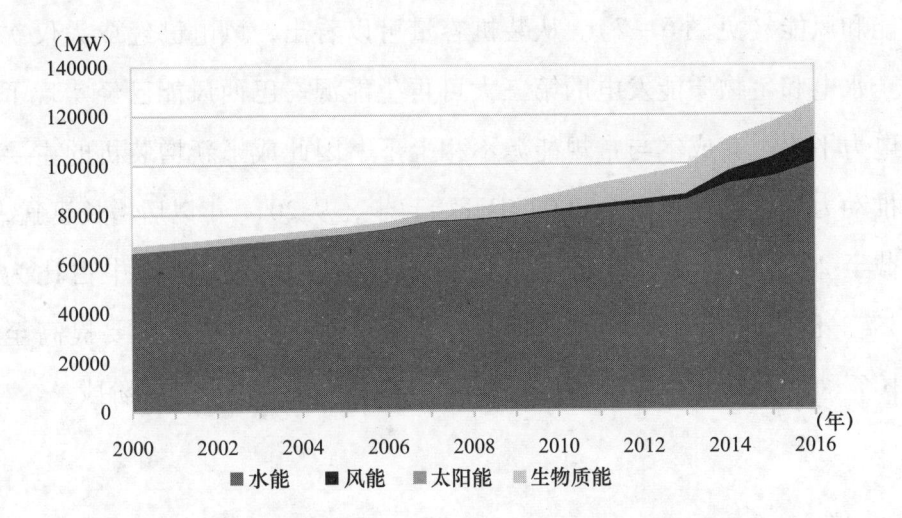

专题报告六 风电和光伏发电补贴政策的国际经验 **239**

图6-7 2000—2015年巴西可再生能源装机容量变化趋势

数据来源：Bloomberg new energy finance。

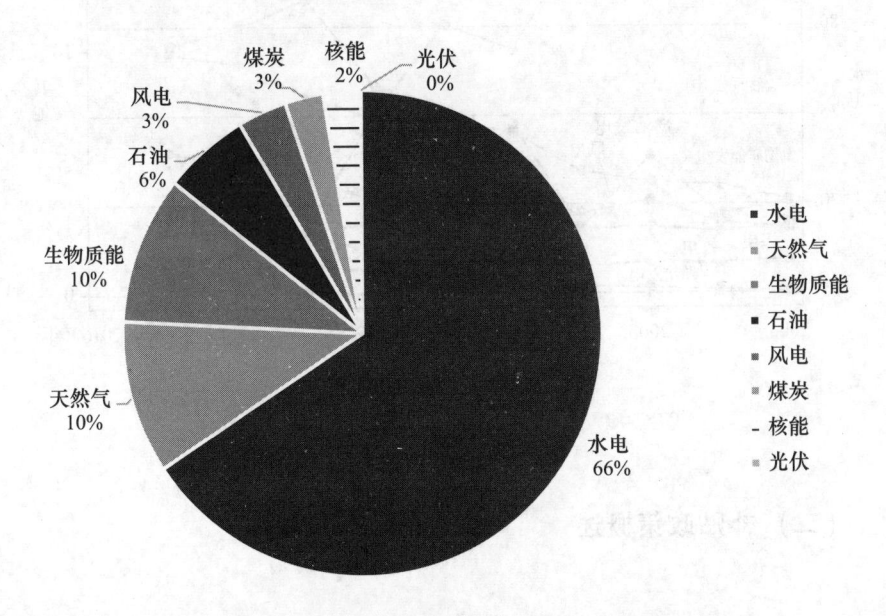

图6-8 2015年巴西各能源发电占比

数据来源：Bloomberg new energy finance。

能和风能（见图6-7）。从装机容量可以看出，风电已经成为仅次于水电和生物质能发电的第三大可再生能源。巴西风能已经实现了电力平价，其成本与常规能源不相上下，因此成了新增装机的主要推动力量。巴西风电自2002年开始起步，从2011年以后增长迅猛，截至2015年年底，装机容量达到8.7GW，在一次能源中占比为3%。巴西政府对风电的目标是：到2021年，风电占比要提高至10%。巴西的光伏发电相比较德国、美国尚处于初步发展阶段。

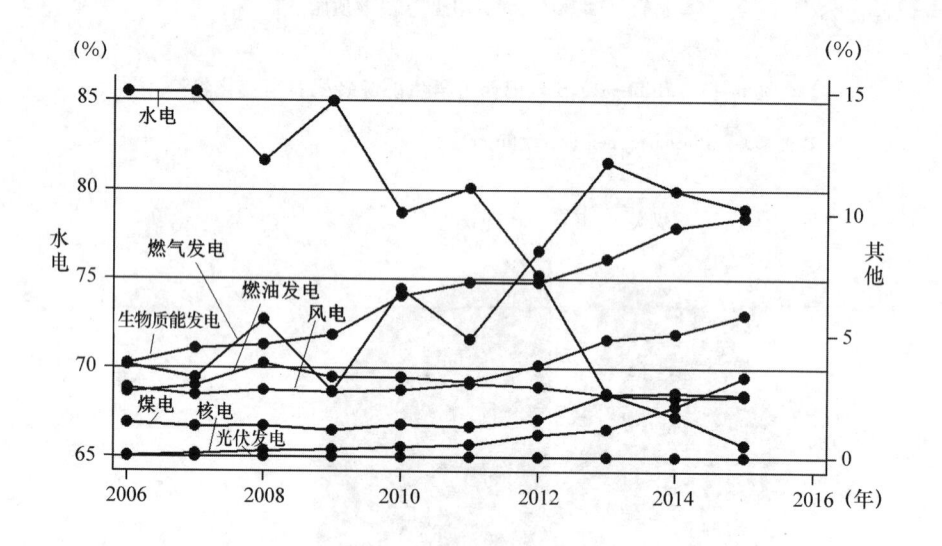

图6-9 2006—2015年巴西各能源发电占比

（二）补贴政策概述

在联邦层面，巴西对风电发展的激励政策主要是减免部分电费和招标拍卖制度。同时也有净计量制度帮助风电实现就地消纳。

减免电费这一制度可追溯至2002年4月的《电力能源多元化计划》。当时巴西政府为了解决旱季水电不足，同时也为了避免过度的水电开发会带来热带雨林退化的风险。于是巴西政府开始鼓励发展风能、太阳能和生物质能等可再生能源。这一计划规定：凡是向全国互联系统（SIN）提供30MW以上电力的水能、太阳能、风能等可再生电力的企业，在支付电力传输系统使用费（TUST）和电力配送系统使用费（TUSD）时可享受50%的折扣。[①] 之后为了进一步鼓励光伏发电，2011年巴西国家电力局（ANEEL）发布了《巴西光伏发电技术和商业计划》，对2017年12月31日前投入运行的光伏电站用户收费折扣由50%提高到80%[②]，优惠期长达10年。

2009年巴西正式将招标制度引入风电行业，极大地刺激了风电产业发展，成为巴西风电发展的转折点。巴西用的是荷兰式拍卖［Descending Clock（Dutch）pay-as-bid auction］。政府作为拍卖人设定一个总的装机目标，并宣布一个初始的价格，然后所有的风电厂商宣布在此价格下愿意安装的装机量。而当所有参与拍卖的厂商的装机量超过政府目标时，价格就会下降。竞标机制的引入使得巴西风电平均上网电价下降了50%。

多部门参与是巴西风电招标的特点。每次竞拍需要多部门批准，需要巴西矿产和能源部与巴西国家电力能源机构（ANEEL，是

---

① 苏明生、蒋雯、李畅：《巴西可再生能源市场前景广阔》，2015年9月15日，中国储能网（http://www.escn.com.cn/news/show-273197.html）。
② 同上。

电力监管部门)、巴西国家电力调度中心(ONS,独立、非营利性的负责电网调度的部门)以及巴西能源研究所(EPE)共同协商决定是否召开竞拍会。① 其中,巴西能源研究所负责及时发布招投标公司准入条件并审核招标人提交的相关文件,确认文件完整度与有效性后才能批准其进行招标发布。巴西风电场必须提供以下内容的相关文件与可行性研究报告之后才能参与竞标,包括两年测风试验结果(以保障可靠的风能资源)、风电机组选型技术规范、排列方式、产能利用率估算、理论发电量、并网可行性报告和并网许可权、环境评估等。

竞标过程中,参与竞标的招投标公司需要在限定的数小时内,在线参与整个竞拍过程。竞拍涉及各类能源发电项目,即各类能源项目需要互相竞争(除2009年招标只针对风电项目,2014年各类能源分别竞拍外)。② 风电以较低的电价在前几轮竞拍中占据了很大的优势。最后一轮竞拍时,风电起拍价为134雷亚尔/兆瓦时(约合人民币0.268元/千瓦时),火电为193雷亚尔/兆瓦时(约合人民币0.386元/千瓦时),太阳能光伏发电为216雷亚尔/兆瓦时(约合人民币0.432元/千瓦时)。③ 拍卖成功后,项目方与电力公司签署协议,电力市场承诺以此电价购买15年或20年固定数量的电力,项目方获得经营特许权20年。

---

① J.P.莫利、赖雅文:《巴西风电招投标模式及启示》,《风能》2016年第5期。
② 同上。
③ 同上。

(三) 主要问题

巴西的招标制度将风电市场引入竞争,使风电成为继水电后最便宜的能源。然而巴西的风电发展也存在一些问题与挑战。首先,招标制度的设计存在一些缺陷。一是在风电发展初期为鼓励设备厂家及开发商进入,设定了较高的最高限价,竞拍成功的风电场过多,给后期并网带来压力。[①] 二是随着装机量的上升,巴西开始降低竞拍的最高限价,较低的价格导致许多项目业主认为无利可图,不少风电项目都流拍。

其次,巴西不稳定的金融环境(本币贬值和较高的贷款利率)也使得风电投资成本增加。由于经济或政治原因,巴西近年来汇率波动较大,货币贬值会增加零部件进口成本。另外,巴西的实际利率几近世界最高,商业贷款利率高达14%左右,这无疑会提高风电项目的融资成本。另外受到全球经济下行的影响,国内用电需求下降,可能会对可再生能源的消纳带来不利影响。

(四) 可供中国借鉴的经验

巴西在能源领域一直有多年的拍卖传统,这为实现风电招标拍卖提供了稳定的政策环境。巴西的拍卖也可以给中国可再生能源的

---

① 陈苏宁、崔恺:《巴西风电市场的机遇与挑战》,《风能》2014年第11期。

发展提供借鉴。首先，拍卖具有价格发现功能，可以为政府制定补贴额度提供参考。其次，拍卖引入了竞争机制，有利于降低可再生能源发电上网价格，可以减轻政府的补贴负担。另外，拍卖也避免了高额补贴给开发商带来暴利，防止装机容量的过快增长，使得可再生能源市场更为平稳地运行。

五 其他国家

除了德国、美国和巴西，世界上其他一些国家在推动可再生能源发展方面也积累了很多经验。丹麦作为世界发电风轮生产大国，掌握着风电最先进的技术，风力发电量占总发电量的50%。丹麦与德国类似，实行固定上网电价政策，补贴直接来源于对终端消费者征收的电费，由此导致了非常高昂的电价：2002年至2012年，丹麦居民用电和商业用电价格涨幅超过83%，平均电价为29.83欧分/千瓦时（约为2.2元），比德国电价还高3.47欧分，是法国电价（13.63欧分）的2倍多和美国电价（9.25欧分）的3倍多。丹麦对可再生能源的高额补贴政策恐怕并非是可再生能源发展的长远之计。

西班牙由于未能及时调整补贴额度，加上受欧债危机的影响而成为光伏产业发展失败的典型。西班牙的风电和光伏发电装机容量曾居欧洲前列，仅次于德国，位居世界第四。但由于遭遇欧债危机，政府财政对可再生能源的支持力度下降。在2012年2月西班牙宣布暂停所有对新建风电场、太阳能发电在内的可再生能源发电项目补贴，政策环境迅速恶化。光伏产业一落千丈，之后两年都出现了装机量的负增长。直至2013年以后，西班牙对可再生能源也没有新政策推出。

日本在实行高额上网电价补贴的基础上，设立了较高的市场认证壁垒，使得光伏产业平稳有序地发展。日本对光伏发电的政策主要是投资补贴和固定上网电价。2012年日本经济产业省宣布光伏发电上网电价固定为42日元/千瓦时，相当于0.534美元/千瓦时（折合人民币2.57元/千瓦时），这也是世界较高的额度。日本高额的光伏发电上网电价吸引了大量投资，其收益相当可观。但并没有出现中国一哄而上、疯抢装机进而导致大比率弃光的现象，产业发展相对平稳有序。一是日本电价本来就高。日本电价比美国、英国、德国、法国等国电价都要高出2倍左右。另外一个重要原因是日本对光伏市场设立了较高的认证门槛。最重要的两个认证分别是日本太阳能发电普及扩大中心的J-PEC和日本电气安全环境测试实验室颁发的JET。这两个认证都需要对光伏设备及其组件产品的可靠性、安全性进行相关测试，只有通过这两个认证才能获得补贴。这样就将价格低廉但无品质保证的中小企业拒之门外。

英国的促进可再生能源发展主要政策手段可再生能源义务制度（RO）和差价合约政策。可再生能源义务制度（RO）实际上是一种配额政策，政府每年先根据可再生能源实际发展情况和市场情况确定发展目标，再通过监管机构向供电商分配义务，要求电量销售中可再生能源达到一定比例（通常逐年增加）。[1] 差价合约政策是指：与发电商签订长期合约确定合同执行价格（类似固定电价），之后在市场交易过程中实行"多退少补"的政策，如果市场价格低于合同价，则向发电商给予补贴至合同价；如果市场价格高于合同价，则发电商需要返还高出的部分。[2] 如果发电商本身卖出的电价高于市场平均价格，多余的部分可作为额外收入。和固定补贴制度相比，差价合约有效降低了政府的补贴金额。

◇◇ 六 总结

从保护环境与能源多元化等角度考虑，各国都在不同程度地推动可再生能源的发展。然而也要看到，其发展也面临着几大难题：融资、补贴、并网、消纳等。加强可再生能源的有效利用需要电力部门的政策制定者和利益相关者的合作，也需要社会公众的理解和支持。分析多国补贴政策，主要有以下几点发现：

1. 从长远角度看，高额补贴并非最优的政策选择

在发展初期阶段，固定上网电价对政府推动装机量迅速增长有很强的激励作用，尤其是对本身没有足够科技实力、缺乏经验的国

---

[1] 王田、谢旭轩、高虎、任东明、张成强：《英国可再生能源义务政策最新进展及对我国的启示》，《中国能源》2012年第6期。

[2] 韦有周：《英国海上风电产业扶持政策演变、最新态势及启示研究》，《海洋经济》2016年第6卷第4期。

家，如中国、印度。高额补贴克服了初始阶段的成本障碍，但并不是一个长久之计。爆发式的装机量增长是市场对利润的直接反映。初始阶段的高额补贴，在利润的驱动下，容易导致各种市场乱象。

事实表明，大多数欧洲国家都效仿丹麦和德国，依靠高额固定上网电价在初始阶段实现了风电和光伏发电装机的增长。但这一政策有明显的两个缺点，这大大限制了可再生能源发展的可持续性。

一方面，高额上网补贴会加重终端用户和政府财政负担，这已经成为阻碍可再生能源进一步发展的重要因素。丹麦和德国是欧洲风电发展最为先进的两个案例，但两国用户端高昂电价问题同样不可忽视。德国由终端居民用户负担着每年将近230亿欧元的可再生能源补贴成本，丹麦2002—2012年居民用电和商业用电价格涨幅超过83%，比德国电价还高。中国同样也面临着类似问题。可再生能源电价附加从2006年征收以来经历了5次上调，然而补贴资金缺口还是在不断扩大。

另一方面，风电和光伏发电成本在不断下降，但固定上网电价下价格往往通过行政手段来控制，很难及时根据技术和市场情况进行合理的调整。比如光伏发电从2009年以来成本下降了将近90%，风电也下降了将近一半。然而，就实行固定上网电价的国家而言，补贴额度没有实现这样的下滑。以德国为例，德国从2009年到2014年风电补贴的平均额度仅仅下降了1.3%，而光伏发电的补贴平均额度下降了71%，都没有成本下降的幅度大。上网电价调整不灵活，可能会导致行业的超额利润，从而使得新能源的发展失控。

近年来，不少国家都开始尝试对固定上网电价进行改革，引入竞争机制。这也表明各国政府已经意识到依靠高额补贴并不能实现可再生能源的可持续发展。因此，在技术和市场成熟后，竞标等市场手段更有利于市场价格的发现，巴西风电产业的成功就很好地证明了这一点。

2. 注重科技研发、降低可再生能源的发电成本是平稳发展的重要前提

美国和日本都十分注重对可再生能源的研发投入，在全力发展风电和光伏发电之前，两国都积攒了较大的技术优势，降低发电成本，实现电力平价，哪怕补贴额度不高，也可以实现良好的效果。

美国启动风电和光伏发电发展的时间稍落后于欧洲，前期也并没有实行非常有针对性的政策，只是加大了对可再生能源发电技术的科研资助。之后也没有在联邦层面实行固定上网电价，而是继续实行税收抵免政策。美国经验表明长期保持一种政策，有助于稳定投资者信心，使得整个发展平稳有序。美国在政府层面也没有制定精细化的补贴制度，而是交给市场去解决，这样反而有助于实现产业的良性发展。

可再生能源的发展也面临着时间节点的选择问题。可再生能源的成本在不断下降，早期的装机成本高。如果早期过快的发展，容易让消费者承受过高的电价。因此，对于市场还没有成熟，成本还有相当下降空间的技术来说，通过科技研发使成本下降后再规模化发展可能是一个更经济的选择。尤其是中国目前很多地区弃风弃光率居高不下，装机的利用效率低，过快的发展会导致资源的无效配置。

3. 要控制好补贴成本，避免宏观经济等外部冲击的影响

主要是控制好可再生能源补贴的程度，一定要与本国电力体系发展程度、国家财政支持能力相匹配。如果成本失控，从中长期来说，不仅会危及可再生能源的发展，更会影响整个电力系统。西班牙和意大利因为前期大力鼓励风电和光伏发电的发展，给予了大笔补贴额度，明面上有非常瞩目的装机量，但一旦政府的财政能力支持力度下降（如出现欧债危机），则整个产业就会面临崩溃。德国虽然初期补贴也较高，但因为注意实时调整，幸运地避免了这一结果。此外，对于政治、经济局势不够稳定的国家，如巴西，汇率变动、政治因素等外部冲击对风电和光伏发电的发展影响更大。

4. 地区一体化的电力市场和鼓励用户自发自用是解决消纳的重要途径

丹麦和德国的低弃风率都表明，地区一体化的大的电力市场为可再生能源消纳提供了更大的空间。由于风电和光伏发电的间歇性特点，大电网可以提高电网能承受的风电及光伏发电比例。丹麦和德国的国土面积较小，但是欧盟地区一体化的政治背景为两国实现可再生能源消纳提供了优越的条件。相比而言，中国电力交易省际壁垒仍然很大。降低省际壁垒，使风电与光伏发电在更大范围内消纳是解决目前弃风弃光问题的一个重要途径。

同时，从美国对光伏产业发展的经验中，可以看出大力发展分布式光伏、鼓励居民自发自用是提高利用效率的重要途径。这种方法避免了建设高压电网的基建成本，也减少了地区性并网协商沟通的成本。

专题报告七

可再生能源竞标政策的国际经验：对中国的启示[*]

◇ 一 摘要

近10年来，全球非水可再生能源取得了迅速发展，其装机容量从900GW增长到了约1.6TW，其中大部分是风能和太阳能。2004年，全球的可再生能源投资为400亿美元，2015年增长到了3330亿美元。中国的可再生能源发展尤其迅速，2015年中国可再生能源投资约占全球投资的1/3，达到了1110亿美元。

为促进可再生能源的发展，各国政府都采取了相应的政策，一个普遍的选择是固定上网电价。然而随着可再生能源装机量的增长以及传统化石能源价格的下降，固定上网电价政策下的可再生能源补贴额度也在不断上升。据估计，2015年中国对可再生能源的补贴总额约为100亿美元，德国更是达到了250亿美元。与此同时，由

---

[*] 本章执笔：Don Robert。

于技术进步、供应链的改善、规模化生产等原因,风能和太阳能的装机成本也在不断下降。

在这样的背景下,不少国家开始对可再生能源补贴政策进行改革,上网电价竞标模式越来越流行。与固定上网电价相比,上网电价竞标是更市场化的资源配置手段,具有众多的优点。首先,上网电价竞标可以减轻补贴对政府的财政压力,以更低的成本达到装机目标。同时竞标模式下,补贴额度会随可再生能源生产成本或化石能源价格的下降而下降,从而也降低了政府面临的补贴风险。从公平角度来看,竞标模式有利于避免投资者的超额利润,也有利于将成本下降的好处转移给消费者。其次,竞标还有利于减小追溯性降低电价的风险,以及有助于政府考虑非价格目标(例如设备的国产化率)。尽管如此,目前全球可再生能源的新增装机中,以竞标模式形成的装机仍然不到10%。本章将对各国的可再生能源上网电价形成机制,尤其是各国的可再生能源竞标经验进行总结,希望能对完善中国可再生能源补贴政策提供借鉴。

竞标有不同的形式,在可再生能源项目中,密封式拍卖最为常用,在欧洲、非洲、拉丁美洲(巴西除外)都有被采用。在巴西、印度和南非,以竞标方式引入竞争后,可再生能源电力价格下降了29%—50%。之后,竞标的出清价格上下波动,反映了这些国家商业周期、能源行情、可再生能源项目开发进程等的变动。在欧洲,竞标的引入使得电价下降了6.5%—27.5%。值得注意的是,由于全球金融危机带来的财政预算压力,以及政府对技术进步导致的成本下降有了更深刻的认识,固定上网电价下的标杆电价在2010—

2014年也经历了快速的下降。

上网电价竞标与固定上网电价的另一个区别在于，竞标更有利于高效率的大型可再生能源发电企业做大做强，而固定上网电价更有利于促进可再生能源的大规模开发（比如德国）。竞标制度下，成功的竞价者可能会因为学习效应以及优化的供应链等，在未来的竞价中更有竞争力。如果竞拍时需要提供财务存款或担保，老牌的可再生能源开发企业也是更容易满足这些条件。从国际的竞标经验来看，可以得到竞标制度的一系列最佳设计，我们将在报告中进行详细探讨。简单说来，在竞标步骤的设计上，我们建议要有以下三个阶段：

1. 意愿摸底，招标方对潜在投标人的竞价意愿进行了解；

2. 资格审查，投标方递交资格证书以及初步的项目建议书；

3. 项目申请，通过资格审查的投标方对投标进行确认，并提交最终版本的项目建议书。

上网电价的支付方式可分固定价格及溢价补贴两种方式。在固定价格的支付方式下，可再生能源开发企业每度电拿到的总回报是固定的，不受它们在电力市场上所销售的可再生能源电力价格的影响。这会使得投资相对有安全性，并且未来的现金流可预测。如果这个价格是通过竞标方式形成的，同时也使政府能够以较低的成本来开发可再生能源。然而由于售电主体是电网而非发电企业，固定价格下无论何时发的电回报都是一样的，发电企业没有激励根据市场需求来调整自己的发电量，可能会对电力市场造成冲击，也会加大电网的调度难度。巴西、南非、印度等国通常采用的都是固定价格模式。

溢价补贴又分固定溢价和指数溢价两种方式。固定溢价是为每度电支付固定的补贴。指数溢价的补贴额度为执行价格（竞标确定）与市场参考价格（随市场而变）的差值。溢价补贴在补贴了可再生能源的可再生属性后，使得可再生能源回归到电力市场上，与传统能源一起竞争，有助于构建更加和谐的电力市场。这也会激励可再生能源发电企业根据市场需求来调整发电量，在用电高峰时多发电。随着可再生能源发电比例上升，溢价补贴成为越来越受欢迎的方式。

我们最推荐的是指数溢价方式，它在整合可再生能源发电与传统电力市场的同时，也会使项目的成本最小化。我们现在正经历能源市场结构的重大变革，指数溢价的成本优势尤其明显。欧洲各国越来越多地采用这一方式，英国的差价合同就是一个很好的例子。

总而言之，竞标是发现价格的重要手段，然而这是实现可再生能源有效生产的必要而非充分条件。同时，我们也面临着其他方面的挑战，比如如何减小省际交易的壁垒，使可再生能源电力得以在一个更大范围内消纳，从而从技术上提高电网的可再生能源消纳比例。

◇ 二 背景介绍

在过去10年中，全球非水可再生能源经历了非常快速的发展，装机容量从900GW增长为1.6TW，其中主要是风能与太阳能。2004—2015年，全球可再生能源投资总额从400亿美元增加到约

3300亿美元，达到历史新高。目前，可再生能源大约占全球新增装机容量的50%。中国是全球的可再生能源投资大国，去年可再生能源投资额高达1100亿美元。

为了刺激可再生能源的发展，政府可以采取一系列的政策手段。目前最广泛使用的三种工具是：

1. 上网电价（FiT）（提供高于市场价格的可再生能源上网电价）；

2. 强制性手段（即可再生能源配额制）和可交易的可再生能源证书；

3. 税收措施（税收可用于投资，生产或消费）。

全球范围内，上网电价是最主要的政策工具，被大多数国家（除美国）使用。美国主要依赖联邦级的税收措施和州层面的可再生能源配额制。许多国家采用的是上述三种政策工具的组合，并提供不同形式的融资支持（例如投资拨款、贷款担保），以帮助不成熟的可再生能源技术商业化。

政策制定者可以通过FiT来控制可再生能源电价，或者通过可再生能源配额制（RPS）① 控制可再生能源的发电量。然而这两个政策不能同时执行，如果试图同时控制价格和数量，市场将无法出

---

① 在可再生能源配额制（RPS）下，电力部门必须使用一定比例的可再生能源（配额）。可再生能源证书（REC）代表可再生能源发电的生产量（例如，1兆瓦时的"绿色电力"等于1 REC），用于证明对配额义务的遵守。与政府保证购买的FiT机制不同，RPS机制依靠私人市场来实施。可再生能源证书可以在市场上自由交易，并且在每个合规期（例如1年）内REC的价格由市场实现。在REC的分配方案中，RPS可以是一致的或不一致的。如果方案是一致的，则所有发电技术每兆瓦时发电量获得相同数量的REC（例如瑞典、比利时）。如果方案是不一致的，某些技术每兆瓦时发电量会获得更多的REC（例如意大利、罗马尼亚），这被称为可再生能源证书的"条带化"（banding）。

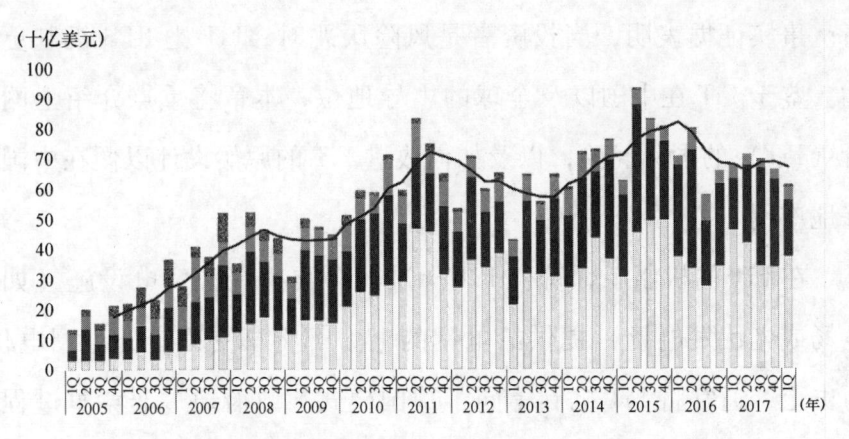

专题报告七　可再生能源竞标政策的国际经验：对中国的启示 | **255**

图 7-1　全球可再生能源新增投资额

数据来源：Abraham Louw, *Clean Energy Investment Trends*, *1Q 2018*, New York: Bloomberg New Energy Finance, 2018, p. 7。

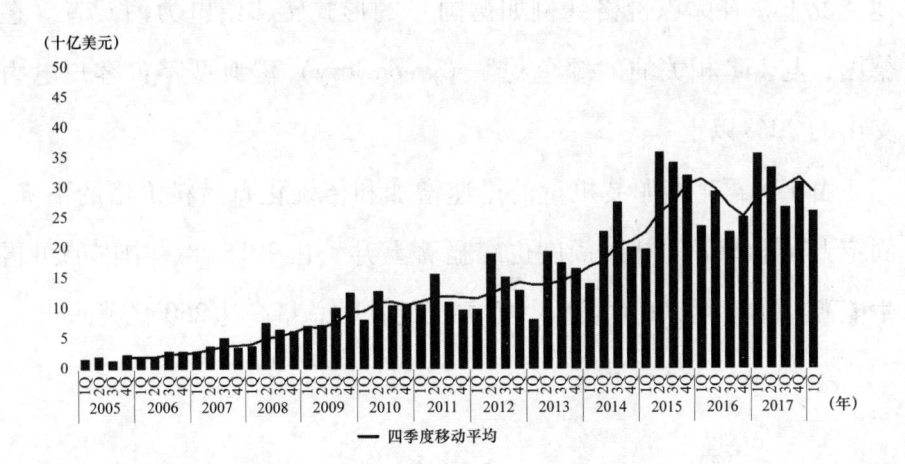

图 7-2　中国可再生能源新增投资额

数据来源：Abraham Louw, *Clean Energy Investment Trends*, *1Q 2018*, New York: Bloomberg New Energy Finance, 2018, p. 18。

清。事实证据表明，当投资者是风险厌恶时，FiT 比 RPS 机制更成功。鉴于 FiT 在中国以及全球的主导地位，本章将重点介绍上网电价（FiT）的国际经验，以及如何改进 FiT 的原始设计以便在中国更好地应用。

在 FiT 的机制下，符合 FiT 标准的可再生能源发电设施（如风电场或光伏发电场）提供给电网的电力都将享受固定的上网电价。历史上，通常将 FiT 机制等同于德国模式。政府通过非竞争过程设置固定的 FiT，随后要求公用事业部门与发电公司按设定的 FiT 签订长期合同，成交价通常高于电力的零售价格。这一机制反映了政府希望扶持缺乏经验和统计数据的新兴产业发展的愿望。

在某些情况下，补贴由公共财政（例如西班牙）提供，而在其他情况下，补贴以价格（例如德国）的形式转移给电力消费者。在德国，与 FiT 相关的"绿色税"（green levy）占典型零售客户电力支出的 20% 以上。

由于可再生能源装机量的迅速增加和传统化石燃料价格的下降，固定上网电价下的补贴额度也在显著上升。在 2015 年，中国的可再生能源补贴接近 100 亿美元，而德国的补贴总量高达 250 亿美元。

◇◇ 三 为什么要竞标？

可再生能源补贴成本在上升，同时经济增长速度放缓，其他公共服务的财政负担也在加重（例如，人口老龄化背景下的医疗保

专题报告七 可再生能源竞标政策的国际经验：对中国的启示

障），这些因素共同推动许多国家（包括中国）的政府更加谨慎考虑其财政预算。各国政府正在寻找新的方式来管理财政支出，同时继续刺激向更绿色经济的过渡。方法之一是仍然使用 FiT，但是在价格形成方式上从行政命令转向竞标方式，引入市场竞争。

与可再生能源装机量急剧增加密切相关的，是光伏和风力发电成本的显著降低，主要原因是技术变革，供应链精益化和生产规模扩大。图 7-3 显示了可再生能源发电成本的下降趋势。光伏组件和陆上风力发电的单位成本和累计装机量之间存在明显的对数线性关系，反映了可再生能源部门成本结构的变革性变化。从 2009 年第一季度至 2016 年第三季度，陆上风电的平准化电力成本下降了约 50%，太阳能光伏组件的单位成本下降了约 90%。

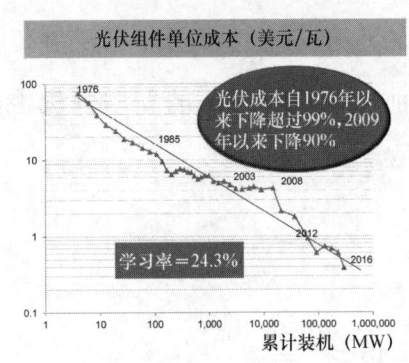

注：价格调整为2015年物价水平。
数据来源：Bloomberg New Energy Finance, Maycock

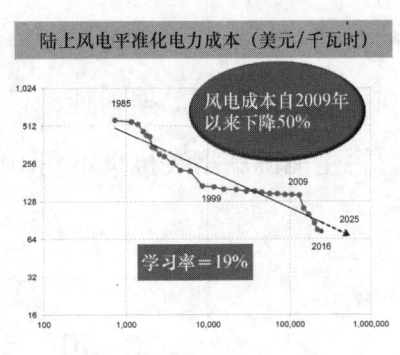

注：此图展示的是北欧的数据。价格调整为2014年物价水平。假设负债率为70%，债务成本为LIBOR利率加175个点，权益资本成本为8%。
数据来源：Bloomberg New Energy Finance

图 7-3 光伏发电和风力发电的经验曲线：单位成本与累计装机量的关系

由于设置 FiT 的政府与决定新设备建设项目的可再生能源开发企业之间存在信息不对称，电力消费者往往没有享受到成本下降的收益。在某些情况下，成本下降的收益转化为了企业的高额利润。

竞争性竞标可以解决可再生能源项目企业和政府之间的信息不对称，以避免可能出现的次优定价问题。

总体来说，竞标变得越来越受欢迎的原因如下：
- 减少政府的补贴负担——以更低的价格达到目标装机量。
- 降低政府因生产成本下降和化石燃料价格下降带来的风险。
- 减小追溯性降低电价的风险。
- 促进生产成本降低带来的收益向消费者转移。
- 避免项目可再生能源开发企业获得超额利润。
- 促进非价格目标的实现，如控制温室气体排放的目标，促进设备的国产化等。

在全球范围内，竞标作为一种决定可再生能源电价和电力购买协议的机制，越来越受到各国政府的欢迎。不过目前竞标机制仍然没有在大范围内使用。据估计，目前竞标机制形成的新增装机占比全球可再生能源新增装机量不到10%。

◇◇ 四　竞标类型

各种形式的竞标包括：密封式竞标、逆向竞标、加价荷兰式竞标、按出价成交的周期性竞标、按出价成交的一次性竞标、按出价成交的密封式竞标等。下面将介绍三种主要竞标方式的特点。

（一）密封式竞标

这是最广泛和最简单的模式，主要用于欧洲、非洲和拉丁美洲

(除巴西)。过程包括：

- 投标人上报项目的装机量（MW）和价格（$/MWh）。
- 汇总所有出价，按从低到高排序。
- 招标方选择最具竞争力的报价，直到投标的累计装机量达到目标。

确定成交价格的方法包括：

- 按报价付费的机制设计，根据每个中标人的报价，确定最终的成交价格。这是迄今为止最常见的定价机制，清晰明确，并且有助于减少策略性报价。
- 按出清价付费的机制设计，根据最后一个中标人的报价（也称为清算价格），确定最终的成交价格。德国在尝试过多种竞标机制的情况下，最终选择了按出清价付费的机制，主要原因是这种机制下的成交价格较低，并且德国的光伏市场比较成熟，很难受到策略性报价的影响。
- "Vickery竞标"的机制设计，根据第一个未中标人的报价，确定最终的成交价格。

（二）逆向竞标

这种方式主要在巴西使用，同时也越来越多在其他国家进行尝试（例如，印度和日本）。过程包括：

- 竞标人宣布一个初始价格，投标人上报此价格的装机量。
- 只要该出价的累计装机量超过目标，招标方就降低价格直到申报装机量与目标装机量相等。

(三) 加价荷兰式竞标

这种方式在可再生能源的竞标中并不常见。过程包括：

- 价格由低到高依次递增，直到完成特定的装机目标。具体来说，招标方先设定一个装机目标以及较低的价格，投标方报出在此价格下愿意完成的装机量，若投标方愿意完成的装机低于事先设定的装机目标，招标方会提高价格继续招标以完成剩下的装机目标。

- 投标者知道价格会逐渐上升，因此有坐等观望的激励，但是由于受到装机目标的限制，他们的出价行为会受到影响。

- 投标人会试图等到更高价格时再投标，但如果在较低价格时其他人的投标就完成了装机目标，投票者就失去了在高价时投标的机会。

◇◇ 五 国际经验

各国的竞标经验各不相同。巴西采用逆向竞标，2006—2015年成交了20GW以上的装机量，包括12.3GW的陆上风电、2.3GW的太阳能光伏发电以及小量的生物质能发电和小水电。南非自2011年以来使用密封式竞标，已成交了超过7GW的陆上风电。印度主要使用按出价成交的周期性竞标，2010—2015年成交了4.5GW的装机量，主要为光伏发电。2016年10月，印度政府宣布为1000MW的跨省联网风力发电机组进行逆向竞标。拉丁美洲（不包括巴西）主要采用按出价成交的一次性竞标，已经成交了近1GW的可再生能源。然而，墨西哥每年一次的实时在线竞标是按出价成交的密封式竞标的典型例子。所有欧盟成员国从2017年开始为成熟技术（即1MW以上的陆上风电和太阳能光伏发电）引入竞争机制，以符合欧盟国家援助指南。

中国在2003—2010年间的特许权招标采用的是密封式竞标方式，成交了超过8GW的陆上风电项目。随后，为了进一步刺激对可再生能源的投资，中国政府采取固定上网电价的方式。然而从2016年6月开始，中国部分省份的光伏发电开始采用竞标机制。

（一）竞标对价格的影响

一个关键的问题是，竞标会对上网价格产生怎样的影响。在巴西、印度和南非，通过竞标引入竞争机制，导致平均上网电价下降了29%—50%。之后，竞标的出清价格上下波动，反映了这些国家商业周期、能源行情、可再生能源项目开发进程等的变动。在欧洲，竞标导致上网价格立即下降了6.5%—27.5%。值得注意的是，由于全球金融危机带来的财政预算压力，以及政府对技术进步导致的成本下降有了更深刻的认识，固定上网电价下的标杆电价在2010—2014年也经历了快速的下降。以下将详细地介绍部分国家的经验。

1. 巴西

巴西政府在2002年出台了"替代电力能源激励计划"，通过固定电价制度来推动风电等可再生能源的发展。在2004年，该计划被用于2004—2011年建立的1.4GW陆上风电。巴西政府于2009年在

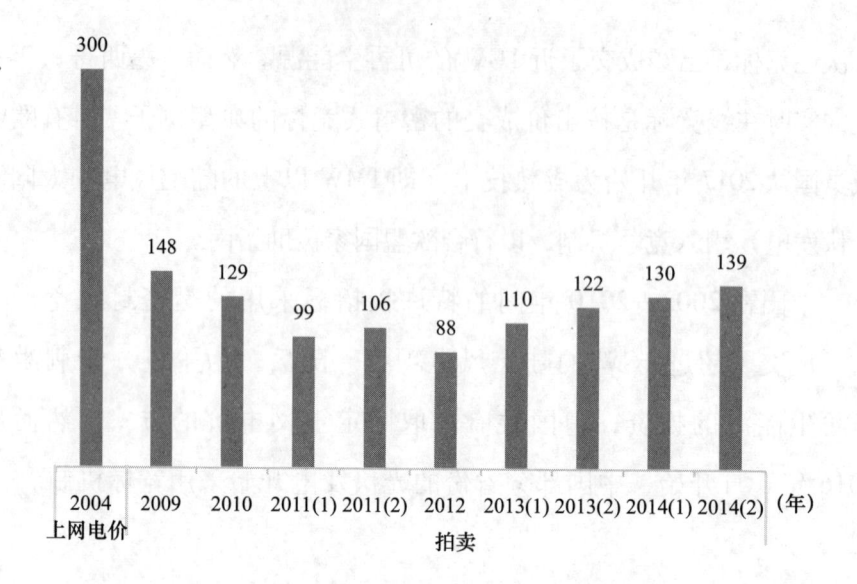

图7-4 巴西陆上风电电价的变化（单位：BRL/MWh）

数据来源：Bloomberg New Energy Finance。

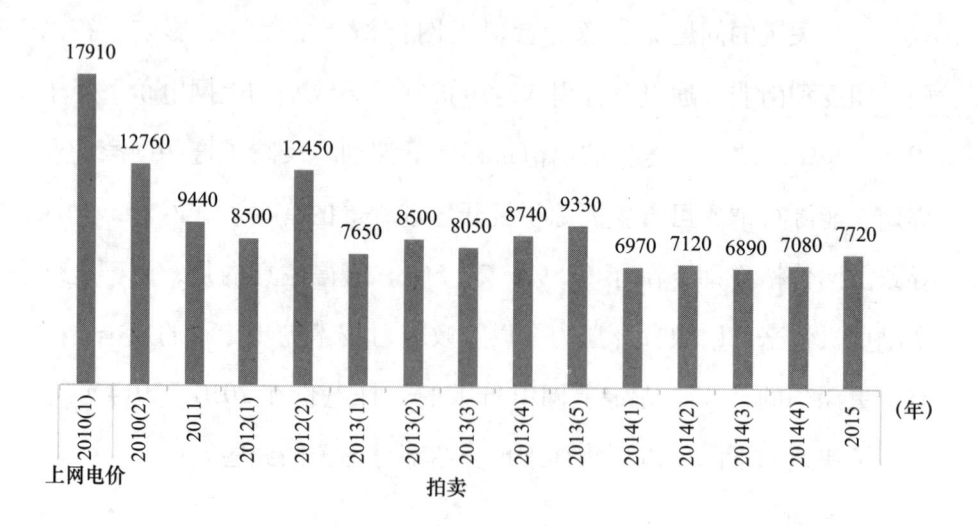

图7-5 印度光伏发电电价的变化（单位：INR/MWh）

数据来源：Bloomberg New Energy Finance。

风电领域全面引入竞标机制，使得上网电价减少了一半。之后，竞标作为价格发现的机制，促进了13GW的陆上风电的建设。竞标机制下价格会上下波动，这恰恰反映了市场的变化，例如汇率波动、涡轮机供需状况等。

2. 印度

在印度，2010年第一次"太能阳计划"（Solar Mission）竞标成交了150MW的光伏发电项目，平均而言成交价比该国基准上网电价低1/3。随后的联邦和州级竞标也已成交了近6GW的光伏发电项目。成交价反映出了成本降低的趋势，也体现了全国范围内开发成本和风险的差异。2013—2014年，北方邦（Uttar Pradesh）的平均中标价格比全国平均约高1/5。

3. 南非

在2008年第一次竞标之前，南非只有一个商业级的陆上风力发电项目（5MW）。不出所料，第一轮竞标中634MW的陆上风电项目成交电价仅为原来的一半。接下来的竞标进一步促进了价格的下降。由于竞标机制下的竞争加剧和参与度提高带来了更高的稳定性，2015年的可再生能源电价比2011年下降了40%。总的来说，南非的竞标已经成交了7GW的陆上风电项目。

4. 意大利

意大利是欧洲竞标经验最多的国家之一。由于意大利的财政受到两次金融危机的打击，2012年政府对绿色证书政策改革，并支持竞标机制。第一次竞标使得上网电价下降了差不多1/3。然而不幸的是，这一成功只是短暂的，自2014年以来，意大利的预算问题阻

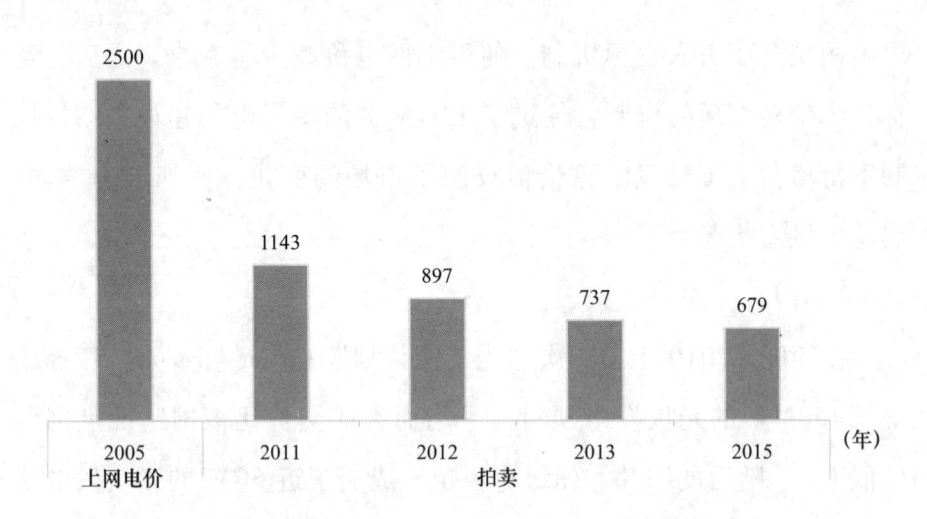

图 7-6 南非陆上风电电价的变化（单位：ZAR/MWh）

数据来源：Bloomberg New Energy Finance。

碍了竞标的运行。

5. 德国

德国在 2015 年前采用的是先到先得和有上限的上网电价政策，2015 年以两轮 150MW 的竞标启动改革。由于 2014 年德国可再生能源法（EEG）之后的上网电价降幅很大，2015 年 4 月第一轮按出价成交的试点竞标的成交价比该月适用的上网电价还高 1.7 欧元/兆瓦时，这再次说明竞标能够反映市场情况，价格可能双向波动，不一定就会降低价格。第二次试点竞标采用了按出清价格成交的方式，出现了更为激进的投标，导致电价降低 7.5%。[①]

[①] 2016 年 9 月波兰的试点竞标结果中光伏发电电价高达 105—121 美元/兆瓦时，远远高于其他市场的价格，并可能在第一次官方公用事业规模的竞标中大幅下降。最初的试点结果令人失望，反映出波兰各行业的参与者经验不足，以及适度的辐射潜力（moderate irradiation potential）。

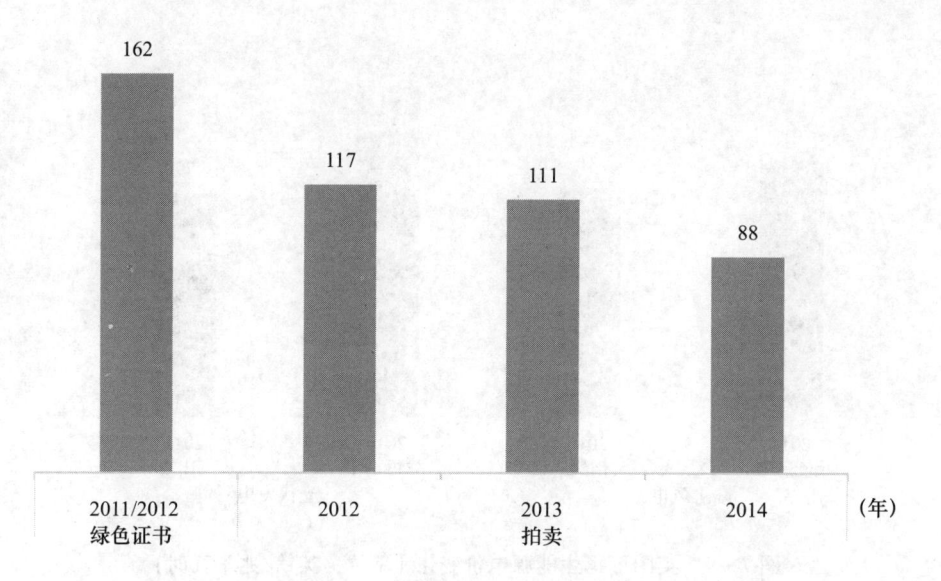

专题报告七 可再生能源竞标政策的国际经验：对中国的启示

图 7-7 意大利陆上风电电价的变化（单位：欧元/兆千瓦时）

数据来源：Bloomberg New Energy Finance。

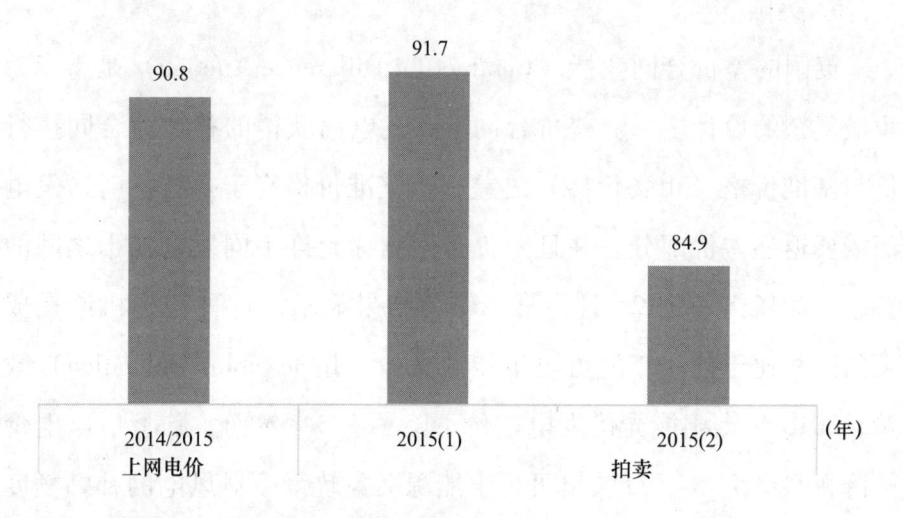

图 7-8 德国光伏发电电价的变化（单位：欧元/兆千瓦时）

数据来源：Bloomberg New Energy Finance。

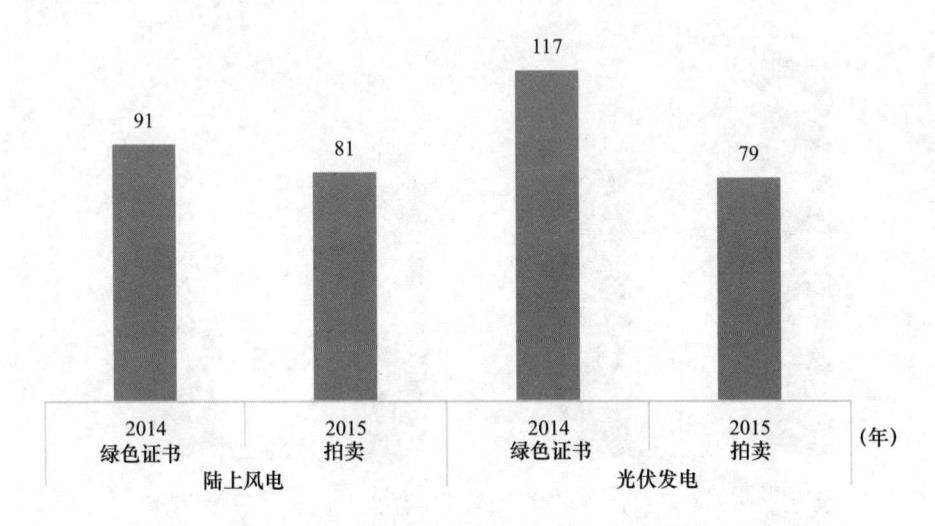

图 7-9　英国可再生能源电价变化（单位：英镑/兆千瓦时）

数据来源：Bloomberg New Energy Finance。

6. 英国

英国的差价合同竞标（Contract for Difference Auction）是迄今为止最复杂的设计之一。差价合同下，发电商获得的补贴为合同执行价与基准价格（市场价格）之差；当基准价格高于执行价时，发电商需要返还差价部分。并且差价合同竞标允许不同发电技术之间的竞争。2015年2月25日，第一轮的结果显示，这种竞标机制是成功的，相比于前一年的可再生能源义务（Renewables Obligation）政策，2015年太阳能光伏发电电价下降了1/3。然而，陆上风电电价的降幅只有11%，反映出可再生能源义务政策下对风电的补贴额度相对较低。

（二）竞标对行业结构的影响

固定上网电价政策可以促进可再生能源的大规模开发（例如德国），而竞标制度可能有利于既有的高效率企业或规模较大的企业。竞标的中标者可以不断学习，并优化其供应链，因此在未来的竞标中会更有竞争力。如果竞标时要求投标企业提供金融存款或财务担保，既存的大企业也更容易满足要求。

竞标制度有助于产生"行业冠军"，并帮助跨国投资商扩大投资，提高其在新兴市场的参与度。例如：

- Enel 公司（意大利）在许多国家的竞标中都获得了成功。
- Mainstream Renewable Power（爱尔兰）、Actis（英国）、Engie（法国）和 Total（法国）也参与了三个以上国家的竞标。
- Gestamp（西班牙）参与了大量巴西的竞标项目，并正在进入非洲市场。
- Brookfield Renewable（加拿大）是北美最值得关注的公司，其在加拿大、美国和巴西都拥有装机。

表7-1列出了国内可再生能源装机规模最大的10家企业，如果中国也会出现"行业冠军"的话，很有可能产生于前5名的企业之中。值得注意的是，国电集团公司已经在南非有两个海外可再生能源项目。而国家电力投资集团公司和三峡集团公司等企业也在积极收购中国境外的可再生能源资产。

表 7-1　中国可再生能源企业 2015 年可再生能源装机容量排名

可再生能源企业	可再生能源装机容量（MW）
中国国电集团公司	20404
中国华能集团公司	14679
国家电力投资集团公司	14239
中国大唐集团公司	12110
中国华电集团公司	10387
中国广核集团公司	10286
神华集团有限责任公司	6031
中国长江三峡集团公司	5783
中国华润集团有限公司	4682
国电电力发展股份有限公司	4537

数据来源：Bloomberg New Energy Finance。

例如，2016 年 6 月，三峡集团同意购买德国风电场运营商 WindMW GmbH 的控制权，目标价值约 17 亿欧元（18 亿美元）。2016 年 5 月，国家电力投资公司以 2.38 亿欧元收购了 Repsol SA 的海上风电业务。2016 年 12 月初，国家电力投资公司和中国三峡公司开始合作，争取市值为 37 亿加元（28 亿美元）的加拿大可再生能源生产商 Northland Power，该公司在加拿大、美国和德国都拥有或投资了清洁发电设施。

（三）成功的竞标设计

纵观各国的竞标情况，成功的竞标设计通常都遵循了以下两条指导原则：

首先，它们确定了辖区范围内可再生能源电力渗透（或者可再生能源电力占比）的最终目标，包括总体目标和阶段性目标。通常这些目标会被写入立法中，以便向市场提供更明确、更可靠的保证。可再生能源开发企业和投资者也更偏好有更多参与机会和更高成功概率的项目。然而，没有必要规定竞标的频率，这样能为政府提供一定的灵活性。

其次，保证竞标的过程对整个行业公开透明。即使未来几年每次竞标的具体细节尚未确定，也可以提供一些一般性的原则，这样能为潜在的可再生能源和非可再生能源开发企业提供更大的确定性，以帮助它们进行短期和长期的投资决策。

以下是设计可再生能源项目竞标时的一些具体注意事项：

- 高参与率和定期安排是竞标政策成功的两个基本要素。前者保证充分的竞争以降低价格。后者为可再生能源部门提供可预见性和稳定性，以建立可持续的、有竞争力的供应链。
- 要吸引更多的竞争者，需要稳定的政策环境。
- 竞标的装机容量规模应反映行业交付项目的能力。一系列不断增加装机目标的小型竞标通常比大规模一次性竞标更成功。这种方法，再结合使用当地设备的激励措施（而不是要求），可以帮助发展国内供应链。
- 如果需要建设输电网，最好将其包括在竞标评估过程中。这将使得可再生能源项目的开发总成本能够被公平地比较。或者，也可以要求证明项目具备连接到输电网的能力。
- 通常，竞标更容易应用于成熟的技术，如陆上风电和光伏发电。然而，丹麦海上风电竞标的成功表明，组织良好的竞标（其中政府承担了一些风险和项目开发）可以引起潜在供应商之间的竞争，并降低项目成本。

- 特定的国家层面的风险，例如换届后政府的信用风险或政策不稳定性，将会降低竞标的吸引力，并导致竞标价格上涨。主权担保和对债务的明确定义可以减少这类风险的影响。
- 成功的竞标还应包括防止中标项目不按期建设的措施。例如项目债券、电网连接协议、项目生命周期内补贴递减等。一些国家在中标项目履约方面遇到了问题。在意大利的一些早期竞标试点中，大约25%的中标者无法交付他们的项目，不过这发生在意大利的经济整体陷入危机的时候。在竞标中，如果项目债券和其他交付担保不够高（例如目前印度的太阳能光伏发电项目竞标），我们可以预期到完成率将会降低。
- 时间中性、技术中性。随着时间和不同技术的发展，成本的变化将会带来更高的收益，竞标也可以通过特定设计，来最大化这一潜在收益。

√ 时间和技术的中性能够增加投标数量，有利于竞标的良好运行。

√ 如果竞标能够允许投标者在更长的时间范围内（例如5年）选择交付，那么随着技术和企业的学习曲线向下移动，可以预期未来成本的降低将带来更高的收益。

√ 时间窗口越长，由于未来市场条件的潜在不确定性，将合同授予不切实际的出价的风险就越大。

- √智利的竞标针对一天中的不同时间段进行。光伏发电倾向于赢得所有光照最充足时段的竞标，而燃气发电和风电倾向于赢得夜间的竞标。
- √竞标还可以设计成技术中性的模式，以最大化不同技术之间的竞争带来的收益。
- 当间歇性电源的渗透率相对较低，电网对其管理尚不成问题时，所有可再生能源可以彼此竞争。然而，当间歇性成为电网管理的一个挑战时（例如，当光伏发电和风电等来源占发电量的大约30%时），间歇性技术不应与提供稳定负荷的技术竞争，除非他们的出价包含了某种形式的储能成本。
- 在实践中，关于技术选择，竞标可以有多种处理方式。然而，绝大多数竞标都是针对特定技术的竞标（例如，陆上风电项目招标）。
- 竞标制度的设计还必须考虑到不同的技术。具有更高风险特征的技术，例如海上风电、潮汐能发电等，通常需要更多的前期准备工作（例如选址、电网连接计划、环境影响评估），以减小项目无法交付的风险。
- 英国在引入不同技术之间的竞争方面做出的努力最多。2015年左右开始，英国的竞标几乎是对所有可再生能源技术开放的。他们将技术根据成熟度分类。"成熟"技术中有陆上风电和太阳能光伏发电，陆上风电最具竞争力，几乎赢得了所有竞标。即将到来的一轮招标中已经取消了对成熟技术的补贴支持。然而，出于战略原因和对负荷因素的考虑，英国将在下一轮招标中支持以下更高成本的技术：海上风电、废弃物发电、厌氧消化、生物质能源、波浪能、潮汐能和地热能。

- 评价标准可以根据竞标方对项目各种重要属性的要求进行调整。使用价格以外的评估标准会扭曲竞标作为价格发现机制的作用，削弱其选择最低成本或最佳技术的能力。价格以外的评价标准有：

√温室气体减排贡献。

√环境影响评价。

√促进国内可再生能源行业发展的地方要求。

（四）竞标流程

具体实施竞标时，建议每次竞标包括三个阶段：

1. 意愿摸底阶段（Request for Expressions of Interest，REOI），一个独立阶段，招标方对潜在投标人的竞价意愿进行了解。

2. 资格审查阶段（Request for Qualifications，RFQ），投标人提交资质证明以及初步的项目建议书。

3. 项目申请阶段（Request for Proposals，RFP），通过前一阶段资格审查的投标人对投标进行确认，并提交最终版本的项目建议书。

为确保竞标的成功，竞标的每一阶段都应该接受公正的监管，这样能增加投标者对于竞标公平性的信心。同时任何有反竞争行为的竞标者，招标人都有权取消其资格。必要时需聘请专家评估者（例如资本市场和技术专业方面）。

1. 意愿摸底阶段（REOI）的关键注意事项有：
- 首要目的是吸引投资者参与竞争，并向市场公开招标的主要信息。
- 招标方能够借此了解市场对竞标的感兴趣程度。
- 招标方公开的信息通常会包括后续阶段的大致时间表，这些信息将帮助潜在参与者决定是否参与竞标，也会表明后续阶段所要求的承诺水平。
- 这一阶段如果能尽可能减少后续阶段双边协商的可能，将为有效的竞争提供支持。
- 这一阶段不具有约束力，对尚不成熟的竞争体系来说帮助最大。
- 这一阶段通常需要4—6周。

2. 资格审查阶段（RFQ）的关键注意事项有：
- 首要目的是确定提交申请的参与者中能够进入下一阶段的投标者和项目。
- 招标方在这一阶段评估参与者及其招标项目是否符合财务要求、技术要求和其他资格要求，并确保正在投标的项目有能力在指定的日期之前完成投产。
- RFQ通常对于招标方和投标方而言都是需要投入最多资源的阶段。附录7-1列出了一个典型RFQ阶段所需要的信息要求。
- 这一阶段通常需要4—6周。

3. 项目申请阶段（RFP）的关键注意事项有：
- 首要目的是从具备资格的投标者中选出中标者。

- 投标人必须提供一定的保证金，如果投标人未中标，或者中标后按约定履行了承诺，则退还保证金。
- 投标人必须确认自 RFQ 提交以来其项目团队不变。这有助于防止已通过资格审查的项目团队在 RFP 阶段期间改变，也是不鼓励非竞争行为的方式之一。
- 投标人必须提供更新的财务证明，以证明自 RFQ 提交申请以来没有发生（或预期不会发生）可能对其财务状况产生重大不利影响的事件。
- 所有股权出资需要更严格的财务承诺。
- 投标者必须提供有约束力的报价。
- 在仍具有参与资格的投标者中根据最低竞价（但须符合支付能力上限）选出中标者。
- 这一阶段通常需要 2—3 个月。

完成上述全部三个阶段的一次竞标通常需要 7—11 个月的时间。

上述推荐的阶段性竞标过程是大多数国家采取的典型模式。该过程对招标方和潜在投标者都有利。随着竞标不断进展，投标者或政府需要可能会发生变化，阶段性的竞标有利于招标方对这些变化做出响应。

将竞争分为三个阶段也可以提高效率。竞标过程需要招标方和投标方都投入大量的时间和资源，特别是在资格审查阶段和项目申请阶段。资格审查能够从所有可能感兴趣的人中筛选出有资格的申请者，提高项目申请阶段选出最终获胜者的效率。

从招标方的角度来看，分阶段的过程将提供更多的机会来将竞争预期传达给市场，并从潜在参与者和他们的出资方获得有意义的反馈。

双方更好地了解彼此的预期将：

- 有利于招标方更好地了解市场意愿，更合理地分配风险、起草招标文件和协议文件。
- 有利于参与者更有效地开展项目规划、提交项目建议，增加潜在参与者提交合格建议书的可能性，这有利于提高竞争程度，也有利于提高竞标成功的可能性。对于参与者，分阶段的过程还允许利益相关方有足够的时间获得他们可能需要的资源。

（五）支付机制

在上网电价的支付机制上，可分为固定价格（Fixed-FIT Models）和溢价补贴（Premium Mechanisms）两种方式。固定上网电价模式是指，无论企业在电力市场上实际成交的可再生能源电力价格为多少，政府都支付固定上网电价与该可再生能源市场成交价之间的差额。该模式保证可再生发电企业获得固定的上网电价，确保了投资的稳定性。如果这个价格是通过竞标方式形成的，投资的低风险和企业对未来现金流的稳定预期会使竞标价格较低，使政府能以较低的成本来开发可再生能源。巴西、南非和印度都在使用这种支付模式。然而，由于售电主体是电网而非发电企业，固定价格下无论何时发的电回报都是一样的，发电企业没有激励根据市场需求来调整自己的发电量，这样的后果是可能会对电力市场造成冲击，也会加大电网的调度难度。随着可再生能源装机量的增加,这将是一个值得关注的问题。

溢价补贴机制(Premium Mechanisms)分为固定溢价和指数溢价两种方式。固定溢价中每度电的补贴是固定的。指数溢价的补贴额度为执行价格(竞标确定)与参考价格(随市场而变,例如市场电力交易平均价格)的差值。溢价补贴在补贴了可再生能源的可再生属性后,使得可再生能源回归到电力市场上,与传统能源一起竞争。这也会激励可再生能源发电企业根据市场需求来调整发电量,通过需求引导可再生能源发电企业在用电高峰期发电,极大地提高了效率,也有助于形成一个更稳定的电力市场。随着可再生能源发电比例上升,溢价补贴将会越来越受欢迎。下面将探讨两种不同溢价方式的特点。

固定溢价机制下,在竞标中获胜的竞标者将得到与竞标价一致的补贴。在实际操作中,这意味着可再生能源开发企业需要按照以下程序计算出它的竞标价:

a)计算在达到项目股本回报率前提下的长期承购价格;

b)估算为期20年的平均电价;

c)计算长期承购价格与平均电价的差额(平均电价一般采用的是能反映电力市场平均价格的上网电价)。[1]

---

[1] 中国的燃煤上网标杆电价是由国家发改委设定的,但是从2004年开始到现在只经历了11次调整,不一定能完全反映市场情况。最近的一次价格调整是在2016年1月1日。不同地区之间的价格差异比较大,最低出现在内蒙古地区,基准价格仅为0.2772元/千瓦时,最高出现在广东省,达到了0.4505元/千瓦时。

指数溢价机制下，中标者获得的补贴为执行价格（中标价）与基准价（市场价）之差，如英国的差价合同。当执行价格高于基准价时，中标者可以获得与价差相当的补贴；当基准价高于执行价时，中标者则需把价差退还给政府。竞标价一般根据达到股本回报率的包销价计算所得。

由于市场的不确定性，可再生能源发电项目面临着融资难的问题，指数溢价机制可以降低可再生能源发电项目面临的风险。中标者将不会面临基准价格下降的风险，这给发电企业提供了较明确和稳定的收入预期。同时发电企业也不会从基准价格的上升中获益，避免了电价上升时给可再生能源项目提供高额补贴。

另外值得注意的是，补贴补的只是可再生能源的可再生属性。对于终端消费者来说，不同电源发的电都是一样的，并没有区别。

表7-2从不同目标和角度出发，比较了固定溢价和指数溢价的优缺点。可以看到从不同角度来看，两种机制各有自己特有的优缺点，政府在做出决策时需多方考量。

表7-2　　　　　　　固定溢价和指数溢价机制的比较

目标	固定溢价	指数溢价
●最大化竞标者数量 ●最大化竞争程度 ●降低价格	●固定溢价机制不能给项目提供稳定的收入预期，增加融资难度，降低竞标者数量	●可以提供稳定的收入预期，降低融资难度，吸引更多的竞标者，促使价格下降 ●有助于可再生能源开发企业从资本市场获得项目融资

续表

目标	固定溢价	指数溢价
• 风险的分散 • 市场不确定性	• 对风险在企业和政府之间的配置将产生很大影响，当然这也取决于竞标价 • 在低价、不确定的定价环境中，作为竞标的RECs价值将上升，基准价格的风险会转移给发电企业 • 企业主要面临开发、建设、运营、维护以及基准价格风险	• 将基准价格的风险和机遇转移给政府 • 开发（包括选址）、建设、运营、维护风险仍然由企业承担
• 公众的理解和支持	不太容易被公众理解和认可	• 中国目前的固定上网电价下基准价格风险由政府承担，指数溢价容易被现有企业理解，但对于广大民众来说仍不好理解
• 补贴资金规模	• 补贴总额大体上是固定且容易确定的 • 在每次竞拍中通过调整装机量目标来调整补贴总额	• 补贴总额的上限是执行价格，但每年随着基准价而变化 • 政府可以提前1—2年预期到大概需要的补贴资金
• 与市场的偏离程度	• 基准价格随时间而变，补贴有可能会偏离市场。如基准价格上升时有可能导致补贴偏高	• 因补贴随着基准价格的变化而调整，故不会发生偏离。当基准价格上升时，补贴下降，并且还有可能使得政府获得净收入
• 与政府目标的契合程度	• 符合政府目标的要求，除非价格上限被取消	• 政府目标部分一致，给可再生能源的可再生属性提供了一定补偿 • 政府承担了基准价格的风险
• 政府承担的成本	• 价格的不确定性将会体现在投标价中，投标者的报价包含了对基准价格风险的风险溢价	• 指数溢价最小化了在不确定性市场情况下的补贴成本
• 转向其他支付机制	• 从固定溢价转向指数溢价不会产生较大阻碍	• 从指数溢价转向固定溢价可能会遇到很多阻碍

资料来源：Nawitka Capital Advisors ltd。

对于任何竞拍，分散风险的原则是最小化竞拍价中的风险溢价。基于中国电力市场目前存在显著的不确定性，允许风险转移的付费机制可以形成最低的成本。

（六）成本评估

在评估竞标机制的潜在成本时，需要同时考虑可再生能源发电项目的成本，以及付费机制带来的影响。彭博新能源财经（Bloomberg New Energy Finance）估算中国在 2016 年第二季度的度电成本[①]为：陆上风电度电成本为 60—90 美元/兆瓦时，平均大约为 70 美元/兆瓦时；公用事业规模的光伏电站度电成本为 80—155 美元/兆瓦时，平均约为 90 美元/兆瓦时。

度电成本是指达到项目既定的股本回报率所需的长期承购价格。为了方便比较，图 7-10 给出了中国和亚太地区不同电源的度电成本。虽然中国陆上风电度电成本比天然气低，但与传统燃煤发电相比成本仍偏高。

作为可再生能源项目的投资者，他们进行投资决策时关心的是项目回报能否覆盖项目成本（如在 20 年的生命周期里，风电度电成本约为 70 美元/兆瓦时，光伏发电度电成本约为 90 美元/兆瓦时）。成本能否被覆盖取决于两个重要因素：项目发电时的市场基准价格以及可获得的补贴额度。无论选择哪种支付机制（如固定溢价或者指数溢价），这两个因素都是重点考量对象。但支付机制会

---

① 度电成本包括建筑、运营、发电技术的融资、电网连接和消纳的成本。进行计算时要将所有的补贴扣除（如补助金、加速折旧、生产税抵免）。可再生能源度电成本的核心驱动因素是融资成本，尤其是贷款成本。贷款的成本和可得性是关于项目风险和市场条件的函数——感知风险越大，贷款的成本越高。对于中国，我们预测权益成本是 10%，长期负债成本是 5.6%，杠杆大约为 70%。

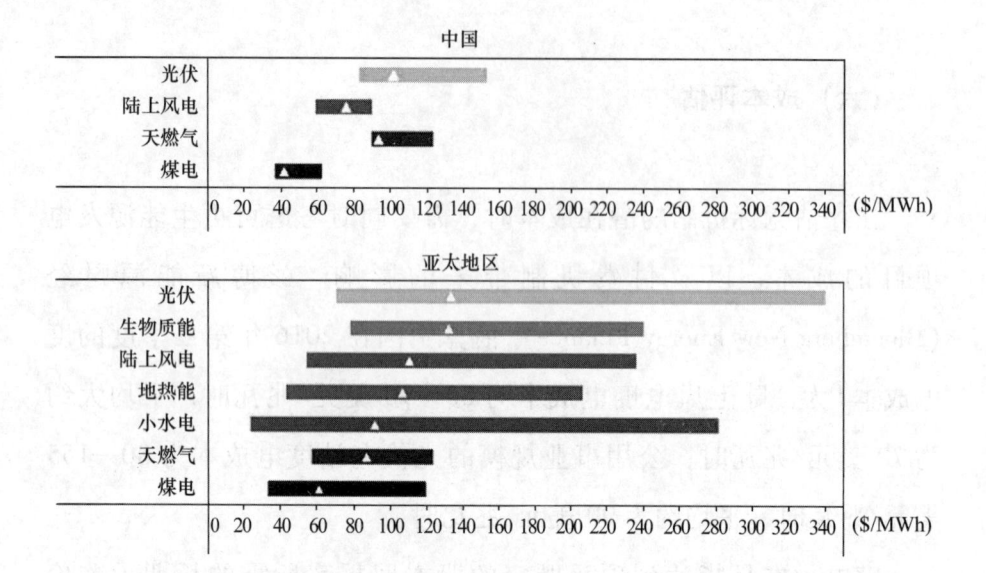

图 7-10 中国和亚太地区的度电成本对比（2016 年第三季度）

数据来源：Bloomberg New Energy Finance，Nawitka Capital Advisors。

影响开发者如何看待总体项目风险，因此会影响如何计算它所需要的补贴水平。这会影响竞标项目对于政府的总成本。

在竞标流程中，为了使成本最小化，最关键的是要使竞拍者数量足够多，通过提高竞争使价格下降。可再生能源投资的初期投入大，大多数企业都依赖于项目融资。因此考虑支付机制对于项目融资能力的影响非常重要。为提高项目的融资能力，一个重要的方法是进行恰当的风险配置。如企业能较好地应对建设风险，因此建设风险应该是由企业来承担。然而，许多国家的实践经验表明，企业和出资方强烈地感受到基准价格风险无法预见与承受，比较适合由政府来承担（目前中国就是这样的），从这一角度来说指数溢价更合适。

此外，可再生能源开发企业的收入大部分来自基准价格与补贴。然而，固定溢价机制下可再生能源开发企业面临着基准价格波动的风险，投标者的报价中会包含这部分风险溢价。风险溢价可以被可再生能源开发企业运用模型估测到。企业感觉到的基准价格不确定性越高，风险溢价就越高。例如，假设陆上风电度电成本为70美元/兆瓦时，如果固定溢价竞标者设想基准价格为40美元/兆瓦时，他们需要资助金30美元/兆瓦时。然而，如果竞标者认为基准价格有上下波动的风险，其确定性等价仅为20美元/兆瓦时，他们将报出50美元/兆瓦时的补贴。在指数溢价机制下，无论竞标者对基准价格的预测如何，执行价格都是70美元/千瓦时，因此政府将承受基准价格变动的后果。进一步地，在固定溢价机制下，由于基准价格不确定性太大，企业有可能会假设基准价格为0，从而将价格风险全部转移给政府。

固定溢价的另一个缺陷是当基准价格高于预期值时，从价格上升获得的额外好处由企业享受，并没有转移给消费者。在指数溢价机制下，更高的基准价格将会降低补贴额度，使纳税人和消费者受益。

综合以上，我们更推荐指数溢价机制。因为指数溢价有助于实现可再生能源和传统能源发电市场的整合，同时最小化了项目成本。尤其是能源结构正在发生显著变化的当今，其成本优势更为明显。英国、大多数欧洲国家①以及加拿大的部分省份正在向这种支付机制转型。

---

① 在欧洲，唯一例外的国家是实行绿色证书市场的国家（如瑞典、比利时、丹麦和罗马尼亚）。

总体来说，实施竞标毫无疑问是降低可再生能源开发成本的必要条件，但并非充分条件。竞标是价格发现机制。但目前仍然有很多困难亟待解决，如减少省际行政壁垒、扩充电网，从技术上提高电网的可再生能源消纳比例等。

（七）最优设计

基于我们对国际竞标实践的分析，我们认为如果要实行竞标，最优的设计将包括以下几个方面：

- 竞标要对所有可再生能源技术开放；①
- 适用于所有新的和扩建的可再生能源项目；
- 要求参与竞标的项目装机容量需要大于等于5MW；
- 筛选标准只聚焦于财务和技术方面；
- 政府通过设立可支付阈值②来控制成本；
- 合同有效期需达到20年，以实现项目的融资可行性；
- 在有足够消纳能力和电力输配系统较发达的地区实行，以消纳该地区发电项目的发电；
- 充分利用指数溢价的支付手段。因为这一机制能最大限度地吸引竞拍者，同时最小化项目总成本。

---

① 尽管不同可再生能源技术的碳排放强度不同。详细请见附录7-3。
② 可支付阈值（affordability threshold）是指竞标价被确立为不可支付的临界点。这一阈值可以用美元/兆瓦或各部分采购的总成本来表示。确立总成本的可支付阈值需要和预计的装机容量相匹配。

◇◇ 附录 7-1 资格预审

首先，投标者需要缴纳一笔保证金，这不仅可以避免一些无聊的投标者，同时也表明了投标者做出的承诺。在大的招标活动中，这种资金的承诺是非常有意义的，能够帮忙筛选出那些可能会通过资格审查的投标者。

其次，投标者要详细地介绍其项目成员。投标者需要证明其在以下三个方面是合格的：项目资格、财务能力与技术能力。资格审查越直截了当，项目就越有可能达到评估标准。一些地区的经验（比如加拿大的安大略省）表明，资格审查指标越复杂（尤其是当加入了一些社会经济因素的时候），资格审查阶段过后，对项目的监管难度和成本就越大。

项目资格审查是指投标项目要达到招标预先设定的标准，包括：

- 项目是否采用规定的可再生能源技术；
- 这是一个新项目还是已有项目；
- 项目的选址是否合适；
- 项目是否达到公用事业规模（比如大于等于5WM）；
- 基于现有的进度及对未来进度的估计，项目是否能够如期完工；
- 项目是否需要配套的输配电设施投资。

财务能力审查是指投标者需要证明其财务实力足够完成项目的

开发，包括：

- 根据现在及历史的财务报表，有与项目规模相当的净值；
- 无使公司账务状况发生重大负面影响的事件发生，以及在可预见的将来也不会发生；
- 资金的赞助方或担保人需要表明对投标项目的支持；
- 股权证明，或者描述投标者将怎样保证实施项目所需的股权。

技术能力审查是指投标者需要证明其有技术能力来完成项目的开发，包括：

- 近期参与的类似规模或难度的项目；
- 项目开发、建设及运营阶段的相关经验，比如选址、利益相关者磋商、土地征用等；
- 投标人与项目相关经验的介绍。

资格审查需要设定许多的评价标准，投标人每一条标准都要达标，也就是在一方面超过了最低标准并不意味着在另一方面可以低于最低标准。在设定标准的时候，需要确保每一条标准的最低要求都是合理的。同时，标准还要是容易被市场理解的，并且对于管理者来说是容易执行的。

资格审查一般会持续4—6个月，给投标者足够的时间来做回应。在有些地区，资格审查的时间也会随着投标者的熟练度而做调整，一般会随着竞标次数的增加渐渐缩短。

附录7-2 各种电源的碳强度对比

各种电源的全生命周期碳排放量如下表：

（单位：g CO_2eq/kWh）

发电能源	最小值	平均值	最大值
煤电	740	820	910
天然气联合循环发电	410	490	650
生物质发电	130	230	420
光伏电站	18	48	180
屋顶光伏	26	41	60
地热发电	6.0	38	79
太阳能热发电	8.8	27	63
水力发电	1.0	24	2200
海上风电	8.0	12	35
核电	3.7	12	110
陆上风电	7.0	11	56

数据来源：2014IPCC，几种发电能源的温室效应。

附录7-3 中国的光伏电站竞标

在2003—2010年期间，中国实施了几次许权招标来确定可再生能源的上网电价。在此期间，陆上风电装机量每年稳定增长，合计约8GW。然而在2010年以后，为了吸引投资、促进装机量更快增长，中国取消了特许权招标制度，设立了较高的标杆上网电价。在偏高的补贴政策下,中国风电和光伏发电的装机量一跃成为世界第一,但由此带来的财政负担也让政府不堪重负(每年补贴总额大约为 100 亿美元)。于是,国家发改委和能源局在 2016 年重新引入了电价竞争机制。

国家能源局于 2016 年 6 月 3 日发布了《国家能源局关于下达 2016 年光伏发电建设实施方案的通知》,下达了 2016 年全国新增光伏电站建设规模 1810 万千瓦,其中普通光伏电站项目 1260 万千瓦,八个光伏领跑技术基地规模 550 万千瓦。通知明确提出"光伏领跑技术基地应采取招标、优选等竞争性比选方式配置项目,而且应将电价作为主要竞争条件"。对于普通光伏电站项目,"鼓励各省(区、市)发展改革委(能源局)建立招标、优选等竞争性方式配置光伏电站项目的机制,促进光伏发电技术进步和上网电价下降"。随后各省出台了省内指标配置方案,不少省份给出了明确的评分标准,并且将电价作为主要的考虑因素之一。截至 2016 年 10 月 30 日,领跑者计划的招标结果如附表 1 所示。

附表 1   领跑者计划招标结果

地区	标杆上网电价(元/千瓦时)	领跑者计划		
		装机容量(兆瓦)	项目数	最低投标价(元/千瓦时)
山西阳泉	0.98	950	12	0.61
山西芮城	0.98	500	6	0.65
内蒙古包头	0.8	900	11	0.52
山东济宁	0.98	450	6	0.83

续表

地区	标杆上网电价（元/千瓦时）	领跑者计划		
		装机容量（兆瓦）	项目数	最低投标价（元/千瓦时）
山东新泰	0.98	450	5	0.75*
安徽两淮	0.98	1000	12	0.65
内蒙古乌海	0.8	500	7	0.45

数据来源：界面新闻：《光伏"领跑者计划"真的带来了一场恶性价格战？》（https://www.jiemian.com/article/992004.html）。

从附表1可以看出，最低投标价比标杆上网电价低了33%—43%。其中，山东省政府要求投标价不能低于上网电价的85%，也就是0.83元/千瓦时。中诚银信竞标价为0.75元/千瓦时（比上网电价低了35%），因此最终的竞标结果中，中诚银信并没有获得指标，最终竞标成功的企业最低报价为0.83元/千瓦时。附图1给出了内蒙古乌海的报价情况。①

从附图1可以看出，最低的竞标价为0.45元/千瓦时（装机容量65兆瓦，该报价来自中国英利），最高的竞标价为0.73元/千瓦时（装机容量106兆瓦，该报价来自神华），平均报价为0.57元/千瓦时。在初次竞标中，报价通常比较分散。随着时间推移，竞标者在竞标过程中逐渐意识到要采用更有效率的技术，报价的分布会变得更为集中且左偏。

中国实施竞标的结果与国外相关实践是一致的：在巴西、印度

---

① 来源：http://guangfu.bjx.com.cn。

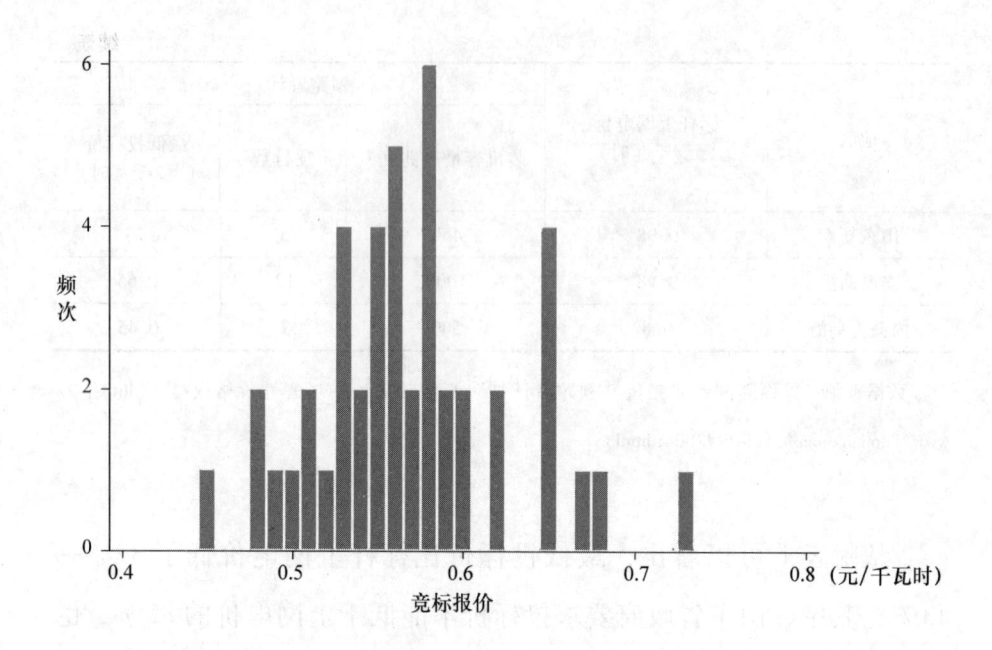

附图 1 内蒙古乌海光伏竞标价分布情况

数据来源：http://guangfu.bjx.com.cn, summarized。

和南非，引入竞标后平均价格立刻降低了29%—50%。在欧洲，竞标的引入使得价格降低了6.5%—27.5%。在欧债危机的背景下，由于对可再生能源实行较高的上网电价补贴政策，欧洲政府一直承受着很重的财政压力。德国在部分地区实行光伏发电项目拍卖试点以后，意识到技术进步导致的成本下降，在2010—2014年之间，德国就开始积极调低光伏发电上网电价补贴的额度。

对单一项目来说，竞标价由度电成本决定。中国集中式光伏的度电成本情况如附表2所示。基于此可以来解释竞标价格的公司、地区差异。

附表 2　　　　　　中国大型集中式光伏的度电成本

国家	投资成本（美元/兆瓦）			容量因子			运营成本（美元/兆瓦·年）	负责率	债务成本	权益成本	基准电力成本（美元/兆瓦时）
	低	基准	高	低	基准	高	基准	基准	基准	基准	基准
中国	0.95	0.98	1.02	12%	16%	18%	10,374	70%	5.6%	10%	86

数据来源：彭博新能源财经，Nawitka Capita Advisors。

乌海在 2016 年 10 月拍卖均价为 82 美元/千瓦时，与附表 2 所示的度电成本差距不大。2016 年世界其他一些国家实行招标拍卖制度，拍卖价格都创造了历史新低。[①]

- 在秘鲁，意大利国家电网公司（Enel Power）在 2016 年 2 月签订了将在 2017 年建设光伏电站的合同，价格为 48 美元/兆瓦。
- 在墨西哥，意大利国家电网公司在 2016 年 3 月签订了将在 2018 年建设光伏电站的合同，价格为 36 美元/兆瓦。
- 在迪拜，Masdar Consortium 在 2016 年 5 月签订了将在 2019 年建设光伏电站的合同，价格为 30 美元/兆瓦。
- 在智利，Solarpack 在 2016 年 8 月签订了将在 2019 年建设的光伏电站，价格为 29 美元/兆瓦。

虽然这些国家的太阳能资源比中国要丰富，但中国光伏发电项目的招标价格在未来仍有继续下降的潜力。主要可能的因素有技术

---

① 招标价格的新低纪录在 2016 年 1 月出现，意大利国家电网公司在摩洛哥签署了一项将于 2018 年建设的光伏发电项目，价格为 30 美元/兆瓦。

进步、招标机制设计更为合理、地方政府减少对招标的价格控制（如山东）、竞标者在此过程中逐渐熟悉规则。

除此之外，中国一些大型可再生能源开发商已经开始进入上游的设备制造等行业进行投资，从而可以获得更高的采购折扣和更低的手续费。这些都将继续推动成本的下降。

总之，中国拍卖导致的价格降低的格局与国际趋势是吻合的。如果上网电价补贴的政策转向到拍卖，中国政府的财政负担预计可以减轻30%—40%。

专题报告八

风电和光伏发电平准化电力成本分析与国际比较[*]

◇ 一 摘要

本章的重点是比较不同国家、不同技术的发电成本。在这里以平准化电力成本（LCOE）作为比较对象。平准化电力成本是指为实现发电项目股本回报率的长期售价。除了发电资源的丰富程度（这属于容量因素）以外，LCOE还考虑了发电过程中的建造、运营和融资成本。但LCOE的计算中不包括政府的补贴和激励措施，如赠款、加速折旧、生产税抵免以及并网和传输的成本。

本章估计了多种可再生和不可再生资源发电的平准化电力成本。由于全球90%以上的可再生能源投资流向了光伏发电和风电，我们便将重点放在了这两种技术上。本章得到的主要结论如下：

● 风电和光伏发电成本近年来大幅度下降。陆上风电成本下降了

---

[*] 本章执笔：Don Robert。

约50%，公共事业规模的光伏发电成本降低了90%。在一些国家，风电和光伏发电甚至已经可以与煤和天然气竞争。单位成本的急剧下降是对技术革新、供应链精益化和大规模生产的反映。

- 截至2016年第二季度，中国陆上风电的平准化电力成本全亚洲最低，在全球范围内也排到了前1/4。在基准情形中，中国陆上风电的平准化电力成本约为68美元/兆瓦时，在60美元/兆瓦时至90美元/兆瓦时之间波动。日本的陆上风电平准化电力成本全亚洲最高，为179美元/兆瓦时。对于其他地区，欧洲平准化电力成本最低的国家是瑞典，为60美元/兆瓦时；美洲国家中乌拉圭平准化电力成本最低，为42美元/兆瓦时。

- 截至2016年第二季度，中国光伏平准化电力成本在亚洲位列第二，仅次于印度，低于全球平均平准化电价。中国在基准情景中的光伏平准化电力成本为86美元/兆瓦时，一般在80美元/兆瓦时至155美元/兆瓦时之间波动。日本光伏平准化电力成本是亚洲最高的，为188美元/兆瓦时。对于其他地区，欧洲平准化电力成本最低的是法国，为81美元/兆瓦时；美洲最低的是智利，为72美元/兆瓦时。

- 通过分析近期长期购电协议签订的结果，可以了解未来成本下降的趋势。虽然平准化拍卖叫价（levelized auction bids）和平准化电力成本并不相同，但它们高度相关（见附录8-1）。2016年以来，以下大型公用事业的光伏拍卖价格都创造了新低。由于这些项目真正投产是在2017—2019年，拍卖价格反映了开发商对于未来项目成本的预期。

- ○ 在秘鲁，Enel Power 于 2016 年 2 月签署了一份合同，将于 2017 年建造，价格为 48 美元/兆瓦时。
- ○ 墨西哥，Enel Power 于 2016 年 3 月签订了一份合同，将于 2018 年建造，价格为 36 美元/兆瓦时。
- ○ 在迪拜，Masdar Consortium 于 2016 年 5 月签署了一份合同，将于 2019 年建造，价格为 30 美元/兆瓦时。
- ○ 在智利，Solarpack 于 2016 年 8 月签订了一份合同，将于 2019 年建造，价格为 29 美元/兆瓦时。
- 上述拍卖的中标价格仍然低于中国在 2016 年下半年开展的"领跑者"计划的最低拍卖价格。在领跑者计划中，最低投标价格出现在内蒙古乌海，为 82 美元/兆瓦时。

二 可再生能源发电成本

本报告的重点是比较不同技术、不同国家的发电成本。为了便于比较，我们用平准化电力成本作为衡量标准。假设电力是可获得的且没有外部性，那么电力行业的竞争纯粹基于其成本的大小。

考虑到在电力生产过程中带来的空气污染（包括温室气体的排放）等负外部性，生产电力的技术类型在现实中尤其关键，这也是世界上许多国家对可再生能源进行补贴的重要原因。表 8-1 总结了不同发电能源在整个生命周期中的碳排放大小，以此来比较碳排放的外部性程度。

由于技术尚未稳定成熟，可再生能源（如风能和太阳能）时常带来发电不稳定的现象。近年来的经验表明：如果电力系统运行良好，在未达到年发电量的5%—10%以上的情况下，可再生能源发电造成的不稳定性可以忽略不计[①]。而在过去，人们常常认为只有利用传统发电作为辅助，才能更广泛地部署可再生进行发电。目前的市场中，辅助服务会增加额外的60—80美元/兆瓦时的成本。

表8-1　不同发电能源一个生命周期里的碳排放强度

（单位：CO_2当量/千瓦时）

发电能源	最小值	平均值	最大值
煤电	740	820	910
天然气联合循环发电	410	490	650
生物质能	130	230	420
光伏电站	18	48	180
屋顶光伏	26	41	60
地热发电	6	38	79
太阳能热发电	8.8	27	63
水力发电	1.0	24	2200
海上风电	8.0	12	35
核电	3.7	12	110
陆上风电	7.0	11	56

数据来源：2014 IPCC，几种发电能源的温室效应。

---

① https://openknowledge.worldbank.org/bitstream/handle/10986/25160/97814648 10015.pdf? sequence = 6&isAllowed = y.

然而，越来越多的人认为，一系列支持政策和技术措施可以提高电力系统的总体灵活性，同时不会导致电力系统不稳定或辅助成本的上升。因此，在下面的分析中，风电和光伏发电的成本直接与提供基本负荷或可调度电力的其他技术的成本相比较。尽管如此，仍然应该注意，应该考虑光伏和风能的供电天然具有不稳定性。

虽然近年来大多数可再生能源的装机容量都在增加，但从图7-1（专题报告七）可以清楚地看到，光伏和风电占据了总投资额的90%以上。因此，本章提供的大多数例子集中在这两种技术上。

2015年全球可再生能源投资额为3603亿美元，创下历史新高。2016年和2017年的投资额仅为3246亿和3335亿美元[1]，部分原因是经济放缓和补贴额度的降低，总投资额的下降也反映了资本设备成本的急剧下降。

在2015年第三季度至2016年第三季度期间，预估全球平均资本设备成本为：

- 光伏发电量下降33%：从180万美元/兆瓦下降到120万美元/兆瓦。
- 风电下降了16%：

    √陆上风电从180万美元/兆瓦下降到150万美元/兆瓦。

---

[1] Abraham Louw, *Clean Energy Investment Trends*, *1Q 2018*, New York：Bloomberg New Energy Finance, 2018, p. 43.

√海上风电从440万美元/兆瓦下降到370万美元/兆瓦。

中国在2016年第三季度公共事业规模的光伏的资本设备成本约为98万美元/兆瓦，陆上风电资本设备成本约为118万美元/兆瓦。仅仅一年内，资本成本的降低十分显著，这在未来值得进一步分析。

◇◇ 三 平准化电力成本

平准化电力成本（LCOE）是指能够实现电力项目一定回报率所需的长期价格。除了资源本身的质量（以容量因子反映）以外，平准化成本还包括电力生产的建设、运营、金融成本。平准化成本的计算中不包含任何补贴激励政策（如加速折旧、生产税抵减），也不包括电网连接和电力输送的成本。LCOE代表了电力的"门面价格"，使不同地区的电力成本具备了可比性。然而输电和配电的成本可能差别很大，需视具体情况具体分析。

由于发电项目投资的资本密集性，所有能源技术LCOE的主要组成是金融成本，特别是债务融资成本。债务成本是项目风险和市场条件的函数。项目风险越高，债务成本越高。LCOE将随着市场条件的变化而变化。根据彭博新能源财经（BNEF）的估计，2016年下半年中国光伏发电项目的平准化成本组成如附表2（专题报告七）所示。

就像所有的估计都会面临固有的不确定性问题，在估计某一

专题报告八 风电和光伏发电平准化电力成本分析与国际比较

技术的 LCOE 时，通常也都会基于一些假设。根据 BNEF 的估计，中国光伏电站项目在 2016 年下半年的平准化成本为 80—155 美元/兆瓦时，基准情形下的平准化成本为 86 美元/兆瓦时。（陆上风电项目的平准化成本为 60—90 美元/兆瓦时，平均为 70 美元/兆瓦时。）

图 8-1 比较了 2016 年下半年全球范围内所有可再生能源和不可再生能源电力生产技术的 LCOE。基准情形下的全球 LCOE 值是将所有国家层面的成本根据新增装机容量加权平均得到的①。在图 8-1 的最下端，可以看到，垃圾填埋气和地热发电厂的成本比燃

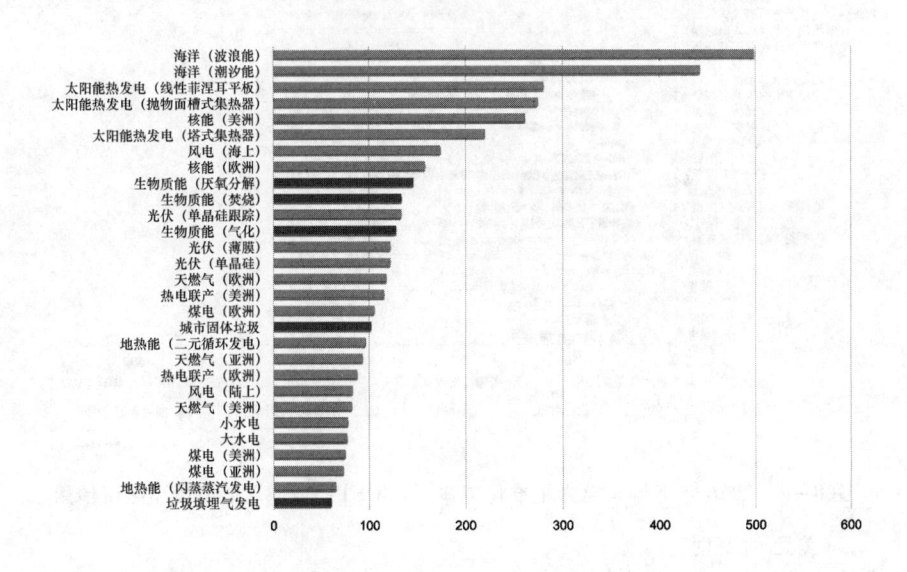

图 8-1　2016 年下半年平准化电力成本（LCOE）基准值（美元/兆瓦时）

资料来源：彭博新能源财经，Nawitka Capital Advisors。

---

① 图 8-1 中包括了区域的 LCOE，AMER 表示北美/南美，EMEA 表示欧洲，APAC 表示亚洲。

煤电厂的成本还要低，但它们的供给潜力是有限的。在图8-2的最上端，海洋技术（如潮汐能发电）是目前最为昂贵的可再生能源发电技术，但有着巨大的潜力。

尽管图8-1提供给了不同发电技术之间成本竞争力的比较，但它也掩盖了大量的差异。图8-2进一步展示了同一技术不同情境下LCOE的差异，以及不同地区和国家的LCOE差异。以实心圆圈标记的是2016年下半年的全球LCOE基准值。

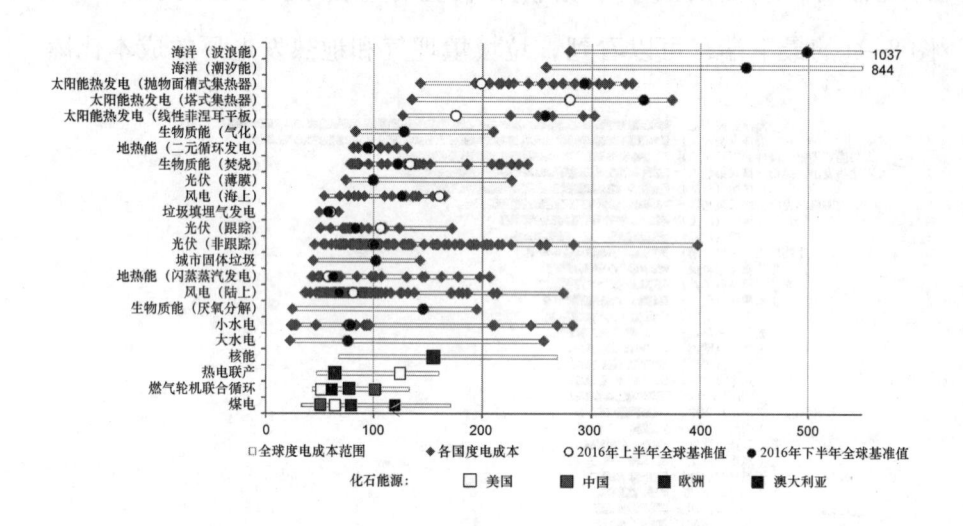

图8-2　2016年下半年电力平准化成本（LCOE）：全球基准情景和区域情景（美元/兆瓦时）

资料来源：彭博新能源财经，Nawitka Capital Advisors。

图8-3关注的是不同国家的光伏电站项目的平准化成本，并根据各国在2016年下半年的平均成本（图中以实心菱形标记）由高到低排列。空心菱形标记的是2016年上半年的平均成本估计。就光

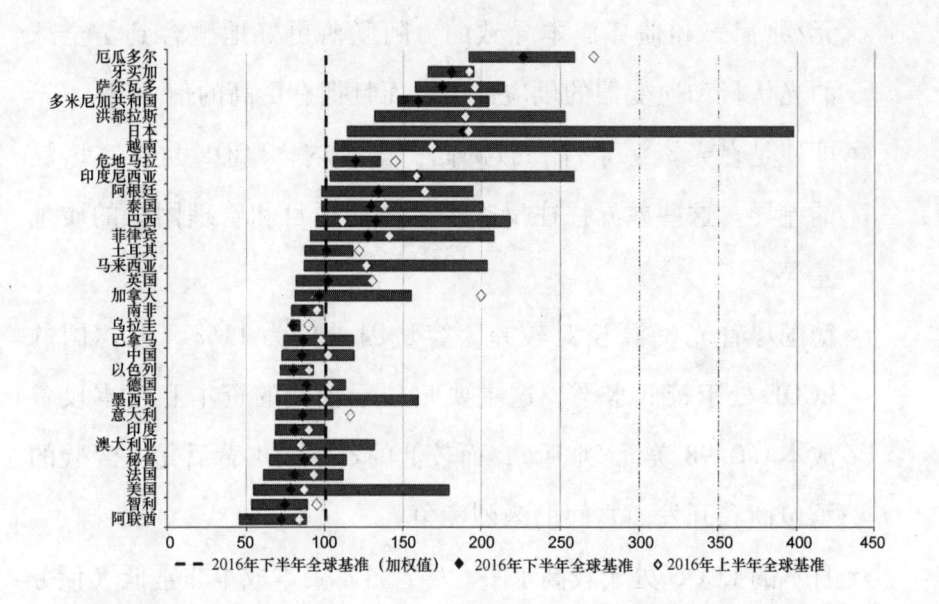

专题报告八 风电和光伏发电平准化电力成本分析与国际比较 | **299**

图8-3 2016年下半年全球光伏电站平准化电力成本（美元/兆瓦时）

资料来源：彭博新能源财经，Nawitka Capital Advisors。

伏发电的成本而言，值得注意的有：

- 太阳能资源的质量随纬度和海拔高度变化，其差异反映在容量因子中。全球容量因子的范围约为11%—26%，其中容量因子最低的位于德国，最高的位于美国。中国的容量因子范围为12%—18%，平均为16%。
- 尽管光资源的质量很重要，但它很少是造成LCOE巨大差异的主要原因。例如厄瓜多尔和阿联酋，两国均靠近赤道，拥有非常好的太阳能资源，容量因子约为20%。但是厄瓜多尔的LCOE最高，而阿联酋的LCOE却是最低的。这一差异主要是由资本设备成本（分别为232万美元/兆瓦，121万美元/兆瓦）和债务成本导致的。阿联酋更好地融合到了全球的光伏板和逆变器的供应链中，而且拥有更高的信用度。

- 即使是在光资源条件一致的同一国家内，LCOE 也存在广泛的差异。这些差异往往反映了具体的项目和管理团队的质量差异。

- 德国尽管光资源相对较差，容量因子仅为 11%，但德国的 LCOE 处于较低水平。这主要归功于较低的资本和资本设备成本（0.98 美元/兆瓦），而较低的资本成本背后是有经验的承包商和开发商之间的激烈竞争。

- 日本的 LCOE 处于较高水平。尽管日本资本成本非常低（债务成本为 2.2%，股权成本为 7%，通过政府长期的固定上网电价政策确保收入，债务可以达到 85%），它的 LCOE 仍是亚洲最高的。一方面国家慷慨的 FIT 定价可能人为地导致了较高的成本，另一方面劳动力短缺带来的建设成本高昂也是造成 LCOE 较高的主要原因。开发商市场缺乏竞争的情形在短期内很难缓解，因为其他大型项目，如东京奥运会日本东北和九州地区 2011 年地震的灾后重建等，都需要大量开发商和劳动力。

- 美国是世界主要国家中 LCOE 最低的。尽管其资本支出仅处于平均水平（1.58 美元/兆瓦），但得益于很好的光资源以及较低的资本成本，美国的 LCOE 处于较低水平。

- 中国的 LCOE 位于全球中游偏低的位置。发达的国内供应链给光伏发电开发商带来了很大的优势。一些大型开发商在上游的设备制造业方面有重大投资，这可能会带来批量采购的优惠折扣以及较低的佣金。高度竞争的工程、采购、承包（EPC）服务提供商，也使得中国的可再生能源开发商的资本设备价格很低（0.98美元/兆瓦）。根据BNEF估计，这一阶段中国光伏电站项目的股权成本为10%，长期债务成本为5.6%，杠杆率为70%。事实表明，BNEF可能过高估计了很多大型的资本充足的可再生能源开发商的债务成本，3%—4%的债务成本估计可能更为合理。

图8-1至图8-3显示，在特定时间点下，处于不同技术水平的国家的相对成本的情况。然而，由于能源市场具有动态性，相对成本会随时间而显著变化。图8-4显示，2009年中期至2016年中期，主要光伏发电技术的LCOE的变化趋势。需要注意的是，上述

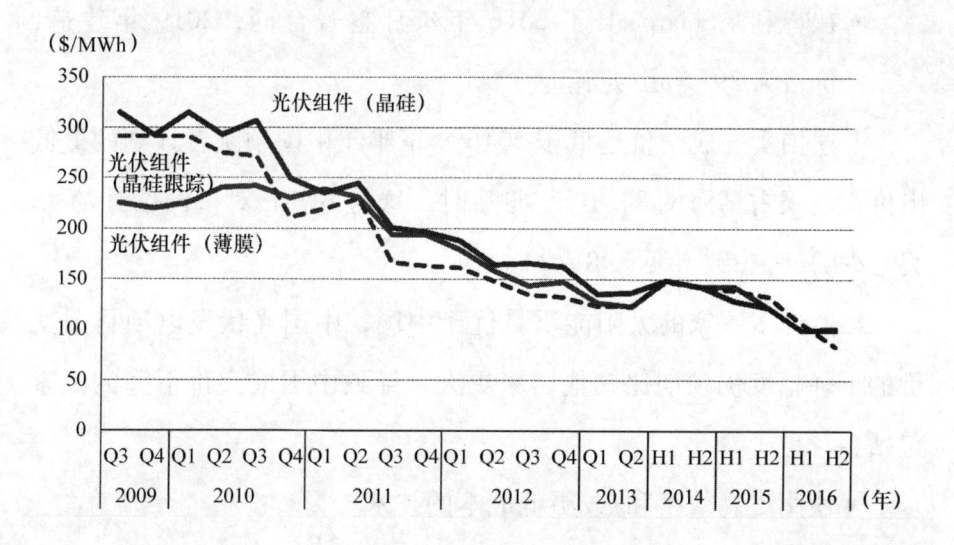

图8-4 光伏发电的全球基准成本

资料来源：彭博新能源财经，Nawitka资本顾问。

讨论主要集中于 PV-c-Si 技术。另外需要注意的是，2009 年中期至 2016 年中期，主要光伏发电技术的成本下降了大约 70%。

虽然图 8-4 是对过去的回顾，但我们可以根据近期全球的公用事业规模的光伏发电项目的成交价，来预测未来的变化趋势。下述拍卖均在 2016 年举行，并创下最低价的纪录。这些项目计划在 2017—2019 年期间建设，反映出开发商对于未来成本的期望。

- 在秘鲁，Enel Power 于 2016 年 2 月签署合同，2017 年建造，价格为 48 美元/兆瓦时。
- 在墨西哥，Enel Power 于 2016 年 3 月签订合同，2018 年建造，价格为 36 美元/兆瓦时。
- 在迪拜，Masdar Consortium 于 2016 年 5 月签署合同，2019 年建造，价格为 30 美元/兆瓦时。
- 在智利，Solarpack 于 2016 年 8 月签署合同，2019 年建造，价格为 29 美元/兆瓦时。

上述拍卖的成交价远低于 2016 年下半年中国领跑者计划的最低出价：内蒙古乌海的 82 美元/兆瓦时，这与 BNEF 对中国估计的 86 美元/兆瓦时一致（见表 8-2）。

虽然许多国家的太阳能质量优于中国，中国光伏发电项目成交价的下降幅度仍预期比其他国家更大。导致中国成交价下降的因素包括：

- 使用更高效率和/或更低成本的技术。
- 在拍卖的设计和实施中，更好地应用国际经验。
- 在设定底价方面，地方政府的干预较少（如山东）。

- 投标者具有学习效应。

需要强调的是,虽然 LCOE 与拍卖的成交价高度相关,但二者不完全相同,具体区别见附录 8-1。

图 8-5 显示出,在中国和亚太地区,各种发电方式的 LCOE 的估计范围。关于风电,最重要的特点包括:

- 由于低资本支出和融资成本,中国的 LCOE 最低,为 68 美元/兆瓦时。在亚太地区,日本的 LCOE 最高,为 179 美元/兆瓦时。在欧洲,瑞典的 LCOE 最低,为 60 美元/兆瓦时。在美洲,乌拉圭的 LCOE 最低,为 42 美元/兆瓦时。
- 中国的风电项目具有高负债率(高达 80%)。主要原因是,风电是一种相对成熟的技术,开发商通常是大型国有企业,具有良好的信誉。
- 虽然陆上风电比天然气联合循环发电的成本低,但是风电电价仍然更高。
- 海上风电的成本最高,为 110 美元/兆瓦时(不包括在图 8-5 中)。然而,预计到 2020 年,海上风电行业将大幅增长,导致成本降低。海上风电全球平均成本为 126 美元/兆瓦时,而最低成本已经降至 70 美元/兆瓦时(荷兰)。

图 8-5 中关于煤电,最重要的特点包括:

- 在中国,燃煤发电仍然是最便宜的电力来源,其基准价格为 51 美元/兆瓦时。全球范围内,印度尼西亚煤电的 LCOE 最低,为 34 美元/兆瓦时。
- 由于低价的锅炉和蒸汽轮机及低成本的土地和劳动力,中

中国

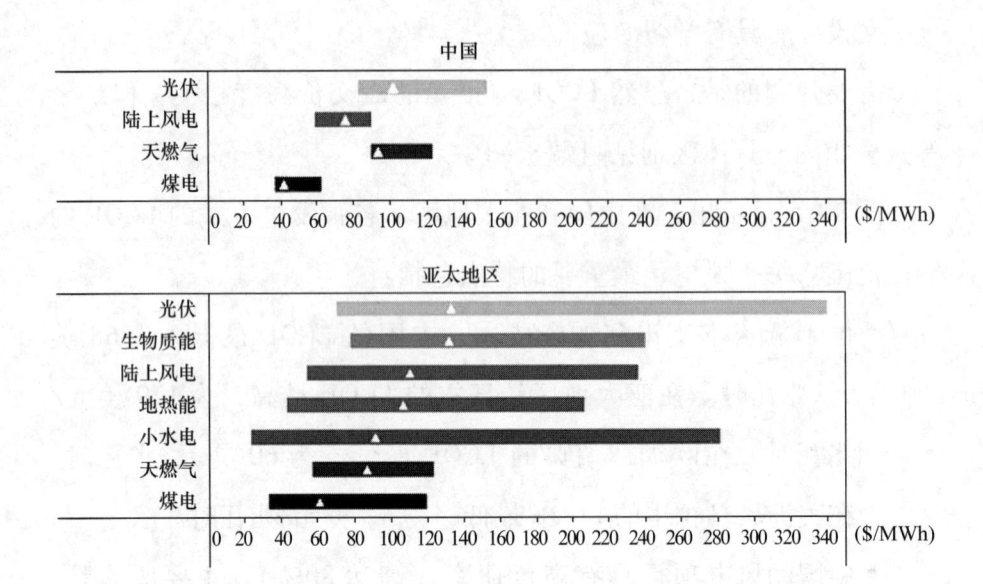

光伏	
陆上风电	
天燃气	
煤电	

0 20 40 60 80 100 120 140 160 180 200 220 240 260 280 300 320 340 ($/MWh)

亚太地区

光伏	
生物质能	
陆上风电	
地热能	
小水电	
天燃气	
煤电	

0 20 40 60 80 100 120 140 160 180 200 220 240 260 280 300 320 340 ($/MWh)

图 8-5　2016 年第三季度的电力平准化成本，中国与亚太地区的对比

资料来源：彭博新能源财经，纳维卡资本顾问。

国、印度和印度尼西亚的资本支出最低。中国的资本支出为 51 美元/兆瓦。在亚太地区，印度尼西亚的资本支出最低，为 45 美元/兆瓦，而澳大利亚的资本支出最高，为 120 美元/兆瓦。中国的低资本支出也得益于其工程、采购和施工（EPC）服务部门的高度竞争。

- 由于整个经济体的电力产能过剩及电力需求增长放缓，中国煤电的容量系数为亚太地区最低，为 50%（而日本的容量系数为 70%），这对中国煤电的成本产生了负面的影响。
- 对中国煤炭的价格预测主要基于国内价格进行加权，而与全球的煤炭价格无关。由于煤炭生产效率的提高和需求的下降，短期及中期的煤炭价格预期将下降。

◇◇ 四　可再生能源发电的学习曲线

风电与光伏发电成本的大幅下降与产业的快速发展紧密相关。技术进步，优化的供应链以及规模化生产等导致了装机成本的下降。

图8-6反映了风电与光伏发电的学习曲线，其单位造价与累计装机容量之间呈明显的对数线性关系。从2009年到2016年第三季度，陆上风电的度电成本下降了50%，光伏组件成本下降了90%。从图8-7可以看出锂离子电池的累计产量与单位成本之间也有显著的负相关关系。锂离子电池是间歇性电源储能的重要方法之一，其成本与风电及光伏发电的发展息息相关。

学习曲线反映的是随着累计产量的不断增加，产品成本不断下降的生产规律。学习曲线是一个非常复杂的过程，通常以一系列大的发现开始，紧接着是一系列小的发现。学习曲线的来源包括：

- 标准化、专业化，以及方法的改进。随着生产的进行，零部件和产品都会变得越来越标准化，促进效率的提升。工人的分工也会更加专业化，每个工人只需要负责一个小的环节，工作效率大幅提升。
- 技术推动的学习。自动化与信息技术也会促进效率的提高。
- 劳动效率提高。经过前期的试错之后，工人变得越来越熟练，越来越有自信。他们有可能找到生产的一些捷径，对生产过程进行改进。这一点对管理者同样是适用的。

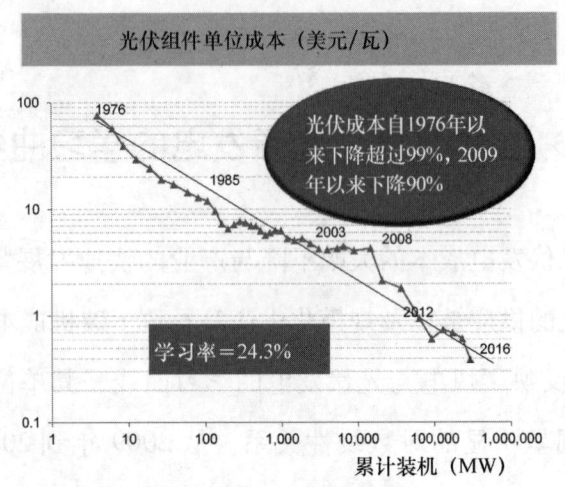

注：价格调整为2015年物价水平。
数据来源：Bloomberg New Energy Finance, Maycock

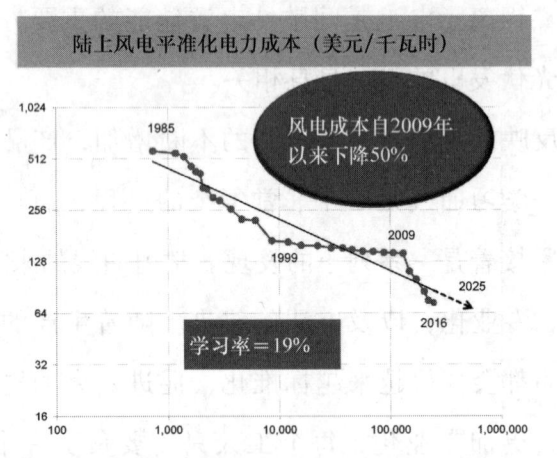

注：此图展示的是北欧的数据。价格调整为2014年物价水平。假设负债率为70%，债务成本为LIBOR利率加175个点，权益资本成本为8%。
数据来源：Bloomberg New Energy Finance

图 8-6　风电与光伏发电的学习曲线

数据来源：Bloomberg New Energy Finance。

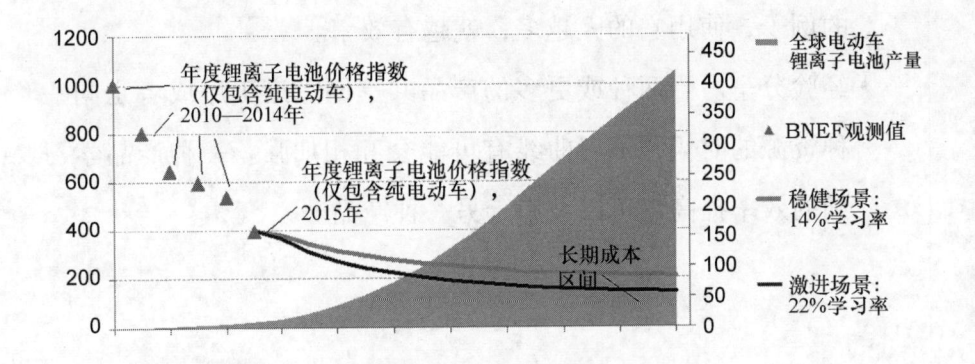

专题报告八 风电和光伏发电平准化电力成本分析与国际比较 | **307**

图 8-7 锂离子电池学习曲线

数据来源：Bloomberg New Energy Finance。

- 生产设备改善。随着总产出的上升，生产设备也会得到大力开发，降低单位成本。另外，产量上升也使得购买先进设备的激励增加。
- 生产要素结构调整。工厂有了更多的经验后，就有可能改变生产要素的结构以使生产要素配置最优化。
- 产品重新设计。随着厂商以及消费者经验的积累，往往会催生出产品的改进方案。比如凯迪拉克试验各种不同的汽车配件，那些不容易磨损的后来就得到了通用汽车公司的大量生产，而使用后会磨损的就不再继续生产。随着通用公司汽车产量的增加，他们知道了怎么用最少的钱来生产最好的产品。
- 网络建设与使用成本下降。当一种产品被广泛使用时，消费者会对这种产品更熟悉，从而利用效率也更高。比如假如世界上只有一台传真机，那什么事情也做不了。但是如果每个人都有一台，就能提供有效的通信网络。邮件也是一个很好的例子，使用它的人越多，就越有效率。
- 经验分享。当两种或更多的产品共享同一道工序或者是同一种资源的时候，学习曲线有可能会互相加强。一种产品学习到的效率提高也可以被用于另一种产品。

◇◇ 附录8-1 平准化电力成本与平准化竞标

我们经常陷入直接拿中标价格与平准化电力成本比较的误区。为了把中标价格与平准化电力成本相比，我们需要估计项目在整个生命周期内经通货膨胀调整后的平均上网电价。

（1）开始建设的时间

竞标项目一般需要在未来2—5年内完工，这些项目的建设周期一般只需要1—4年。然而在计算平准化电力成本的时候，我们假设项目今天就开始建设。所以在比较中标价格与平准化电力成本时，平准化电力成本需要经过预期的项目开工日期来调整。

（2）补贴周期与项目生命周期

竞标时提供的上网电价有效期与在计算平准化电力成本时假设的项目生命周期不一定一样。这时候，就需要去估计在价格有效期之后项目的收益，比如我们可以假设市场上的上网电价经通胀调整后随时间保持不变。

（3）通胀挂钩的电价与固定电价

竞标时的上网电价通常是与通货膨胀挂钩的，这会增加项目在整个生命周期的现金流，降低项目在开始运营时所需要的上网电价。而平准化电力成本表示的是项目运行第一年的价格，并假设上网电价在之后随通货膨胀而上升。所以当拿固定上网电价与平准化电力成本相比较时，需要把固定上网电价经通货膨胀调整。

专题报告九

风电和光伏发电参与电力市场交易的国际经验[*]

◇ 一 引言

欧美国家从 20 世纪 90 年代开始推动可再生能源发展，与此同时，垂直一体化的传统电力行业也开始进行市场化改革。电力市场交易机制和电力运行机制的不断完善，构成了可再生能源电力不断发展的大背景。电力市场在世界各国发展可再生能源的进程中发挥着不可忽视的作用。

与传统能源发电相比，风电、光电等可再生能源电力有着截然不同的特征：

1. 清洁，几乎没有污染物排放，环境外部成本很低。

2. 边际成本低，固定成本高。风电、光伏发电每生产一度电所需要投入的发电"燃料"几乎是取之不尽、不会稀缺的，且运营成

---

[*] 本章执笔：夏凡。

本也非常低；生产成本主要集中在前期的固定成本投资，主要包括设备、土地、基建等。

3. 风电和光伏发电的电力生产具有间歇性、不稳定性、时空错落性，特定时点上的发电能力取决于风力、光照等自然条件，具有很强的变动性和不确定性。此外，风、光资源在时间和空间上错落分布，具有一定关联性，例如风一路经过不同地方，风资源就会在不同时间分布在不同地点。

风电和光伏发电的这些特征决定了要通过市场机制实现最优的发电权配置，电力市场相应地必须具有以下特征：

1. 除了生产成本以外，发电企业还需要承担生产带来的外部成本。制度设计上则有两种选择，一是直接向污染企业收取环境成本，二是补贴清洁企业带来的环境收益。理论上这两种方式的短期效果相同，但是长期而言，会对企业进出市场的投资决策产生不同影响。补贴政策是国际上最为广泛实行的可再生能源政策，各国的补贴机制有所不同，产生的激励效果也有所不同。

2. 电力市场以边际成本定价。有效的资源配置意味着所有发电企业在各自最优发电量下面临的边际成本相同。风电、光伏发电的边际成本远低于传统一次能源，在有效的市场条件下，具备竞争优势，有利于将更多的发电权配置给风电和光伏发电企业。

3. 能够实现实时调节。不同于一般商品，电力的供给和需求需要实时平衡，为了适应风电和光电不稳定、不确定的特征，市场设计至关重要，由于实际发电无法完全按照事前合同执行，根据实际需求调节发电的实时交易市场和辅助服务市场对风电和光电这样的瞬变性电力来说不可或缺。

4. 市场交易范围越大越有助于消纳风电和光电。电力实时平衡的需求，加上风、光资源在时间、空间上的错落性，使得在更大的地理范围内平衡电力成本更低。例如，风自北向南运动，当北边起风时，南边尚无风；当北边风小下来，南边开始有风；南北两边的风电就可以互相调峰。电力交易、调度的物理边界的扩大，会使整体的资源利用更有效。

美国和欧洲的电力市场已经比较成熟，可再生能源的发展也处于领先地位，了解美国和欧洲的电力市场以及风电、光电参与市场交易的情况，有助于我们进一步理解和探讨各国可再生能源补贴政策及其成效。中国目前也正处于电力体制改革的深化阶段，考察分析这些国家的电力市场设计如何实现上述特征、实现发电权的有效配置、促进风电和光伏发电的发展，对中国以市场化的手段促进新能源发展、实现能源转型、达成减排目标具有借鉴意义。

二 美国

美国自20世纪八九十年代开始解除对电力市场的管制（deregulation），放开发电和售电侧的竞争市场。原先电力管制的主要原因是输配电网的自然垄断性质，整个电力行业处于发电、输电、配电垂直一体化的垄断状态。为了实现更有效的电力供应，从1992年开始，美国开始要求电网对独立开发商开放，分离发电与输电环节。

20世纪90年代中期以后，推动成立独立体统运行公司（Independent System Operator，ISO），以及区域性的输电组织机构（Regional Transmission Organization，RTO）。尽管输配电网的产权分属于许多不同的公司，但电力调度由第三方的RTO/ISO来执行。调度运营权的独立使得发电企业的竞争成为可能，各个发电企业以竞价的方式在电力批发市场上卖电，配电商或零售商在批发市场上买电，再通过零售市场卖给终端用户。RTO/ISO既是独立的调度中心，也是交易中心。随着竞争市场的不断完善，在开放的电力市场中，有着诸多参与主体，包括发电商、电网/配电公司、电力批发商、独立零售商、电力交易中介、电力市场调度和交易中心、独立的监管机构。交易市场也涵盖了各个环节，主要由日前交易、实时交易、金融输电权交易、辅助服务交易和备用容量交易等构成。

尽管美国的电力市场改革要求输电网必须开放，但各州可以自主决定开放的进度和深度，配电零售市场也由各州自主决定，因此各州的电力市场情况不尽相同。目前运行竞争性电力市场的RTO/ISO有MISO、PJM、NYISO、ISONE、CAISO、ERCOT、SPP等。

得克萨斯州地处美国西部，是美国人口最多、面积最大的州，同时风光资源丰富，也是美国风电发展最领先的州。得克萨斯州的电力可靠性委员会（Electric Reliability Council of Texas，ERCOT）是美国成立的第一个ISO。得州也是最早实行可再生能源配额制的州之一，在电力市场改革和可再生能源发展方面都走在前列。下面我们就以得州为例，探讨电力市场交易如何促进风电和光伏发电的发展。

得州电网是一个独立电网，只有5条直流联络线与美国东西部网络和墨西哥相连。ERCOT 于 1996 年成立，是负责得州电网运行和管理竞争性电力批发市场的独立系统调度机构。ERCOT 所辖范围覆盖了得州 75% 的面积和 90% 的负荷，服务 2400 多万用户，有超过 1400 个市场参与者参与了电力批发市场的发电、传输、买卖和使用。①

ERCOT 目前已经实现了风电的大规模并网，风电的装机、发电规模都在迅速增加。得州的风电装机量增长非常迅速（图 9-1），ERCOT 截至 2015 年风电装机容量约为 1600 万千瓦，占总装机容量的 18%，也是在美国各个市场中风电装机最多的。② 风电占总发电量的比例也在不断增长，2011 年至 2015 年 5 年时间里从 8.5% 增长到了 11.7%（图 9-2）③。2009 年，得州的弃风率高达 17%④，2009 年到 2011 年风电装机增长缓慢。但到 2014 年，全年平均弃风率仅为 0.5%，2015 年尽管装机大规模增长，全系统的平均弃风率也仍低于 1%。⑤ 2017 年 10 月 27 日，得州电网创造了风电渗透率的最高纪录 54%。⑥

得州是如何实现风电的高渗透率以及高利用率的？这需要放在得州电力市场的大背景下理解。得州从 1995 年开始取消电力批发市场的管制，也就是说，得州在开始发展风电时，就已经具备了关键的市场因素。得州的电力批发市场和电力零售市场分别在 2001 年和

---

① ERCOT（http://www.ercot.com/）.
② ERCOT: 2015 State of the Grid Report.
③ Ibid.
④ Paulson Insitute: Going for Gold: Championing Renewable Integration in Jing-Jin-Ji, 2016.
⑤ ERCOT: 2015 State of the Grid Report.
⑥ ERCOT: Quick Facts, 2018（http://www.ercot.com/content/wcm/lists/144926/ERCOT_Quick_Facts_2518.pdf）.

专题报告九 风电和光伏发电参与电力市场交易的国际经验 | **315**

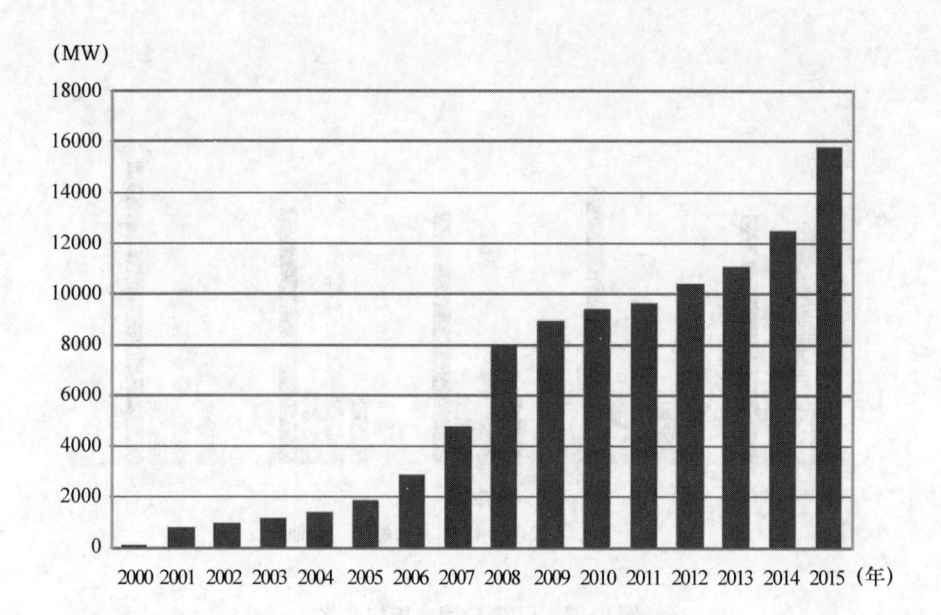

图 9-1 得克萨斯州累计风电装机容量

数据来源：ERCOT。

2002 年正式运行。当时采用的市场设计是区域模式的现货实时交易市场，辅助服务市场于日前出清，输电权市场只针对几个关键输电断面进行拍卖。由于缺乏精细的价格信号，区域市场的模式不能很好地解决网络拥塞的问题。2010 年 12 月 1 日，ERCOT 从区域电力市场转换为节点电力市场，取消了四个独立的批发市场，采用全州统一的边际成本定价制度。[①]

得州电力批发市场由双边市场和 ERCOT 组织的集中出清市场

---

① 惠海龙、于兴斌、李永刚：《美国得州电力市场综述》，2016 年（http://www.chinadmd.com/file/pwvco6e63p3rpeueztcousxizwstsr3eaazpw6ip_1.html）。

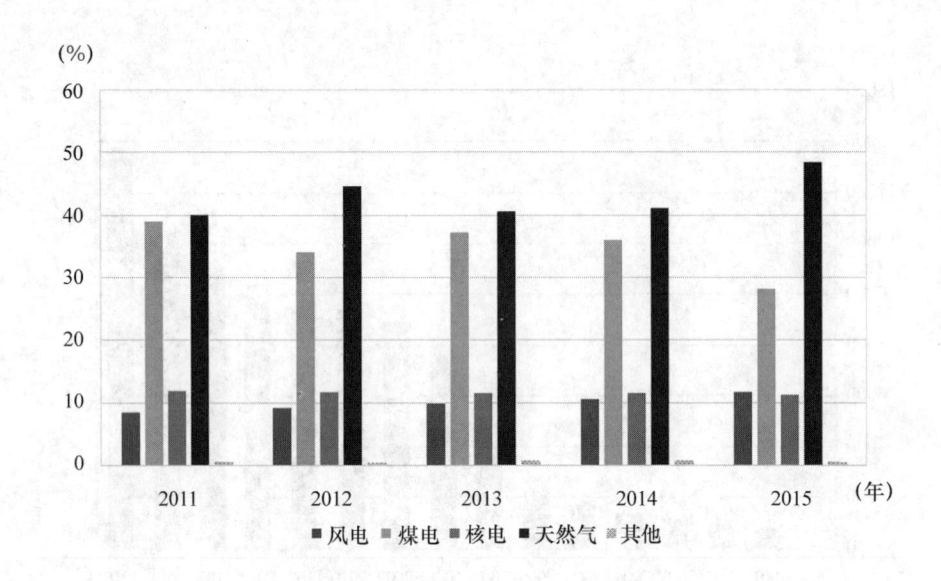

图 9-2 ERCOT 用电结构变化

数据来源：ERCOT。

两部分组成。①

双边市场指买卖双方签订的用来交易电量的双边合同。大多数双边合同本质上是一种金融合同，买卖方不需要拥有发电机或负荷，也不需要实时按照合同发电或用电。双边合同一般被用来对冲实时市场价格风险，也有些市场参与者通过双边合同进行套利。

ERCOT 组织的集中市场主要由金融输电权市场（Congestion Revenue Right Market）、日前市场（Day-Ahead Market）、可靠性机组组合（Reliability Unit Commitment）、实时市场（Real-Time Market）组成。

金融输电权（CRR）是一种点（指定的电量输出点）对点（指

---

① 以下 ERCOT 交易市场组成的介绍主要参考整理自 ERCOT 网站、惠海龙等《美国得州电力市场综述》、程云志等《美国得州零售电力市场简介》。

定的电量接收点）的拥堵收益权，是一种金融避险工具，用以对冲日前网络阻塞的风险，并不赋予持有者物理性的输电权利或义务。输配电供应商和 ERCOT 不得持有金融输电权。拍卖是获得金融输电权的基本方式，ERCOT 会组织年度或月度的 CRR 拍卖，除了一些空余的网络容量，金融输电权持有者所持有的 CRR 也可以参与拍卖。CRR 在日前市场的收益，每小时按电量接收点和输出点的日前市场结算点价格的差值结算，日前市场结算产生的每小时拥堵租金会用来支付金融输电权。

日前市场仍是一种金融性市场，在为下一个运行日安排电量和辅助服务的同时，既具备价格发现的作用，也以确定性的价格为市场参与者提供了对冲实时市场价格波动风险的途径。日前市场中，节点电价和日前结算点电价是以小时为单位，每个母线或者结算点在每个小时会算一个对应的价格。

可靠性机组组合（RUC）的作用是填补金融性的日前市场和物理实时市场中的缺口，从而保证系统的可靠安全运行。日前市场出清的机组组合可能无法满足实时电量和辅助服务要求，因此需要 RUC 根据负荷预测和辅助服务要求来购买足够的发电容量。被 RUC 选择的机组必须在实时上线。

实时市场是物理性质的全电量出清市场，其功能是进行实时调度和阻塞管理，保证系统的安全经济供电。ERCOT 的调度原则被称为经济调度（Security Constrained Economic Dispatch，SCED），即根据成本优先顺序安排发电设备运行，以最低成本为电力用户提供可靠的服务，边际成本最低的发电机组最先上网供电，边际成本最高的电厂最后上网。① 经济调度原则下，电力批发市场由边际成本定价，有利于边际成本最低的风电和光电获得优先调度。ERCOT 转为节点电力市场后，实时市场每 5 分钟运行一次 SCED，并计算节点价格。实时结算点价格每 15 分钟算一次，15 分钟内所有 SCED 的节点价格的平均值即为实时结算点价格。这一频率远远高于世界上其他大部分电力市场，每 5 分钟一次的高频调度，能使电网紧紧跟随用电负荷的变化，是电网能够成功吸纳瞬变性能源的重要因素之一，也是可再生能源大规模并网后，对辅助服务容量需求增加很少的主要原因②。

总的来说，实时市场是 ERCOT 节点市场架构中最核心最重要的市场，也是对无法完全准确预测的可再生能源电力而言最为重要的市场，它根据实际用电需求调节发电，而所有其他市场都以实时市场为基准，或发挥辅助作用，或用于对冲高波动的实时价格带来的风险。按边际成本确定优先顺序的经济调度，每 5 分钟一次的高频率调度结算，以及全州范围内的电力平衡，都是提高电网吸纳风电能力、促进可再生能源利用的关键因素。

◇ 三 欧洲

欧洲电力市场化改革也开始于 20 世纪 90 年代，一方面《欧盟

---

① U. S. Federal Energy Regulatory Commission, "Economic Dispatch: Concepts, Practices and Issues".
② ERCOT: Ancillary Services concept paper, 2013.

电力市场指令》(Electricity Market Directives) 要求其成员国开始国内的电力市场改革①，另一方面欧盟委员会（European Commission）开始致力于推进各国电力市场之间的连接。② 2003 年的《欧盟电力市场指令》除了提出放开准入、独立输配环节等促进市场自由化的目标外，还提出要建设统一的欧洲市场，推动可再生能源发展也是目标之一。③ 欧盟的电力市场改革主要措施同样是分离发电、输电、配电各环节，在发电和售电两侧引入竞争，建立批发和零售市场，使电网成为独立于电力供给和消费外的第三方，并建立起独立的监管机构。

欧盟在推动可再生能源方面也雄心勃勃，于 2001 年就设定了到 2010 年可再生能源电力占比达到 21% 的目标。④ 20 世纪 90 年代以来，欧洲国家可再生能源电力的装机容量以及发电占比都越来越高，这主要得益于风电、光伏发电和生物质发电的迅速增长（图 9-3）。20 世纪 90 年代后期开始，风电装机突飞猛进；2005 年后，光伏发电装机也开始爆发式增长；截至 2014 年，可再生能源的总装机已经达到 400GW 左右，而化石能源电源装机容量也就在 450GW 左右。风电和光伏发电的发电量也相应地迅猛增加，2014 年，欧盟 28 个成员国电力总消费中，可再生能源电力的份额达到 27.5%。其

---

① European Parliament and Council, Directive 96/92/EC.
② Tooraj Jamasb and Michael Pollitt, "Electricity market reform in the European Union: review of progress toward liberalization & integration." *The Energy Journal*, Vol. 26, Special Issue: European Electricity Liberalisation, 2005, pp. 11–41.
③ European Parliament and Council, Directive 2003/54/EC.
④ European Parliament and Council, Directive 2001/77/EC.

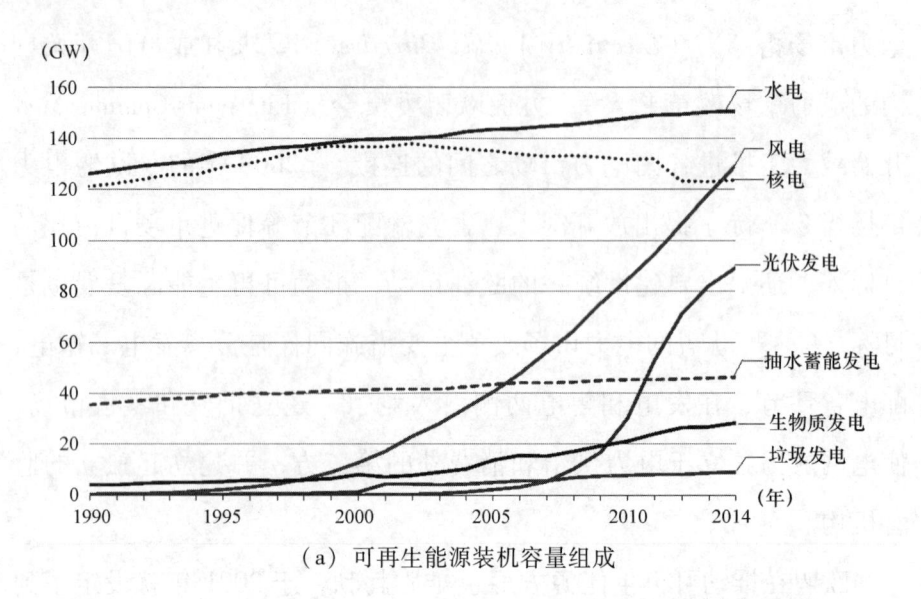

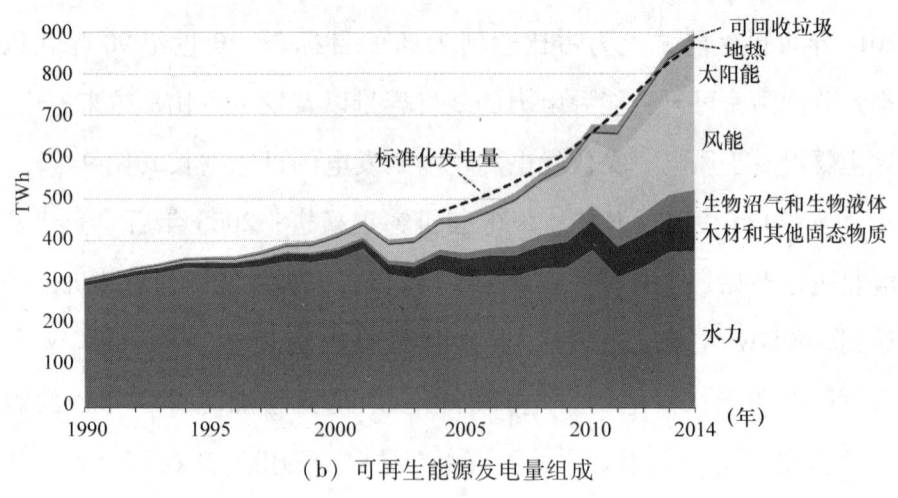

图 9-3 1990—2014 年欧盟可再生能源装机及发电量组成

数据来源：Eurostat。

中风电达到247TWh，是 2004 年的 3.3 倍，同时风电在可再生能源电力中占的比例达到了 27.4%，成为仅次于水电的第二大可再生能源电力；光伏发电量虽然绝对值相对不高，但增长非常迅速，从2004年的0.7TWh增长到了2014年的92.3TWh，在可再生能源电力中的比例从0.1%上升到了10%[①]。

欧洲的电力市场自由化改革，伴随着风电、光伏发电规模的逐渐扩大，二者相互影响。电力市场结构的变化影响着电网吸纳瞬变性风电、光电的能力，也就影响着风电、光电的发展；反过来，风电、光伏发电规模的扩大，也对电网和电力市场提出了挑战，影响着电力市场的变革。目前，欧洲大陆和北欧形成了以日前市场为主的现货市场，风电、光电的不稳定特征也增加了日内交易市场和平衡市场的重要性。一个典型的电力交易市场还包括了交易平台之外进行的柜台交易（Over The Counter，OTC），以及在实际调度实现之后的后期交易（图9-4）[②]。不同国家各交易市场的重要性和功能可能各有不同，例如德国、英国、法国的电力交易主要发生在交易所之外的柜台交易，北欧市场的电力交易则以集中交易市场为主[③]（图9-5）。

此外，建设欧洲统一大电网，增强区域协调，扩大电力交易范围，也对欧洲各国的风电和光伏发电的发展十分关键。北欧电网是欧洲最早形成的区域统一的电力市场，北欧各国的能源结构具有很

---

① 数据来源：Eurostat（http://ec.europa.eu/eurostat）。
② Christoph Weber, "Adequate intraday market design to enable the integration of wind energy into the European power systems." *Energy Policy*, Vol. 38, No. 7, 2010, pp. 3155 – 3163.
③ DG Energy, "Quarterly report on European electricity markets." *Market Observatory for Energy*, Vol. 10, Issue 1, first quarter of 2017.

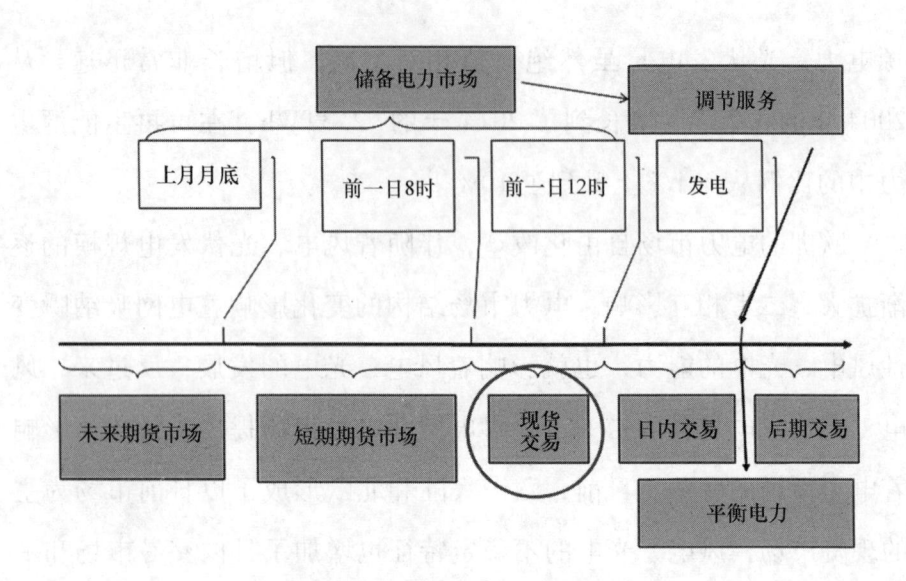

图 9-4 典型电力交易市场结构

数据来源：Christoph Weber，2010。

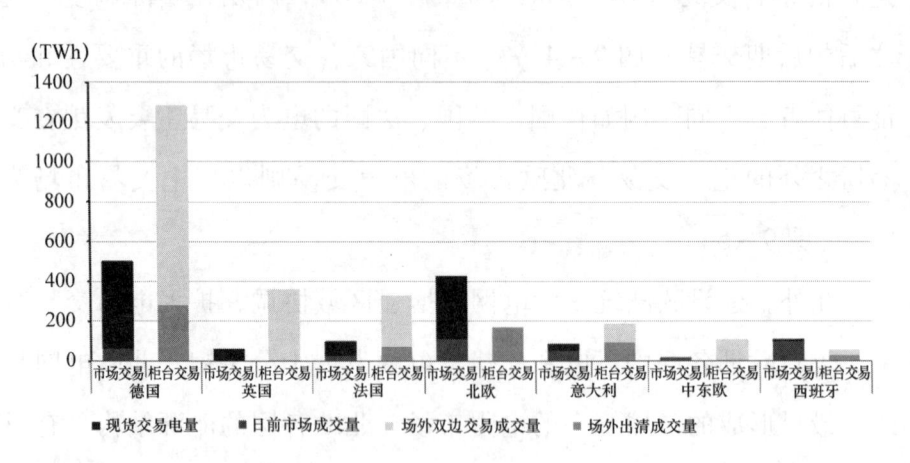

图 9-5 2016 年第一季度欧洲主要国家集中市场交易电量和柜台交易电量比较

注：Exchange executed volume、Day-ahead volume 分别为实时交易量、日前交易量，属于集中市场交易；OTC Bilaterally Settled Volume、OTC Cleared Volume 属柜台交易。

数据来源：European Commission。

强的互补性，统一互联的电网及电力市场有利于各国优化各类能源利用。① 北欧电力交换中心早在1971年就成立了，各国可以通过竞标买电、卖电。20世纪90年代电力市场化改革后，北欧逐步建立起了统一的电力市场Nord Pool，1996年瑞典和挪威电网公司成立了北欧电力交易公司，随后芬兰、丹麦西部、丹麦东部、波罗的海地区国家相继加入其中。② 后来，欧洲电网不同区域之间逐渐连接起来，到2015年1月，欧盟的主要电力市场都连接在了一起（图9-6）。③ 2015年5月，中西欧（法国、德国、比利时、荷兰、卢森堡）开始采用基于流量的容量计算方式（flow-based capacity calculation），中东欧的输电系统运营商也在2016年3月采用同样的日前市场容量计算方式，将两个电力区域进行融合。日内市场的跨境交易（Cross border Intraday Market）是欧洲扩大电力交易范围的主要方式，各个国家的日内交易市场的融合有利于增加日内电力的流动性，有利于在更大范围内消纳风电和光电。

德国的可再生能源发展是世界瞩目的，以德国的电力批发市场为例（图9-7），具体介绍电力市场的设计。④ 类似于ERCOT的电力批发市场，德国的电力批发市场也包括了双边交易和电力交易所

---

① 德国华人新能源协会：《欧洲主要国家电力市场和电价体系的研究对比》，2015年。
② 同上。
③ ENTSO-E（https://www.entsoe.eu/）.
④ 下文德国电力市场的介绍主要参考整理自德国华人新能源协会《欧洲主要国家电力市场和电价体系的研究对比》；管文林等《世界各国电力市场综述（德国篇）》。

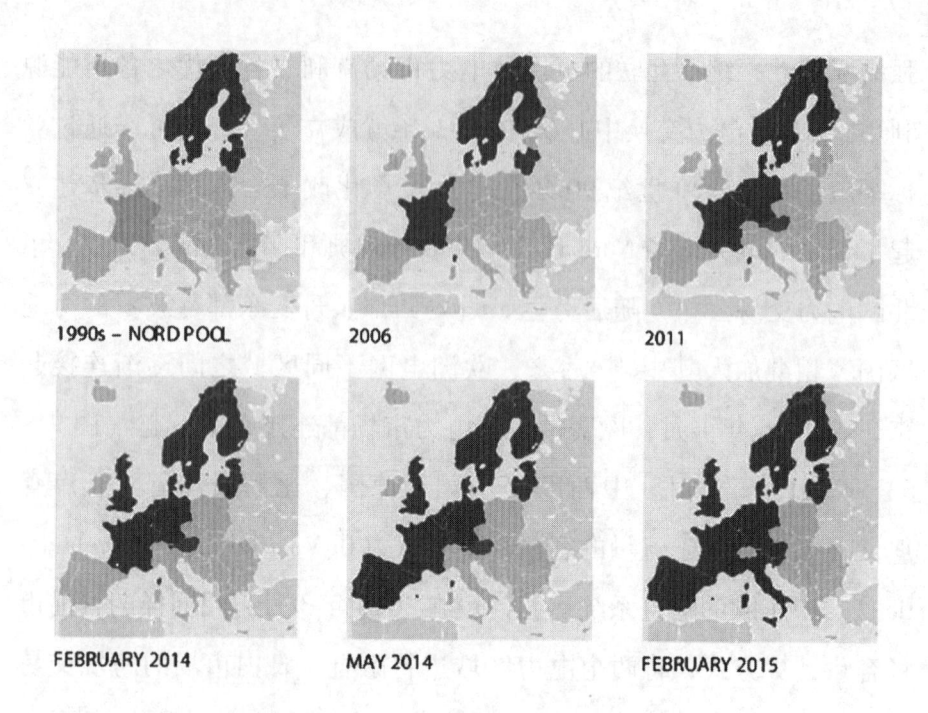

图 9-6　欧盟各国电力市场连接范围演变

资料来源：ENTSO-E。

图 9-7　德国电力交易市场结构示意图

交易两种形式。就交易的电力性质，又可以分为期货交易和现货交易。EEX 为期货交易所，EPEX 为现货交易所，现货交易市场又分为日前交易市场和日内交易市场。德国的日内交易市场是从 2006 年启动的，日内交易市场的交易时间是下午 2：00 到实际交付电量前

30分钟，也是按边际成本由低到高调度。2011年，平衡结算单元的电量结算间隔从1小时缩短为15分钟。同样地，高频的平衡结算有利于即时响应用电负荷的变化，有利于风电、光电等不稳定电源的调整。自改为15分钟交易一次后，德国日内电力市场的交易量增长了近一倍（图9-8）。[①]

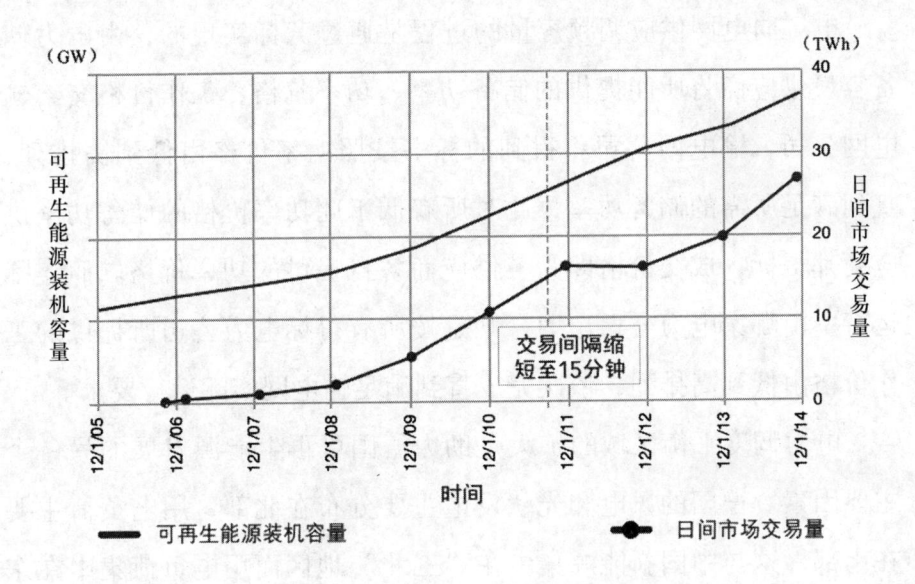

图9-8 德国日间电力市场交易量

资料来源：Paulson Institute。

德国重要的辅助服务市场是电力储备容量市场，也就是调频市场。由于风电和光伏发电的发电量并不能完全实现预测情况，为保证发电量与用电量的一致和电网的稳定运行，就需要电力储备容量。调频市场设置在电网公司侧，调频市场的价格远超过电力市场

[①] Anders Hove and Kevin Mo, *Going for Gold: Championing Renewable Integration in Jing-Jin-Ji*, Chicago: The Paulson Institute, 2016.

的通常价格。供给方是提供储备容量的电厂,需求方是发电与负荷不平衡的平衡结算单元。当平衡结算单元(通常是风电、光伏电站运营商)不能按照预测准确地发电,无法维持发用电平衡时,就需要从电网购买调频服务。调频服务一方面帮助电网公司维持系统安全,另一方面也是电网营收的一个创新来源。

电厂向电网供应调频容量的过程是通过竞标实现的,由电力储备容量供应商将所能提供的储备功率、功率价格、工作价格交给输电网公司,输电网公司将得到的标书按照功率价格由低到高排列,直到满足所需的储备功率,此时所有低于此功率价格的储备功率供应商都得标,成交价格即为各供应商各自提供的功率价格。而实际运行中由哪家电力公司出力,则是按所有得标电力公司所提供的工作价格由低到高排列,依次完成直到满足输电网实际运行要求。

电力调度平衡区域的扩大是助力德国可再生能源发展的另一个主要因素。德国的风电和光伏发电主要分布在北部,用电负荷主要在南部,这与中国新能源集中在"三北"地区而用电负荷集中在东部的格局有些相似。然而不同于中国面临的省际调度输送壁垒,自2009年起,德国四大输电企业开始改变依靠内部资源平衡电力的做法,形成一个共同平衡市场。2011年起,电力平衡范围进一步扩展到了周边国家,这不仅促进了可再生能源的并网,而且降低了平衡成本。尽管此后可再生能源发电量迅速增长,德国购买用于平衡发用电资源的成本依然下降了一半[1]。德国电网与欧洲其他地区互联,

---

[1] Fabian Ocker and Karl-Martin Ehrhart. "The 'German Paradox' in the balancing power markets." *Renewable and Sustainable Energy Reviews*, Vol. 67, 2017, pp. 892–898.

跨境交易规模逐渐增大，2011年以来净出口电力快速上升（图9－9），2015年德国的净出口电力接近总发电量的9%。[①]

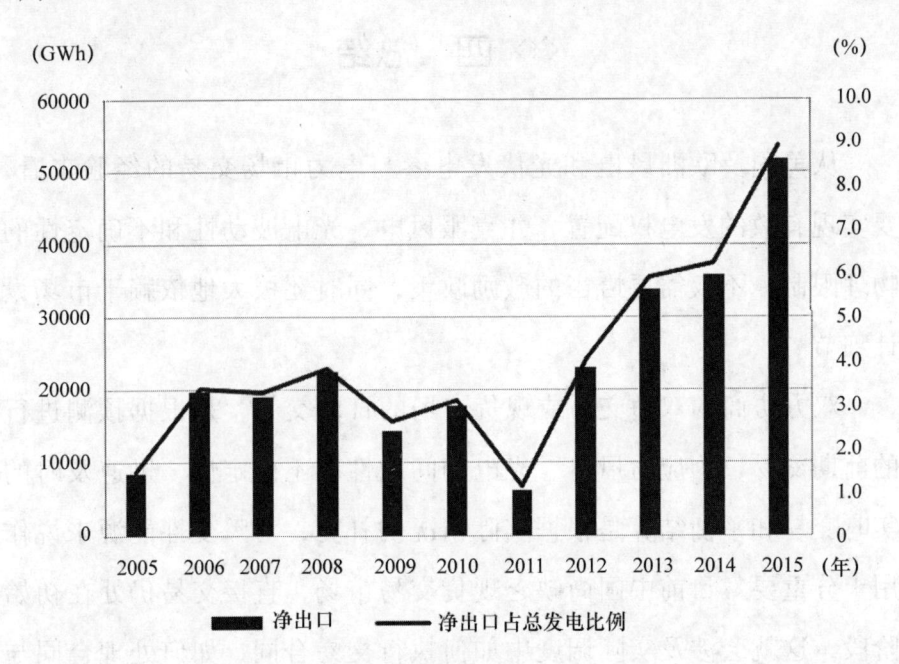

图9－9 德国电力净出口

资料来源：ENTSO-E。

总的来看，有赖于活跃的交易市场，以边际成本定价、高频率交易的日内市场，调频辅助服务市场，以及跨越政治边界的大范围平衡调度，风电和光电才能发挥价格优势，克服不稳定的特征，提高消纳能力。

---

① 数据来源：ENTSO-E。

◇◇ 四 总结

从美国及欧洲风电和光伏发电参与电力市场交易的经验来看，要实现有效的发电权配置，并克服风电、光电波动性和不确定性的物理限制，不仅需要恰当的激励政策，同时还极大地依赖于市场设计细节。

双方协商的双边交易或现货市场的日前交易，是根据预测进行的前期交易，为应对风电、光电的间歇性和不确定性，迅速及时的实时交易和平衡结算是根据实际情况的补充，对瞬变性能源来说作用十分重要。目前中国尚缺乏现货交易市场，直接交易仍处在初始阶段，这就会涉及实际调度中如何执行交易合同，如何处理合同与实际执行的差异等问题。为保障电网的安全平稳运行，辅助服务市场为解决风力发电、光伏发电的不稳定性和不确定性提供了途径，此外一些金融手段也可以用来对冲风险。

此外，欧美电力市场的调度原则都是按边际成本确定优先顺序，在没有实时市场的情况下，让风电和光电依靠自身的价格优势获得优先发电权，一需要让风电、光电与其他能源在公平的市场环境下竞价上网，二需要保障电网调度按照边际成本高低确定优先顺序。

独立且统一调度的大电网是提高瞬变性能源消纳能力的重要条件之一，打破行政边界，在更大范围内实现电力平衡和电力交易，能够降低平衡成本，促进风电和光电的消纳，提高整体的资源利用效率。一方面，统一的区域电网和区域性的电力市场或许能够帮助打破省际壁垒，扩大电力平衡范围，扩大跨省跨区的交易规模。另一方面，独立出调度机构，确立统一的调度原则，实行独立的监管，剥离政府对调度的行政干预。同样地，独立出交易中心，确立明确的交易规则，对市场运行进行监管，而去除对交易的行政干预，是理想的交易机制，也是能够促进风电和光伏发电发展的市场设计。